어른은 어떻게 성장하는가

존 헤네시 John L. Hennessy는 현재 구글 모회사 알파벳의 이사회 의장이자 나이트-헤네시재단의 대표다. 그의 인생을 대표하는 세 가지는 스탠퍼드대학교, 실리콘 밸리, 구글이라고 할 수 있다. 그는 1977년 스탠퍼드대학교 조교수로 부임한 뒤 같은 대학교 컴퓨터시스템연구소 소장, 학과장, 공대 학장, 부총장 등을 거쳤다. 2000년에는 10대 총장으로 임명되어 2016년까지 16년간 역임했으며, 그의 재임 기간에 스탠퍼드는 명실공히 세계 최고의 대학으로 성장했다.

교수로 재직하는 동안 실리콘 밸리에 창업 정신이 꽃필 수 있도록 유무형의 지원을 아끼지 않았다. 우선 본인이 전기공학과 컴퓨터과학 분야의 세계적 석학으로서 성공한 벤처 창업가다. 현재 컴퓨터 칩의 99퍼센트에 쓰이는 RISC(축소 명령 집합 컴퓨터) 아키텍처를 개발하고 이를 상용화하기 위해 1984년 벤처 기업 '밉스 컴퓨터 시스템스'를 설립했으며, 그 공로로 2017년 컴퓨터 업계의 노벨상으로 불리는 튜링상을 공동 수상했다. 학생들의 창업 또한 적극 지원했는데, 그의 제자들인 세르게이 브린과 래리 페이지가 만든 기업이 바로 구글이다. 구글 이사회에 꾸준히 참여해 오다가 2018년 에릭 슈밋의 뒤를 이어 구글의 모기업인 알파벳의 이사회 의장으로 취임했다. 그 밖에 시스코 시스템스의 이사진에도 참여하고 있다. 실리콘 밸리의 전설적 투자자인 마크 앤드리슨이 존 헤네시를 가리켜 "실리콘 밸리의 대부"라고 일컬은 것은 결코 과찬이 아니다.

16년간 스탠퍼드대학교 총장으로 재임하는 동안에도 탁월한 리더십으로 학교의 변화와 발전을 이끌었으며, 일반적인 대학 총장의 범주를 넘어 학계와 업계 그리고 사회 전반에 걸쳐 영향력을 발휘했다. 2010년 한 리서치 업체가 시행한 '당신 리더의 운영 방식을 지지하는가?' 조사에서 당시 애플과 구글의 CEO였던 스티브 잡스(3위)와 에릭 슈밋(5위)을 제치고 교육 기관 장으로서는 이례적으로 2위에 선정됐다. 또한 2010년 오바마 대통령이 샌프란시스코를 방문해 페이스북, 애플 등 대기업 CEO들과 경제 현안을 논의하는 자리에 대학 총장이던 그를 초청한 점도 화제가 됐다.

2016년 총장 퇴임 이후에는 나이키 회장 필 나이트와 함께 나이트-헤네시 장학 사업을 설립하고 7억 5000만 달러 규모의 장학 기금을 조성해 스탠퍼드 대학원생들의 학업을 지원하고 있다. 나이트-헤네시 장학금 첫 수여를 기념해 출간한 이 책 《어른은 어떻게 성장하는가》에서 존 헤네시는 자신의 오랜 경험을 통해 얻은 '성장의 조건'을 10가지로 집약해 새로운 시대를 열어 갈 이들에게 전한다.

LEADING MATTERS Lessons from My Journey by John L. Hennessy

Copyright © 2018 by John Hennessy

All rights reserved.

This Korean edition was published by Bookie Publishing House, Inc in 2019 by arrangement with John Hennessy c/o Levine Greenberg Rostan Literary Agency through KCC(Korea Copyright Center Inc.), Seoul.

어른은 어떻게 성장하는가

구글, 스탠퍼드에서 배우는 리더의 품격

존 헤네시 지음 ｜ 구세희 옮김

부·키

구세희는 한양대학교 관광학과와 호주 호텔경영대학교(ICHM)를 졸업하고 국내외 호텔과 외국계 기업에서 근무하며 운영 관리 및 인사 업무를 담당했다. 현재 번역 전문 그룹인 바른번역 소속 번역가로 일하고 있으며, 옮긴 책으로 《습관의 재발견》《원씽》《나는 내가 행복했으면 좋겠어》《니얼 퍼거슨의 시빌라이제이션》《헤드헌터》《평가제도를 버려라》《위대함의 법칙》 등이 있다.

어른은 어떻게 성장하는가

2019년 5월 17일 초판 1쇄 발행 | 2021년 10월 29일 초판 14쇄 발행

지은이 존 헤네시 | 옮긴이 구세희
펴낸곳 부키(주) | 펴낸이 박윤우
등록일 2012년 9월 27일 | 등록번호 제312-2012-000045호
주소 03785 서울 서대문구 신촌로3길 15 산성빌딩 6층
전화 02) 325-0846 | 팩스 02) 3141-4066
홈페이지 www.bookie.co.kr | 이메일 webmaster@bookie.co.kr
제작대행 올인피앤비 bobys1@nate.com
ISBN 978-89-6051-708-0 03320

이 도서의 국립중앙도서관 출판예정도서목록(CIP)은 서지정보유통지원시스템 홈페이지 (http://seoji.nl.go.kr)와 국가자료공동목록시스템(http://www.nl.go.kr/kolisnet)에서 이용하실 수 있습니다.(CIP제어번호: CIP2019011185)

지난 48년 동안 동반자로 삶의 여정을 함께한

아내 앤드리아에게 이 책을 바친다.

전 세계적으로 존경받는 리더들이 부족한 시대에 시의적절한 책이다. 학자, 창업가, 대학 총장을 거치며 얻은 지혜가 이 책에 가득 차 있고 실패의 경험과 도전을 극복하는 과정이 진솔하게 표현되어 공감도 잘 된다. 리더십뿐 아니라 올바른 인생을 위한 좋은 이야기가 실린 교본이라 할 만하다.
_권오현, 삼성전자 회장

이 책에서 존 헤네시는 엔지니어, 기업가, 세계 최고 대학의 총장이라는 빛나는 커리어를 통해 얻은 깊은 통찰력을 전한다. 이 책은 모든 분야, 모든 위치의 리더들에게 반드시 필요한 지침서가 되어 줄 것이다.
_빌 게이츠 Bill Gates

이 책은 존 헤네시와 꼭 닮았다. 겸손하고, 공감할 줄 알며, 용기 있고, 매우 현명하다. 성공적인 리더십에는 자신감이나 전문성만이 아니라 겸손과 공감이 필요하다. 이러한 교훈을 몸소 체험한 존은 이제 자신이 배운 바를 다음 세대의 리더들에게 나눠 준다.
_순다르 피차이 Sundar Pichai, 구글 최고경영자

존 헤네시는 우리 각자에게 자신만의 리더십 스타일을 개발하라고 독려한다. 리더십이 공감, 용기, 봉사에 기초해 있다는 강력한 통찰을 전한다. 이 책은 좋을 때나 힘들 때 사람을 이끄는 법과 다음 세대 리더들을 키우는 법에 대한 탁월한 안내서가 되어 줄 것이다.
_셰릴 샌드버그 Sheryl Sandberg, 페이스북 최고운영책임자

스탠퍼드 동문의 일원이자 스탠퍼드의 학부형으로서, 헤네시 총장이 어떻게 학생들을 키워 나가며 얼마나 진솔하게 사람을 만나는지 여러 번 지켜보았다. 인류 문명을 이끌어 갈 뛰어난 다음 세대 리더들에게 이 책을 권한다.
_장준호, 인포뱅크 CEO

존 헤네시는 기술 혁신에 직접적으로 크게 기여했을 뿐만 아니라 많은 인재가 훌륭한 업적을 낼 수 있도록 돕고 이끌었다. 우리나라 미래의 주역이 될 젊은 예비 리더들이 반드시 이 책을 읽고 더 큰 리더로 성장할 수 있기를 바란다.

_정준, 쏠리드 대표이사

우리는 과거 산업화 과정의 가치로부터 전환을 이루지 못해 모든 분야에서 리더십 위기를 겪고 있다. 대학의 혁신 연구를 이끈 학자에서 시장을 바꾼 창업가로, 실리콘 밸리의 중심에서 스탠퍼드대를 탈바꿈시킨 총장으로, 또 구글 알파벳 이사회 의장으로 스스로를 디지털 시대의 리더로 만들어 간 존 헤네시에게서 우리 리더십의 방향을 찾기를 바란다.

_차상균, 서울대학교 빅데이터연구원장

통찰력으로 가득한 이 책은 모든 단계의 리더들에게 도움이 될 인생의 가이드 역할을 해 준다. 더불어 변화의 길목에서 도전과 기회에 맞서 어떻게 비전을 실천해 낼 것인지에 대해 본보기가 될 뛰어난 사례들을 담고 있는 훌륭한 책이다.

_콘돌리자 라이스Condoleezza Rice, 전 미국 국무부 장관·전 스탠퍼드대 부총장

존 헤네시가 폭넓게 쌓은 커리어를 통해 축적한 진정한 리더로서의 10가지 덕목이 이 책에 담겨 있다. 리더십에 관한 보기 드문 책으로 우리 스스로 성장하고 발전할 수 있는 지혜를 꼭 얻을 수 있을 것이다. 특히 젊은 세대의 성공적인 삶을 위하여 필독을 권한다.

_허염, 실리콘마이스터 대표이사·시스템반도체포럼 회장

명문 대학의 총장이라는 권위주의는 그에게서 찾아 볼 수 없다. 타고난 겸손함과 소탈함이 처음 만날 때부터 상대방에게 편안함을 준다. 가장 낮은 자리의 사람에게 다가가는 모습이 그의 리더십의 본질인지도 모른다. 이 책에서 말하는 겸손, 진정성, 봉사, 공감, 협업 등 리더십 덕목은 그에게 체화되어 있다. 이 시대의 필독서다.

_홍석현, 중앙홀딩스 회장

이 시대 최고의 지성이 말하는
성장의 조건

월터 아이작슨

이 책을 다 읽은 뒤 당신은 '조금만 더 일찍 읽었더라면' 하고 크게 후회할 것이다. 더 나은 인재로 성장하고자 노력해 온 사람들 누구나 이 훌륭한 지침서가 함께했더라면 그 과정이 한결 수월했을 테니 말이다.

존 헤네시는 지성과 지혜를 겸비한 우리 시대의 창의적인 리더 중 한 사람이다. 스탠퍼드대학교 총장으로서 그는 미래를 내다보는 혜안을 지닌 선각자인 동시에 훌륭한 관리자이자 경영자였다. 그뿐만 아니라 다른 뛰어난 리더들의 멘토이자 스승이었다. 그러니 리더가 갖춰야 할 자질에 대해 누구보다 깊이 이해하고 있는 인물이라고 할 수 있다.

훌륭한 인재가 되는 길에 단 하나의 공식만 있는 것은 아니다. 미국 '건국의 아버지'들을 예로 들면, 토머스 제퍼슨이나 제임스 매디슨은 뛰어난 지성을 갖춘 쪽이었고 존 애덤스와 그의 사촌 새뮤얼 애덤스는 대단한 열정을 지닌 인물들이었다. 조지 워싱턴은 강직함과 진지함, 그리고 좌중을 압도하는 존재감을 지녔으며, 벤저민 프랭클린 같은 사람은 현명한 태도와 유머 감각으로 개성 강한 이들을 한데 모아 서로 협력하고 타협할 수 있도록 이끌었다.

이런 다양한 리더들에 대한 관찰과 본인 자신의 경험을 바탕으로, 헤네시는 인재 성장의 10가지 핵심 자질들을 도출해 낼 수 있었다. 앞으로 이 책에서 소개할 이 자질들은 단순히 추상적 원칙이 아닌, 통찰력 있는 스토리와 기억에 남을 만한 일화를 통해 생생하게 제시된다.

그중 맨 처음으로 제시되는 조건이 '겸손'이라는 사실은, 이 자질이 헤네시 자신에게서 가장 명백하면서도 놀랍도록 돋보이는 특성이라는 점에서 매우 적절하다고 할 수 있다. 실제 한 사람으로서나 이 책의 저자로서 그는 자신감에서 기인한 강인함을 물씬 풍길 뿐 아니라 타인의 의견을 존중할 줄 아는 진정한 겸손을 드러낸다.

흔히 우리는 훌륭한 리더란 흔들리지 않는 확신과 남들의 험담을 무시할 수 있는 굳은 의지를 지녀야 하며, 강한 자존심이 필요하다고 믿는다. 그런데 강한 자존심과 확신 부족이 만나면 그야말로 최악의 리더를 낳는데, 이는 특히 정치 분야에서 너무나 자주 확인할 수 있다. 이 책과 자신의 삶을 통해 헤네시는, 그와는 정반대로 확신에 차 있으면서도 겸손한 것이 어째서 리더십의 본령인지를 입증해 보인다.

지금까지 내가 전기로 쓴 두 천재, 알베르트 아인슈타인과 스티브 잡스는 겸손으로 알려진 인물들은 아니었다. 하지만 사실 그들 모두 내면 깊숙한 곳에 겸손함을 갖추고 있었다. 아인슈타인의 겸손은 그가 자연 법칙의 아름다움으로부터 느꼈던 경외심에서 비롯되었다. 뉴욕에 사는 6학년 학생이 그의 종교관을 묻자 아인슈타인은 다음과 같이 답장을 보냈다. "우주의 법칙에는 분명히 인간보다 훨씬 우월한 영혼이 있지요. 그 앞에서 우리는 아주 겸손해질 수밖에 없어요." 무척 영적인 인물이었던 스티브 잡스의 경우 불교 수행을 했음에도 성급함이나 때로 드러나는 공격성까지 온전히 제어하진 못했다. 하지만 그럼에도 늘 타인의 의견을 귀 기울여 듣고 충분히 반영해 일을 처리하곤 했다.

벤저민 프랭클린은 자신이 겸손이라는 미덕을 완전히 습득하지는 못했지만 적어도 겸손한 척하는 법은 배웠다고 말한 적이 있다. 겸손을 가장하는 것이 타인을 대하는 데 유용하다는 사실을 알았던 것이다. 이 말은 헤네시가 인재 성장의 두 번째 자질로 내세우는 '진정성'에 위배되는 듯 보인다. 그러나 프랭클린은 이어서, 마치 셰익스피어 연극의 주인공이 그러하듯, 우리가 쓰는 가면이 곧 우리 자신이 된다고 가르쳐 준다. 다시 말해 어떤 덕목을 제대로 익히기가 힘들 경우, 그런 시늉을 해 보이기만 해도 도움이 되며, 시간이 지남에 따라 차차 내면화할 수 있다는 뜻이다. 개인적으로 나는 이 이야기가 헤네시가 말하는 인재 성장의 또 다른 자질인 '용기'에도 적용된다고 생각한다. 언론사 수장을 지낼 적에 나는 위험을 감수하는 일이 두려울 때가 많았는데, 중요한 순간마다 의연한 척 연기를 함으로써 실제로 좀 더 용감해지는 법을 배우곤 했다.

겸손은 헤네시가 제시하는 '공감'이나 '봉사' 같은 다른 인재 성장 원칙들의 토대가 되며, 특히 이 책의 핵심 요소 중 하나인 '협업'의 중요성과 관련이 깊다. 프랭클린이 자서전에서 설명한 것처럼 겸손을 드러내며 배운 덕분에 그는 다른 사람들의 말에 귀를 기울이고, 그들이 서로 공통점을 찾도록 돕고, 함께 일하도록 만들 수 있었다. 디지털 시대의 네 가지 중대한 혁신인 트랜지스터, 컴퓨터, 마이크로칩, 패킷교환망packet-switched network은 모두 발명가 한 사람이 아니라 서로 협력하는 팀이 개발한 결과물이었다. 한번은 내가 스티브 잡스에게 당신이 만든 최고의 제품이 무엇이냐고 묻자, 그는 매킨토시나 아이폰이 아니라 '애플의 팀'이라고 대답했다.

또한 헤네시는 '호기심'에 대해서도 깊이 탐구하는데, 이는 내가 가장 최근에 쓴 전기의 주인공인 레오나르도 다빈치에게서 가장 잘 드러나는 미덕이다. 다빈치는 인류가 알 수 있는 모든 것에 관해 최대한 배우고 싶다는 끝없는 욕구가 있었다. 그는 즐거움을 넘어 집착이기까지 한 열정으로 해부학, 화석, 미술, 건축, 음악, 새, 심장, 비행기, 광학, 식물학, 지질학, 물의 흐름, 무기 등을 끊임없이 연구했다. 그 덕분에 본인의 표현에 따르면 "자연의 무한한 활동"이 어떻게 경이로운 패턴 속에서 통일성 있게 어우러져 짜 맞춰지는지 헤아릴 수 있었다. 원과 정사각형 속에 완벽한 비율의 남성을 그린 '비트루비우스적 인간Vitruvian Man' 드로잉에서 잘 드러나듯이, 예술과 과학을 결합시키는 다빈치의 능력은 그를 역사상 가장 창의적인 천재로 만들었다. 이 광범위한 호기심이라는 자질은 스티브 잡스, 빌 게이츠, 제프 베이조스Jeff Bezos, 존 헤네시를 비롯한 이 시대의 진정한 창의적 리더들을 차별화시키는 기준이라 할 수 있다.

마지막으로 이 책에는 조금 의외이지만 동시에 매우 심오한 인재 성장의 조건 하나가 담겨 있다. 바로 '스토리텔링'이다. 일찍이 나의 멘토였던 소설가 워커 퍼시는 뉴욕에서 언론인이 되고자 고향을 떠나는 내게 이런 말을 해 주었다. "루이지애나 출신은 설교가나 스토리텔러, 둘 중 한쪽이기 마련이지. 자네는 스토리텔러가 되게나. 세상에는 이미 설교가들이 너무 넘쳐나니까." 이것이 헤네시의 책을 읽으며 누릴 수 있는 즐거움이다. 교훈들로 가득하지만 항상 스토리를 통해 전달되기 때문이다. 그는 리더십이란 서사narrative를 창조하는 능력이라는 점을 이해하고 있다. 스토리를 들려줄 줄 아는 사람이라면 서사를 빚어낼 수 있을 것이다.

- 월터 아이작슨Walter Isaacson은 《타임》 편집장, CNN 대표, 애스펀연구소 최고경영자를 역임했다. 아이작슨을 흔히 미국 최고의 전기 작가라고 칭하는데, 이는 벤저민 프랭클린, 알베르트 아인슈타인, 스티브 잡스, 레오나르도 다빈치 등 대중적으로 널리 알려진 인물들의 삶을 탁월한 필치로 재조명한 업적 덕분이다. 그는 《타임》이 선정한 '세계에서 가장 영향력 있는 100인'에 올랐으며, 현재 툴레인대학교 역사학과 교수로 재직하고 있다.

Contents

1 — Humility 고개를 숙일 때마다 성장한다

2 — Authenticity 언제나 진정으로 대한다

3 — Service 누구를 위해 일하는지 이해한다

Contents

자신에 대한 평판을 손에 넣을 수 있는

가장 값비싼 보석처럼 여겨라. 신용은 마치 불과 같다.

한번 불을 붙이면 쉽게 지킬 수 있지만 불이 꺼져 버리면

다시 붙이기 힘들다. 좋은 평판을 얻는 길은 자신이 되고자

하는 사람이 되기 위해 노력하는 것이다.

소크라테스Socrates**로 추정**

Introduction

다음 세대를 이끌 이들에게는
무엇이 필요한가

　계획한 대로 살아가는 사람은 거의 없다. 운이 좋아 그렇게 살
수 있다면 좋은 일일 것이다. 내 경우에는 정말로 그랬다.

　어떤 면에서 나는 꿈꿔 왔던 삶을 살았다. 고등학교 때 첫사랑
이던 앤드리아와 아직도 행복한 결혼 생활을 이어 가고 있고, 훌륭
한 두 아들도 두었다. 고등학교 시절부터 열정을 키웠던 컴퓨터 분
야에서 오랫동안 일해 왔고, 세계적으로 훌륭한 대학교인 스탠퍼드
에서 40년간 교수를 지냈다. 이는 내가 학부생 때부터 목표로 삼은
직업이었다.

　스물다섯 살에 스탠퍼드대학교 전기공학과 조교수 자리를 제
안받았을 때 꿈은 현실이 되었다. 나는 그 자리에서 바로 제안을 수

락했다(제시한 연봉은 그다지 높지 않았다). 아내와 결혼한 일과 교수직을 수락한 일은 (순서대로) 내가 살면서 내린 최고의 결정이었다.

만약 그 당시 누군가 나에게 인생 계획을 물었다면 이대로 쭉 여생을 보내고 싶다고 대답했을 것이다. 수십 년 뒤 은퇴할 무렵에는 교수와 연구자로서 상도 좀 받고, 중요한 논문도 몇 편 발표하고, 특허도 한두 건 따고, 명예 교수 자격도 얻어서 말이다.

이는 참으로 멋진 꿈이었고, 모르긴 해도 그 길을 따르며 살았어도 행복했을 것이다. 실제로 40년이 지난 지금도 나는 강단에 서거나 연구 결과를 두고 열띤 토론을 펼치는 것을 사랑한다. 하지만 흔한 말로 사람 일은 모르는 법이다. 계획하지도 기대하지도 않았던 기업가로의 변신이 나의 여정을 다른 방향으로 이끌어, 결과적으로 나를 지난 25년 동안 여러 리더의 자리에 있게 해 주었다.

이 책은 교수와 기업가로 살아온 과정에서(대부분은 리더로 지내 온 25년간의 여정에서) 배운 교훈들을 담고 있다. 이 책에서 나는 어떤 방법이 효과적이었고, 어떤 방법이 비효과적이었는지 들려줄 것이다. 일부 교훈들은 업계든 아니면 학계와 비영리 세계든 어느 한쪽에 더 적합하겠지만, 각각의 교훈이 가진 여러 측면은 모든 분야에 적용된다. 마찬가지로 나는 가장 낮은 자리에서부터 조직 전체를 관리하는 가장 높은 자리까지 다양한 리더를 경험했지만, 내가 배운 것 대부분은 어떤 수준의 리더십에든 적용된다. 거대 조직의 최고위직에 있을 때는 온갖 위기가 더 크고 빠르게 닥쳐오는 것이 사실이지만, 일어나는 문제들과 거기에 대응하는 방법은 모두 비슷하기 마련이다.

월터 아이작슨이 앞에서 썼듯이 "훌륭한 인재가 되는 길에 단 하나의 공식만 있는 것은 아니다". 그렇다고 누가 봐도 분명히 수긍이 가고 오랜 세월에 걸쳐 입증된 원칙들이 아주 많다고 생각하지도 않는다. 따라서 나는 지금까지 내 커리어를 일구어 온 리더십의 조건을 10가지로 집약해, 그에 대한 나의 생각과 중요한 순간마다 그 조건들을 어떻게 믿고 의지했는지 들려주고자 한다. 이 책에서 다루는 내용이 많은 이들의 성장 여정에서 좋은 지침이 되기를 희망한다.

본격적으로 시작하기에 앞서 배경 설명을 조금 하고자 한다. 나는 1977년 스탠퍼드대학교 교수가 되었다. 실리콘 밸리와 정보화 시대가 막 시작되던 시기였다. 애플은 창업한 지 1년밖에 안 되었고, 인텔은 주로 메모리칩을 만들던 작은 규모의 회사였다. PC, 인터넷, 월드 와이드 웹, 휴대전화는 아직 발명도 되지 않았다. 나는 학생들을 가르치며 경력을 쌓기 시작했고, 초고밀도 집적회로Very Large Scale Integration, VLSI와 마이크로프로세서를 중점적으로 연구했다. 스타트업 기업 두 곳, 그중에 특히 짐 클라크Jim Clark가 설립한 실리콘 그래픽스Silicon Graphics의 창업 초기에 관여하기는 했지만 나의 관심은 압도적으로 스탠퍼드에서 쌓는 커리어에 집중되어 있었다.

2장에서 설명하겠지만 나의 커리어 궤적을 바꾸어 놓은 가장 중요한 사건은 1981년부터 1984년까지 스탠퍼드에서 했던 연구를 기반으로 밉스 컴퓨터 시스템스MIPS Computer Systems(이하 밉스)라는 회사를 공동 설립한 것이었다. 안식년을 얻어 학교를 잠시 떠나 있는 동안 나는 그 회사 운영에 가장 힘을 쏟았고, 학교로 돌아간 뒤에도 나의 컨설팅 시간과 여름휴가 중 상당 기간을 회사에 바쳤다. 이대로 밉스에 남을까 하는 생각도 여러 번 했지만 강의실과 연구실에서 학생들과 함께 어울리던 시절을 잊을 수 없어 다시 한 번 스탠퍼드를 내 본거지로 삼았다.

밉스를 설립하고 성공적으로 기업 공개IPO를 하기까지 5년 동안 나에게는 많은 변화가 있었다. 회사에서 몇 차례 위기를 겪다 보니 그런 어려움이 있을 때 더 잘 대처할 수 있는 능력이 생겼다. 또한 결의에 찬 소규모 팀이 무언가 새로운 일을 시작하는 것만으로도 세상을 바꿀 수 있다는 사실을 깨달은 뒤 우리 학과, 우리 단과대학(공대), 우리 학교가 세상에 더 크고 긍정적인 영향력을 발휘하게 만들고 싶은 야심이 생겼다. 단순히 다시 교수 자리로 돌아갈 수도 있었다. 한 개인이 사회에 기여하는 데 그보다 더 숭고하고 보람찬 일은 없다고 생각했기 때문이다. 하지만 그러는 대신 이후 20년 넘게 이어질 리더십 여정을 시작하기로 했다.

처음 리더가 되었을 때는 그리 대단한 역량이 필요치 않았다. 나는 약 15명의 스탠퍼드대 컴퓨터과학과 전기공학 교수진으로 구성된 컴퓨터시스템연구소Computer System Laboratory 소장을 맡았다. 그곳에서 훌륭한 새 동료들을 찾아 영입하고 그들이 스탠퍼드에서 경력을 쌓기 시작할 때 멘토로서 지원하는 일을 했다. 1994년에는 컴퓨터과학과 학과장이 되었지만 여전히 강의를 하고 흥미로운 일을 하는 연구 그룹도 이끌었다.

그로부터 2년 뒤 공과대학 학장이 되면서 책임은 더욱 무거워졌다. 교수진은 35명이 아니라 200명이 넘었으며 모두 엔지니어였다. 우리는 공통된 학계 은어를 사용했고 성공에 대한 잣대 역시 비슷했다. 나는 학장 일을 진정으로 사랑했다. 아내는 아직도 지금까지 내가 한 많은 일들 중 그 일이 최고였다고 말한다. 왜일까? 나는 교수들을 모두 알고 지냈고, 그들이 어떤 연구를 하고 있는지 대강이나마 파악하고 있었으며, 새로 교수를 채용할 때마다 일일이 반기며 챙겼고, 또한 매해 강좌를 하나씩 맡아 박사 과정을 밟는 학생들을 계속 지도할 수 있었기 때문이었을 것이다.

그런데 3년 뒤인 1999년에 상황이 완전히 달라졌다. 당시 스탠퍼드대 총장이던 거하드 캐스퍼Gerhard Casper가 나에게 콘돌리자 라이스 후임으로 부총장을 맡아 달라고 제안했다. 부총장이라면 기업의 최고운영책임자COO와 같은 자리다. 나는 깜짝 놀랐고 또 조금 걱정이 되었다. 뒤에서 보겠지만 그 자리를 받아들인 것은 나로서는 엄청난 도약이자 도전이었다.

그로부터 몇 달 뒤 새 학기가 막 시작되었을 때 놀랍게도 캐스퍼 총장은 이번 학기가 끝날 무렵 사임하겠다는 의사를 밝혔다. 내가 부총장직을 수락한 것은 캐스퍼 총장과 긴밀히 협력하고, 학교 차원의 큰 문제들을 처리해 나가고, 공학 이외의 분야 동료들을 알 수 있는 기회로 삼기 위해서였다. 사실 당시에도 새로 맡은 일을 여전히 배우고 있었다. 그럼에도 학교 이사회에서는 그해 10월부터 이듬해 3월까지 대대적으로 마땅한 후보들을 물색한 뒤 채용심사위원회 위원들과 여러 차례 회의를 거친 끝에 나에게 2000년 가을부터 스탠퍼드대학교 10대 총장을 맡아 달라고 요청했다.

총장 후보로서 꼼꼼한 심사 과정을 통과하기는 했지만 나는 다소 놀랐고 꽤 많이 두려웠다. 겨우 마흔일곱 살에 불과했고, 큰 조직에서 고위 관리자로 일한 경험은 짧았으며, 거대한 관료주의 세계에 대한 지식은 부족하기만 했다. 모두를 실망시킬까 봐 겁이 났다. 그러면서도 나에게 너무나 많은 도움을 준 조직을 한층 더 발전시킬수 있다는 도전 과제에 마음이 끌렸다. 내 능력에 대한 겸손한 태도, 진실을 존중하는 과학자의 자세, 유능한 팀을 바탕 삼아 이 일에서 성공할 수 있기만을 바랐다.

나는 실리콘 밸리와 내가 친구로 여겼던 스탠퍼드대 동료들로부터 배워 경험을 쌓았지만 캐스퍼 총장과 몇몇 이사회 임원 외에는 조언을 구할 선배들이 많지 않았다. 그래서 훌륭한 연구자라면 당연히 그렇듯 리더십에 관한 책들을 읽기 시작했다. 그중에서도 위대한 리더들이 어떻게 발전했는지, 다른 사람들과 어떻게 협력했는지, 어떻게 어려움을 극복했는지 알려 주는 전기가 좋았다(뒤쪽에 실어 둔 '나에게 가르침을 준 책들' 목록에서 살펴볼 수 있다). 또한 늘 지적 호기심을 유지한 채 과학과 기술 분야 외에 인문학, 사회과학, 의학, 예술에까지 관심을 넓혔다.

그래서 나는 총장으로서 성공을 거두었을까? 그 과정에서 훌륭한 리더가 되었을까? 우리 팀은 우수한 대학을 한층 더 우수하게 만들었을까? 이는 내가 판단할 수 있는 문제가 아니다. 부총장인 존 에치멘디John Etchemendy와 내가 생각한 성공의 가장 중요한 잣대는 우리 대학 학생, 교수, 직원의 역량이었다. 물론 이것은 새로 지은 시설이나 장학금 모금 액수 같은 단순한 수치에 비해 측정하기가 어렵다. 총장으로서 임기가 끝난 2016년 8월, 교수진과 학생의 수준을 가늠하는 대부분의 잣대(예를 들어 대학 순위, 선호도, 실적 등)에서 스탠퍼드는 전 세계 최고 대학들과 어깨를 견줄 수 있었다. 더불어 여러 학문 분야의 연구와 교육에서도 앞서 가고 있다. 이것은 부총장과 내가 부임 초기에 정했던 목표(7장 참조)였다. 우리가 함께한 16년이란 긴 재임 기간(미국 대학교 총장 평균 임기의 약 두 배에 달한다)도 우리가 이룩한 성과 중 하나였다.

물론 나의 여정은 거기서 그만 끝날 수도 있었다. 스탠퍼드를 운영하는 것만큼 인상적이고 도전적인 일, 심지어 일부라도 그와 비슷한 일을 내가 또다시 할 가능성이 있었을까? 나는 구글과 시스코, 그리고 몇몇 중요한 재단의 이사진이었다. 이 일에 몇 가지 강의를 맡아 하는 일을 더하면 다소 예상하지 못했던 내 커리어의 마무리로는 안성맞춤 아니었을까?

참으로 놀라운 일이 벌어진 것은 바로 그때였다. 전 세계의 다음 세대 리더들을 육성해야 한다고 혼자 고심하던 계획이, 미국의 위대한 기업가 중 한 사람인 나이키 창립자 필 나이트Phil Knight의 도움으로 돌연 실현된 것이다. 우리는 힘을 합쳐 나이트-헤네시 장학 사업Knight-Hennessy Scholars program을 출범시켰다. 100여 년 전 시작된 로즈 장학금 이래로 가장 야심 찬 프로젝트였다.

나이트-헤네시 장학 사업 덕분에 나는 교수이자 기업가인 나의 뿌리로 돌아갈 수 있었다. 우수한 젊은 학자들을 장차 세계적인 리더로 키우려면 정확히 무엇을 가르쳐야 할지 처음부터 다시 고민하면서 새로운 프로그램을 시작했던 것이다.

두말할 필요 없겠지만 좋은 학자라면 마땅히 그러듯이 다시 한

번 이 주제에 대해 독학하기 시작했다. 서재에 꽂혀 있던 옛 친구들을 다시 찾았다. 지난 20년 동안 나의 막역한 친구이자 지인이 된 성공한 리더들에게 질문을 던졌다. 또한 훌륭한 조직의 리더로서 나 자신의 커리어를 처음으로 되돌아볼 수 있었다.

그 결과 나는 널리 알려진 리더십에 관한 많은 시각들과 매우 다른 점을 발견했다. 때로는 심지어 직관과 반대되기까지 했다. 효과적인 리더십에서 매우 중요한 서너 가지 측면이 눈에 들어오기 시작했다. 강력한 토대를 이루는 원칙들, 그런 원칙들을 착실하게 고수할 수 있는 일관성, 그리고 조직을 변모시키고 새로운 수준으로 끌어올릴 수 있는 일련의 방법들이었다. 이 책의 처음 네 개 장에서는 '겸손humility' '진정성authenticity' '봉사service' '공감empathy'이라는 토대가 되는 원칙들에 초점을 맞춘다. 이 중 일부는 봉사하는 리더십servant leadership[1]과 연결된다. 내 생각에 이 네 가지 원칙은 조직을 변화시키는 리더십에서 특히 중요하다.

5장에서 다루는 '용기courage'는 이런 원칙들을 조직의 변화를 일구어 내는 구체적인 방법들과 연결시킨다. 용기는 훌륭한 리더의 특징이자 어려운 시기에 반드시 필요한 미덕이다.[2] 리더가 힘든 상황에서도 본래의 경로를 지키게 해 주는 동시에, 필요할 때는 급히 경로를 바꾸게도 해 준다. 용기는 리더십의 토대를 이루는 원칙일 뿐아니라 한 조직의 핵심 임무이기도 하다.

마지막 다섯 개 장은 혁신적 변화를 일으키기 위해, 다시 말해 훌륭한 조직을 새로운 차원으로 끌어올리기 위해 내가 사용한 방법들을 다룬다. 우리가 스탠퍼드의 미래를 위해 어떻게 비전을 창조하고 대학 공동체의 모든 구성원이 그 비전을 추구하는 데 참여하게 만들었는지 살펴본다. 각 장들은 '협업collaboration' '혁신innovation' '지적 호기심intellectual curiosity' '스토리텔링storytelling' 그리고 '유산legacy'(오래도록 지속되는 창조적 변화)에 초점을 맞춘다.

100년도 더 된 조직을 변모시키기 위해서는 모두를 감화시킬 수 있는 비전과 그 비전을 실현시키는 데 헌신하는 팀, 그리고 조직의 변모가 오래 유지될 수 있도록 만드는 과정이 필요하다. 처음 네 개 장에서 다루는 토대, 즉 리더십의 원칙들이 내가 스탠퍼드를 위해 마음속에 그린 야심 찬 계획을 개발하고 실행하는 데서 필수 조건이었다면, 마지막 다섯 개 장에서 다루는 리더십의 방법들은 우리가 목표에 이를 수 있도록 도와준 조건이었다.

스탠퍼드를 벗어나서 보자면, 필 나이트와 나는 정부와 기업, 비영리 조직 등에 만연한 리더십 위기에 대한 우려를 공유하고 있었다. 실패한 정부에서부터 내란, 기근, 최빈국에서 온갖 부를 독점하고 누리는 독재자, 외국인 혐오와 인종 차별까지 정부의 위기는 명백하다. 기업 세계에서는 엔론 사태와 월드컴 사태 같은 이제는 옛이야기가 된 사건부터 웰스 파고와 폭스바겐 같은 비교적 최근에 문제가 된 사건까지 리더들이 기업을 그릇된 방향으로 끌고 간 사례가 무수히 많다. 비영리 세계도 이 같은 위기로부터 안전하지는 않다. 그들이 내세우는 고결하기 짝이 없는 교육 이념과 정반대되는 추문으로 얼룩진 대학 체육 시스템만 보아도 알 수 있다.

정부나 기업, 비영리 단체 등에서 이런 문제들이 발생하는 것은 리더십의 기반이 약하기 때문이다. 리더가 조직과 직원, 고객의 안녕

이 아니라 자신의 사리사욕에 집중하기 때문이다.

가늠하기는 어렵지만 어쩌면 이보다 더 만연한 것이 바로 변화를 통해 조직을 이끄는 방법에 대한 이해의 간극일 것이다. 세상은 그 어느 때보다 빠른 속도로 변하고 있다. 조직의 기반이 얼마나 튼튼하든, 역사가 얼마나 길든, 21세기에도 변함없이 번창하며 고객에게 서비스를 제공하고 싶다면 모든 조직은 스스로를 새로이 변화시켜야만 한다.

어떻게 하면 리더십의 방향을 바로잡을 수 있을까? 이 책을 쓴 이유는 내가 알게 된 것들을 독자들, 그리고 내가 세상을 떠난 후에도 다음 세대 나이트-헤네시 장학생들과 나누기 위해서다. 하지만 그보다 먼저 나는 나 자신을 위해 이 책을 썼다. 리더십에 관한 지혜들(때로는 아주 힘들게 얻은)을 모아 정리하기 위해서, 조금은 다른 시각과 조금은 먼 거리에서 내 커리어의 주요 사건들을 되돌아보기 위해서 말이다. 그리고 무엇보다 21세기 들어 변화하는 리더십의 본질에 대한 대화(어떤 면에서 나이트-헤네시 장학 사업의 커리큘럼에 도움이 될 만한)를 시작하기 위해서다.

무척 다른 꿈에서 시작해 너무나 보람차고 도전적인 여정을 겪은 사람으로서 이 책을 독자 여러분에게 바친다. 비록 다소 예측하기 힘들다 할지라도, 여러분의 여정 또한 나와 같이 행복한 결과로 이어지길 간절히 바란다.

1

Humility

고개를 숙일 때마다
성장한다

자신의 지혜를 과신하는 것은 현명하지 못한 처사다.

가장 힘센 사람도 약해질 수 있고,

가장 현명한 사람도 실수를 범할 수 있다는 사실을

늘 상기하는 것이 바람직하다.

마하트마 간디Mahatma Gandhi

당신은 가장 똑똑한 사람이 아니다

대부분의 사람들은 겉만 보고 자신감이야말로 리더십의 핵심이라고 생각한다. 어쨌거나 자신이 세운 전략과 그 전략의 수행에서 자기 역할에 대한 확신이 없다면 다른 사람을 이끌기란 거의 불가능할 테니 말이다. 자기 계획에 확신이 없거나 자기 능력을 믿지 못하는 리더를 따르고 싶어 할 사람은 아무도 없다. 그렇다면 이 자신감의 중심에는 무엇이 자리할까?

나는 진정한 자신감, 즉 자신감으로 위장한 겉모습이나 거짓된

허세, 또는 최악인 근거 없는 자신감이 아니라 자신의 실력과 품성에 대한 진정한 인식은 자존심이 아닌 겸손에서 나온다고 믿는다. 오만은 자신의 강점만 보면서 자신의 약점과 남들의 강점은 무시하게 만들어 결국 큰 실수를 저지르게 한다. 반면에 겸손은 우리의 약점이 어디에 있는지 보여 줌으로써 보완할 수 있게 도와준다. 겸손이야말로 우리가 자신감을 얻을 수 있는 수단이다.

그렇다면 겸손은 어디에서 오는가? 내 경험에 따르면 겸손은 크게 두 가지 시각에 의해 고취된다. 첫째, 우리가 이루는 성공의 상당 부분은 행운 덕분이라는 자각이다. '운수'라는 표현 대신 '행운'이라는 단어를 선택한 것은 '운수'가 우리에게 유리하게 작용하는 초자연적인 힘이란 의미를 은연중에 담고 있기 때문이다. 솔직히 미국에서 태어난 사람들은 행운이다. 만약 여러분이 식량 부족으로 힘들어하는 나라나 전쟁 중인 나라에서 태어났다면 어땠을지 생각해 보라.

나는 중산층 가정에서 자랐고 부모님 모두 대학교를 나오셨다. 부모님은 내가 학교에 들어가기 전부터 글 읽는 법을 가르쳐 주셨고, 내가 원하는 직업을 선택할 수 있도록 많은 교육의 기회를 주셨다. 아마 미국인 대부분은 지금보다 형편이 좋지 못했던 자기네 조상들과 크게 다른 삶을 살고 있을 것이다. 나의 조상들 대부분은 1800년대 중반에 발생한 아일랜드 감자 기근(1840년대 중후반 감자역병과 영국인 지주들의 착취로 수많은 아일랜드인이 굶어 죽거나 해외로 이주한 사건—옮긴이)을 피해 미국으로 이민 왔다. 고조부는 막노동을 시작으로 나중에는 브루클린 일대를 돌아다니며 맨손 또는 조랑말 수레로 물건을 배달했다. 사실 친가와 외가를 통틀어 고조부모들은 먹고살기 위해 모두 벽돌공, 무두장이, 목수, 농부 등 육체노동을 했다. 영어를 쓰는 나라 출신이었지만 나의 아일랜드 조상들 중 일부는 글을 읽고 쓸 줄 몰라 유언장에 이름 대신 'X'라고 서명했다.

두 세대 후 외할아버지는 대학을 나와 훗날 은행 부사장까지 지냈다. 이민 1세대와 2세대 조상들은 힘든 삶을 살았다. 실업에 시달렸고(때로는 1년 내내), 자식을 최소 1명씩(때로는 2명 이상) 잃는 고통을 감내해야 했다. 나는 자녀들과 손주들만은 더 나은 환경에서 살게 해 주고자 고된 노동을 감내하고 헌신한 그분들에게 많은 수혜를 입은 사람이다. 내가 이런 시대, 이런 나라, 이런 가정에서 태어난 것은 순전히 조상들의 굽은 허리 덕분에 누린 행운이었다. 그런 사실을 떠올리는 것만으로도 나는 겸손해진다.

학계의 일원이라는 사실 역시 나를 겸손하게 만든다. 이 학자 공동체에는, 아니 때로는 한 건물 안에도 어떤 주제에 대해 나보다 더 많이 아는 사람(학생일 수도 있다)이 늘 존재한다. 이것이 바로 겸손을 불러오는 두 번째 시각이다. 한마디로 당신은 지금 당신이 있는 그 자리에서 가장 똑똑한 사람이 아니다. 당신이 주도하고 있는 프로젝트나 일의 성공은 팀 전체에 달려 있다. 성공하기 위해서는 그들의 전문성과 도움이 반드시 필요하다. 따라서 자신이 모르는 것을 인정하고, 팀원들이 알고 있는 것을 배우며, 겸손한 자세로 그들의 도움을 요청하는 것만이 최선의 길이다.

내 역할은 주 엔진이 아니라 연장

리더의 자리에 있으면서 겸손을 실천할 수 있는 가장 좋은 방법 중 하나는 모금 활동이다. 수천 명의 교수와 교직원, 수만 명의 학생, 수십억 달러의 예산과 기부금을 관리하는 자리에 있다 보면 그 엄청난 권력에 취하기 쉽다. 이럴 때 모금 활동처럼 사람을 겸손하게 만드는 일은 일종의 해독제 역할을 한다.

성공적인 모금 활동에 필요한 온갖 준비 과정을 모두 포함하면 아마 내 시간 중 3분의 1에서 2분의 1쯤을 학교에 투자해야 할 것이다. 이것은 우리 가족에게도 큰 변화였다. 결혼하고 처음 25년 동안 아내는 내가 강의를 마치고 6시쯤 집에 돌아오는 생활에 익숙해져 있었다. 나는 주 업무가 강의였기에 출장도 많지 않았다. 그런데 총장이 되자 갑자기 저녁마다 이런저런 행사에 참석하고 1년이면 12번 정도 주말마다 졸업생들을 만나러 출장을 다녀야 했다. 그리고 점심 시간은 대부분 모금 활동이라는 명목 아래 미팅이나 행사로 꽉 차 있었다.

다행히 나는 주변에서 도움을 많이 받았다. 동문 자원봉사자들과 스탠퍼드 발전 전문가들이 힘든 일을 도맡아 매년 소액 기부금을 수천 건씩 유치했다. 두 조직 모두 능력이 매우 뛰어났다. 생각해 보면 우리 대학교 발전 사무실 사람들은 학교에 긴요한 것이 생기면 기부자들을 찾아내어 짝지어 주는 실력이 대단히 탁월했다. 마치 중매쟁이 같았다. 나는 동창회를 졸업생과 학교 간의 장기적 관계를 돈독히 다져 주는 조직이라고 생각했다.

나는 총장으로서 내 역할은 이런 활동의 주요 엔진이 아니라 하나의 연장에 불과하다는 사실을 깊이 이해했다. 지역별 졸업생 모임 시작 전 연설을 하든, 잠재적인 거액 기부자와 개인 미팅을 하든, 동창회 잡지 편집부와 인터뷰를 하든, 다른 이들이 힘들게 준비 작업을 한 뒤에야 내 역할이 시작되었다. 이러한 점 역시 내 겸손의 원천이고, 그래서 나는 기부 약속을 받아 낸 사람이 내가 아니라는 사실을 수시로 떠올린다. 많은 사람이 "기부하겠습니다"라는 말을 듣기 위해 노력을 아끼지 않았고, 나는 그저 서명을 받았을 뿐이다. 내가 실수를 저지르거나 잘못된 인상을 풍기기라도 하면 몇 개월에 걸친 그들의 고된 노력이 물거품이 될 수도 있었다. 또한 나는 졸업생들과 기부자들이 나를, 그러니까 존 헤네시라는 사람을 만나는 것이 아니라 언젠가 내가 아닌 다른 누군가가 맡게 될 스탠퍼드대학교 총장을 만나는 것임을 잘 알고 있었다.

이런 모든 측면에서 나는 우리 대학교 최고 대표자로서 내 역할의 중요성을 잘 알고 있다. 기부자들이 나와 악수를 하고 싶어 하는 것은 그것이 나여서가 아니라, 그들이 후원하기로 결정한 프로젝트가 학교의 관심과 자원에 의해 뒷받침되고 있는지 알고 싶어서다. 그들은 자신들이 낸 기부금에 총장으로서 내 명예를 걸기를 요구하는 것이다. 이는 간단한 요구가 아니지만 그들에게는 그럴 권리가 있다.

정말로 거액을 기부하는 경우에는 대부분 방 안에 다른 직원 없이 일대일로 미팅이 이루어졌다. 유명하고, 어마어마하게 성공하고, 막대한 권력이 있는 기부자와 단 둘이 마주 앉는 것이다. 자신이 무엇을 원하는지 정확히 알고, 거액을 내놓기로 약속하고, 내 눈을 똑바로 쳐다보며 나 역시 해당 프로젝트에 똑같이 헌신할 자세가 되어 있는지 거침없이 물어볼 수 있는 사람 말이다. 그런 사람과 함께하는 자리라면 누구든 겸손해지지 않을 도리가 있겠는가?

가슴을 울리는 겸손의 힘

짐 클라크는 하이테크 역사상 훌륭한 기업가 중 한 사람이지만 어린 시절은 몹시 불우했다. 가난한 집 막돼먹은 새아버지 밑에서 자라 고등학교를 중퇴한 뒤 해군에 입대했는데 이는 다른 어떤 미래도 꿈꿀 수 없었기 때문이었다. 하지만 짐은 자신이 탁월한 엔지니어이자 타고난 기업가임을 스스로 증명해 보였다. 그가 처음으로 그런 재능을 선보인 것은 1982년 실리콘 그래픽스를 세웠을 때다. 이 회사는 당시 가장 빠른 속도로 성장하는 기업이었다. 그전에 짐과 나는 스탠퍼드에서 같은 연구실을 썼고, 훗날 실리콘 그래픽스의 토대가 된 기술 일부를 함께 작업했다. 또한 나는 밉스를 세우기 전 2년 동안 실리콘 그래픽스의 컨설턴트로 일했다.

짐은 벤처 투자자들에게 실리콘 그래픽스의 지분을 너무 많이 넘겨줘야 했던 점이 마음에 들지 않아 다음번 회사를 세울 때는 혼자 힘으로 해냈다. 1994년 짐은 마크 앤드리슨Marc Andreessen(지금은 실리콘 밸리에서 가장 유명한 벤처 투자자다)과 함께 회사를 차려 널리 사용된 첫 상업용 웹 브라우저인 넷스케이프Netscape를 시장에 내놓았다.

마크 앤드리슨은 이미지를 표시할 수 있는 최초의 그래픽 웹 브라우저인 모자이크Mosaic를 만드는 데 주도적인 역할을 한 사람이었다(모자이크는 문자만 표시되던 세계 최초의 웹 브라우저 넥서스Nexus를 대체하며 큰 인기를 끌었고 훗날 인터넷 익스플로러의 모태가 되었다―옮긴이). 마크가 일리노이대학교에 다니던 당시 학교에서 마크와 아무 관련 없는 기업에 이 기술의 판매 허가를 내주려고 하자 짐이 달려들어 마크를 채용하고 넷스케이프 커뮤니케이션스Netscape Communications라는 회사를 세웠다. 지금은 거의 잊혔지만 당시만 해도 넷스케이프는 완벽한 타이밍과 통찰 가득한 짐의 전략적 움직임 덕분에 대단히 크게 성공했다(넷스케이프는 한때 90퍼센트의 시장 점유율을 자랑했지만 인터넷 익스플로러에 밀려 시장에서 점차 사라졌으며 나중에 개발자 중 일부가 모질라 파이어폭스를 만들었다―옮긴이). 짐은 인터넷 사용률이 폭발적으로 늘어날 것을 예측했고 이 기회를 십분 활용해 최초의 월드 와이드 웹 기업을 세웠다.

그는 넷스케이프의 성공과 회사 지분을 넉넉히 소유한 덕분에 큰 부자가 되었다. 나는 늘 짐과 연락해 온 터라 온 세상이 '벼락부자'라고 생각하는 그가 이 두 기업을 세우며 얼마나 많은 고생을 했는지 잘 알고 있었다. 짐은 개인적으로도 여러 사건을 겪었다. 한번은 실리콘 그래픽스의 핵심 기술을 개발하는 데 너무나 열중한 나머지 집의 전기요금 내는 것을 깜빡해 전기가 완전히 끊긴 적도 있었다. 그만큼 열심히 일하는 사람을 난 지금껏 본 적이 없다. 그는 결코 요행으로 돈을 번 것이 아니었다.

그 무렵 나는 짐의 다음 행보를 두고 도움이 될 만한 게 없을까 이리저리 궁리했다. 그가 이처럼 성공을 거둔 뒤 장차 무엇을 하면 좋을지 숙고하고 있음을 알고 있었기 때문이다. 넷스케이프가 벌써 두 번째 작품이었으니 짐은 조금 시간 여유를 두고 앞으로 할 일을 찾아볼 수 있었다.

그러던 중 1999년 스탠퍼드에서는 전임 총장 거하드 캐스퍼의 지휘 아래 바이오-엑스Bio-X라는 프로젝트를 시작했다. 생명과학과 생명공학에 초점을 맞춘 협업 프로젝트였다. 공대 학장으로서 나는 그 프로젝트를 열렬히 지지했다. 우리는 이 새로운 핵심 과제를 성공시키려면 연구나 설비에 상당한 후원금이 필요하다는 사실을 알고 있었다. 줄기세포 연구는 그중에서도 특히 유망한 분야였는데, 나는 이 분야의 연구가 짐을 사로잡을 것이라는 생각이 들었다. '어려운 문제 해결에 최첨단 기술을 적용하는 법을 알아내는 프로젝트에 힘을 보탠다.' 짐처럼 훌륭한 엔지니어에게 이보다 더 멋진 도전이 어디 있겠는가?

실리콘 그래픽스가 성공한 뒤 나는 짐에게 스탠퍼드를 위해 무언가 해 보는 것이 어떠냐고 물었지만 그는 아직 준비가 되어 있지 않다고 대답했다. 그렇다면 넷스케이프가 성공을 거둔 지금은 어떨까? 나는 그가 세상에 남길 유산에 대해 생각해 보게 만들어야 한다는 걸 깨달았다. 짐은 늘 고개를 푹 파묻고 자기 앞에 놓인 난관들에만 집중해 온 탓에 미래에 대해 생각할 여유가 없었다. 그런데 마침 그때 나는 론 처노Ron Chernow가 쓴 존 D. 록펠러의 전기 《부의 제국 록펠러》를 다 읽은 참이었다(처노는 후에 조지 워싱턴 전기로 퓰리처 상을 받았고, 인기 뮤지컬 〈해밀턴Hamilton〉의 토대가 된 알렉산더 해밀턴의 전기도 썼다). 처노가 쓴 것처럼 록펠러는 혼자 힘으로 미국에서 가장 부유한 사람이 된 매우 경쟁심 강한 사업가였지만 과도한 업무로 인해 50대에 심장마비로 죽을 고비를 넘겼다.

이 일은 록펠러에게 큰 깨달음을 주었다. 자신에게 삶이 얼마 남지 않았다고 믿게 된(실제로는 아흔일곱 살까지 살았다) 록펠러는 "더 많은 돈을 벌려고 애쓰는 짓은 이제 그만두자. 자선 사업가가 되어 더 나은 세상을 만드는 일을 하자"라고 결심했다. 곧 그는 시카고대학교, 록펠러대학교, 록펠러재단을 세우고 다른 많은 자선 사업, 특히 의학 발전에 큰 도움을 주었다. 그 과정에서 그는 현대적 의미의 박애와 자선을 새로이 확립했다.

록펠러는 아이들에게 10센트짜리 동전을 나눠 준 것으로 널리 알려져 있지만 실제로는 인류 발전을 위해 수십억 달러를 기부했다. 그는 악명 높은 악덕 자본가 중 한 사람이었고, 어쩌면 그중에서도 가장 무자비하고 야멸찬 사람이었을지 모르지만 인생 후반에는 전혀 다른 삶의 궤적을 택했다.

나는 짐에게 이 책을 한 권 보내주었다. 전설적인 일 중독자의 이야기가 100년 뒤 또 다른 일 중독자인 그에게 도움이 되기를 바랐다. 짐이 책을 다 읽을 때까지 충분히 기다린 뒤 연락을 취해 새로운 학제간interdisciplinary 연구 센터를 세울 계획과 그곳에서 이루어질 줄기세포 및 재생의학 연구에 대해 설명했다. 짐은 하루 시간을 내어 캠퍼스를 방문해 연구진과 이야기를 나누었다. 나는 이러한 학제간 융합과 생명과학의 교차 연구가 지식인이자 과학자인 그를 흥분시키기를 바랐다. 결과는 성공적이었다. 그는 1억 5000만 달러를 투자해 바이오-엑스의 고향인 클라크센터를 설립했다.

그런데 이 스토리는 여기서 끝이 아니다. 짐이 투자 약속을 하고 얼마 뒤 조지 W. 부시 대통령이 줄기세포 연구에 대한 연방정부 지원금을 크게 축소하겠다고 발표했다. 이 소식은 우리 연구 공동체 사람들뿐만 아니라 짐에게도 큰 충격이었다. 그는 그러한 결정이 자신이 이제 막 투자한 연구 프로그램에 엄청난 피해를 초래할 수 있는 끔찍한 일이라고 생각했다. 직접 성명을 발표해야 할 필요성을 느꼈고 마침내 《뉴욕타임스》 사설을 통해 자신의 생각을 전 세계에 알렸다.

> 2년 전 나는 스탠퍼드대학교에 생명공학 및 생명과학 연구 센터를 설립하기 위해 1억 5000만 달러를 기부하겠다고 약속했다. 그런데 지금 의회와 대통령은 줄기세포와 클론 연구 지원금을 삭감하며 이 센터의 설립 의도를 좌절시키고 있다. …… 그래서 나는 약속한 금액 중 남은 6000만 달러의 기부를 유예하기로 했다.

우리는 2003년 짐이 참석한 가운데 연구 센터 건물을 헌납했고, 나는 총장으로서의 역할을 다했다. 우리는 짐이 지불을 유예하여 잃은 6000만 달러를 추가로 모금하기 위해 계속 노력했다. 다행히 또 다른 거물급 자선 사업가 척 피니Chuck Feeney가 변함없이 우리를 지지해 주었다(35년에 걸친 그의 놀라운 자선 활동은 2012년에야 비로소 알려졌다). 그래서 우리는 꿋꿋하게 그 상황에서 나름대로 최선을 다했고 몇 가지 연구 성과를 올리기도 했다. 2004년 줄기세포 전문가들이 해외로 대거 빠져나가자 캘리포니아 주정부는 독립적으로 줄기세포 연구에 자금을 대기 위해 공채 발행을 발의하고 통과시켰다. 그 덕분에 캘리포니아주의 다른 과학자들뿐 아니라 우리의 유능한 연구진이 빠져나가는 것을 막을 수 있었다.

이제 클라크센터 설립 10주년인 2013년으로 건너뛰어 보자. 그동안 짐은 매년 한두 번씩 학교를 찾아와 프로젝트의 진척 상황을 지켜보았다. 10주년을 기념해 지난 10년간의 연구와 업적을 기리는 세미나를 포함해 큰 행사를 개최하기로 했다. 짐에게 감사 인사를 전하고, 우리가 그의 선물을 착실히 관리해 왔음을 보여 줄 기회이기도 했다. 짐은 마지막 연사로 강단에 서기로 했다.

짐이 강단에 설 시간이 되었을 때 나는 그의 옆자리에 앉아 있었다. 그가 어떤 말을 꺼낼지 전혀 모르는 상태였다. 지불 유예를 발표할 당시의 좌절을 다시 들춰낼까? 근시안적인 연방정부를 공격할까? 그런데 아무도 짐작하지 못했을 일이 벌어졌다.

강단에 선 짐이 입을 열었다. "이곳에서 해낸 일이 너무나 감동적입니다. 연구 결과는 훌륭합니다. 여러분 모두 대단한 일을 해냈습니다." 그가 잠시 말을 멈추었다가 덧붙였다. "본래 약속했던 나머지 6000만 달러를 전하겠습니다."

참으로 놀라운 순간이자 가슴을 울리는 겸손의 본보기였다. 그는 기부를 철회하겠다고 공개적으로 선언한 셈이나 마찬가지였지만 스스로 말을 바꾸었다. 그것이 옳은 일이었기 때문이다. 그가 내 친구라는 사실이 너무나 자랑스러웠다.

어려움 없이는 성장도 없다

나는 사람들 앞에 나서는 것이 힘들고 부자연스럽다. 커리어 전반부 동안에는 강의든 강연을 할 때 대개는 도표와 글자, 공식이 잔뜩 들어 있는 오버헤드 프로젝터 영상이나 슬라이드 같은 자료를 활용했다. 그러다가 총장이 되자 개별 기부자부터 2만 명이나 되는 졸업생들까지 다양한 규모의 사람들 앞에서 말해야 할 일이 급격히 늘어났다. 단 하나의 오버헤드 프로젝터 영상이나 슬라이드도 없이, 때로는 준비할 시간도 거의 없이 말이다. 이런 일을 쉽게 생각하는 사람도 있겠지만 나에게는 어려운 일이었다. 나는 한 걸음 한 걸음 배우면서 나아가야 했다. 처음에는 두렵기 짝이 없는 일이었다.

다행히(물론 그때는 다행이라고 생각하지 않았지만) 커리어 초반에 이 문제와 관련해 깊은 수렁에 빠진 적이 있었다. 1986년 서른네 살이었을 때다. 2년 전 설립한 밉스 컴퓨터 시스템스가 빠른 속도로 자리를 잡기 시작했다. 우리는 성장세가 계속 이어지리라 기대하고는 그만큼 빠른 속도로 신입 직원을 채용하기 시작했다. 하지만 안타깝게도 성장세는 오래가지 못했다. 사업은 여전히 확장되고 있었고 매출은 굳건하고, 꾸준히 계약을 체결했지만 경비가 너무 빠르게 늘어났다. 우리는 더 일찍 투자를 유치해야 했는데 최고경영자가 바뀌면서 그러지 못했다. 그 결과 현금이 바닥났고 당장 다음 달 급여를 지급하지 못할 처지에 놓이게 되었다.

해고밖에는 답이 없었다. 전체 약 120명의 직원 중에서 40명을 내보내야 했다. 경영진은 엔지니어들은 잡아야 한다고 결정했고, 이는 다른 직원들에게 더 심한 충격을 안겨 주었다. 결국 금요일 아침 우리는 해고 통지서를 나눠 주었고, 통지서를 받은 사람들은 정오 전에 모두 책상을 비웠다.

정말이지 끔찍한 일이었다. 우리가 경험하리라고는 상상도 하지 못했던, 다시는 경험하고 싶지 않은 일이었다. 그런 순간들은(거기서 교훈을 얻을 수 있을 정도로 겸손할 수 있다면) 지난 실수로부터 교훈을 얻고 방향을 바꿀 기회를 제공한다. 하지만 우리가 교훈을 얻었던 날은 그것이 끝이 아니었다.

새로운 최고경영자 밥 밀러Bob Miller는 우리가 할 수 있는 최선의 일이 그날 오후 '생존자들'을 모아 놓고 직원 전원이 미팅하는 것이라고 결론 내렸다. 그는 내게 일어나서 격려의 연설을 해 달라고 요청했다. 정말 하고 싶지 않았지만 공동 창립자로서 내가 나서야 함을 알고 있었다. 나는 먼저 우리의 실수를 인정한 뒤 이어서 회사가 나아갈 밝은 미래에 초점을 맞춰 이야기하려고 애썼다. 결과적으로 그날 연설한 것이 잘한 일이라고 생각한다(비록 당시에는 몰랐지만). 실수를 인정하고 직원들이 하나로 힘을 모아 다시 앞으로 나아갈 수 있게 하고자 노력한 그날의 연설이 나의 미래를 완벽히 준비시켜 주었기 때문이다.

그로부터 12년 뒤 나는 스탠퍼드대 총장으로 임명된 자리에서 수백 명 앞에 나서서 새로운 직책과 학교의 미래에 대한 생각을 밝히는 연설을 해야 했다. 사실 그때가 아무런 시청각 자료의 도움 없이 처음으로 한 공식 연설이었다. 기술적인 내용에 관한 연설이나 강의라면 잘할 수 있었다. 하지만 이번 연설은 완전히 다른 차원이어서 엄청나게 떨렸다. 그래서 나는 어떻게 연설을 했을까? 총장으로 선출된 것 자체가 매우 과분한 일이라고 느끼고 있었기에 그것이 얼마나 큰 영광인지, 전임자가 스탠퍼드를 위해 얼마나 많은 일을 했는지 이야기한 뒤 스탠퍼드를 더 나은 학교로 만들 수 있기를 바란다는 말로 마무리했다.

5장에서 설명하겠지만 이 초기 경험들은 훗날 2001년 9·11 테러나 2008년 금융 위기에 대한 스탠퍼드대의 대응을 비롯해 여러 상황에서 큰 도움이 되었다.1 이 모든 난관 하나하나가 나를 겸손하게 만들어 준 동시에 위기와 문제에 맞서 일어설 수 있게 해 주었고, 결국 나를 더 나은 리더로, 그리하여 더 나은 사람으로 성장하도록 이끌었다. 어려움 없이는 성장도 없는 법이다.

겸손은 야심 부족이 아니다

겸손에 관한 스토리를 마무리하기 전에 덧붙여야 할 것이 있다. 이 책에서 말하는 '겸손'은 단순히 어떤 사람들이 운 좋게 타고나는 심성을 뜻하지 않는다. 또한 진취성 부족을 의미하지도 않는다. 내가 말하는 것은 체득해 숙달된 겸손, 명확한 방향이 있는 겸손이다, 다시 말해 이것은 용기나 결단력처럼 당신이 리더로서 개발하는 습관이다. 겸손으로 다른 사람을 이끈다는 것은 자신의 공적을 자기 입으로 자랑하지 않고 다른 사람들이 알리게 놔두는 것, 자신이 이해한 바가 옳지 않을 수 있음을 깨닫고 솔직히 인정하는 것, 다른 사람의 도움이 필요함을 깨달았을 때 기꺼이 도움을 청하는 것, 실수를 통해 무언가를 배울 기회를 잡는 것, 그리고 자신에게 도전 과제를 던지고 더욱 성장하게 만들어 줄 순간들에 당당히 맞서는 것을 의미한다.

이런 겸손을 갖추는 것이 야심 부족을 의미하지는 않는다. 에이브러햄 링컨은 평소 겸손했으나 야심도 컸다.2 나 역시 야심이 있지만 내 사리사욕을 위한 것은 아니다(물론 게임이나 골프에서 이기는 건 좋아한다). 나의 야심은 변화를 일으키는 것, 우리 학교와 내가 속한 공동체에 도움이 되는 것이다. 남들의 유익을 위해 야심을 품는 것이야말로 겸손한 동시에 야심 찰 수 있는 유일한 길이다.

겸손하지 않으면 성장할 수 없다

총장 자리에서 물러나기 얼마 전, 나를 임명한 이사회의 일원이자 총장 재임 기간 동안 이사회 의장을 맡았던 아이작 스타인Isaac Stein과 옛날 이야기를 나눌 때였다. 당시 아이작은 내 후임자를 찾는 일을 진두지휘하고 있었다. 그가 말했다. "있잖소, 존. 돌이켜 보면 당신을 총장으로 임명한 뒤 우리가 알아낸 당신 자질은 그 일을 하면서 성장할 수 있는 능력이었소."

나는 그 말을 굉장한 칭찬으로 받아들였다. 그리고 동시에 내가 15년 전 처음 시작했을 때 얼마나 풋내기였는지를 떠올리며 민망해하지 않기 위해 애써야 했다. 아이작이 보기에 이 성장 능력은 무엇보다 중요했다. 그리고 처음 나를 임명했을 때 기대하지 못한 것이 기도 했다. 그래서 그가 이끄는 총장 채용심사위원회는 내 후임자를 찾는 과정에서 이 능력을 가늠할 수 있는 방법을 알아내기 위해 노력하고 있었다.

일을 하면서 배울 수 있는 능력을 어떻게 알아볼 수 있을까? 얼마나 겸손한지를 평가하면 가능하다고 생각한다. 스스로에게 아직 배울 것이 많다고 생각하고, 어떤 분야에서 다른 사람들이 자신보다 뛰어나다는 것을 받아들이며, 다수의 생각이 거의 항상 한 사람의 생각보다 더 정확하다는 사실을 인정하면 겸손해질 수밖에 없고, 그로 인해 자신의 일을 더 잘할 수 있는 방법을 배우는 데 매진할 수밖에 없다.

겸손을 리더십의 핵심에 두면 어떤 의미에서 리더의 역할 자체가 바뀐다. 나는 그 사실을 밉스에서 배웠다. 시간이 매우 촉박하고 아주 작은 실수도 치명적일 수 있는 스타트업 환경에서는 자신을 직원들과 격리하지 않고 그들과 동등한 존재로서 팀에 속해야만 한다. 이럴 때 리더가 해야 할 일은 팀원들에게 할 일을 정해 주고 시키는 것이 아니라 그들이 일을 더 잘할 수 있도록 돕는 것이다. 밉스에서 처음 생산할 칩의 최종 품질 검증 작업을 할 인원이 부족했을 때 내가 팔을 걷어붙이고 달려들어 테스트 프로그램 돌리는 일을 도운 건 그 때문이었다.

밉스의 초대 최고경영자 베먼드 크레인Vaemond Crane도 비슷하게 일했다. 그는 토요일 아침마다 직원회의를 갖겠다고 발표했다. 회사 내 모든 사람에게 주말에도 최소한 반나절 정도는 일할 각오를 해야 한다는 메시지를 전하고 싶었기 때문이다. 그는 이런 미팅을 소집함으로써 자신을 포함한 고위 관리자들 역시 자기 역할을 분명히 할 것을 요구했지만 늘 도넛 한 상자를 가지고 나타나 분위기를 누그러뜨렸다. 식당 식탁을 행주로 닦는 솔선수범도 보였는데 그것이야말로 자신이 남들과 다른 특별한 사람이 아님을 알리는 메시지였다. 최첨단 기술 스타트업 회사라는 스트레스 가득한 세상에서 그런 그의 행동에 나는 크게 감명받았고, 이는 이후로 오랫동안 기억에 남아 리더로서 나의 행동을 돌아보게 했다.

물론 대부분의 사람들처럼 나도 겸손해야 할 점들이 많지만, 사실 나는 본래부터 겸손한 사람은 아님을 먼저 인정해야겠다. 그렇지만 겸손을 실천에 옮기는 것이 얼마나 중요한지 배워 익히 알고 있다. 겸손해야 할 가장 중요한 순간은 아마 잘못된 결정을 내렸을 때일 것이다. 실수는 모든 사람, 모든 리더에게 일어난다. 그러므로 그 사실을 받아들이고 실수를 인정할 수 있는 용기를 갖고, 그때부터 어떻게 하면 좋을지 결단을 내리는 편이 더 낫다. 이 책에서 내가 그렇게 해야 했던 순간들의 예를 몇 가지 찾을 수 있을 것이다. 그 과정이 반드시 즐겁지만은 않지만 겸손하다면 그 일은 훨씬 쉬워진다.

2

Authenticity

언제나
진정으로 대한다

바른 곳에 똑바로 발을 디뎌요.

그런 다음 확신을 갖고 굳건히 서면 됩니다.

에이브러햄 링컨Abraham Lincoln

자신, 타인, 공동체, 인류에 대해 고민하라

도덕성은 공적인 삶에서든 사적인 삶에서든 사람들이 직면하는 가장 큰 어려움이라고들 흔히 말한다. 물론 그럴 수도 있다. 하지만 나는 그것보다 훨씬 힘든 과제가 있다고 생각한다.

내 말을 오해하지 말기 바란다. 도덕적인 삶을 살기란 쉬운 일이 아니다. 당연히 인류는 도덕성을 지킴으로써 많은 것을 얻을 수 있다. 조지 워싱턴, 에이브러햄 링컨, 시어도어 루스벨트, 휼렛패커드 HP의 공동 창립자인 데이비드 패커드 등 내가 영웅으로 생각하는 많은 이들이 도덕성, 신뢰, 명예의 화신으로 여겨졌다. 그들은 완벽하지 않았다. 사실 완벽한 사람은 없다. 하지만 그들은 바로 이 도덕성이라는 자질을 대체로 잘 갖추고 있었다.

도덕성에 대해, 특히 아이들에게 "거짓말하지 말고, 남의 것을 훔치지 말고, 속이지 말고, 아무도 보지 않을 때조차 정해진 규칙을 지켜라"라고 말할 때 우리는 수많은 사람들이 매일 따르는 행동 양식으로 아이들을 인도하는 셈이다. 도덕성은 신앙에서부터 가족, 법에 이르기까지 온갖 것의 도움을 통해 얻을 수 있고 대부분 명확하다.

그런데 이보다 매일 실천하기 훨씬 어려운(특히 어른으로서) 것이 있는데, 바로 진정성이다. 진정성은 자신뿐 아니라 타인, 공동체, 인류 전체에게까지 진정으로 대하는 것이다. 심지어 그로 인해 비판받거나 불화가 생길 때조차도 말이다. 도덕성을 보이는 수많은 사람 중에서 정말로 진정성 있다고 할 수 있는 사람이 과연 얼마나 될까?

미묘하고 다차원적인 특성인 진정성은 신뢰를 쌓는 일에서 필수다 보니 당연히 성공적인 리더십에도 필수적이다.1 가장 기본적으로 링컨이 마차에서 내리는 어느 간호사를 도와주며 했던 말을 따르면 진정성을 실천할 수 있다. "바른 곳에 똑바로 발을 디뎌요. 그런 다음 확신을 갖고 굳건히 서면 됩니다." 그렇다면 어디에 서야 할지는 어떻게 결정할 수 있을까? 결정한 다음에는 어떻게 확신의 용기를 유지할 수 있을까?

목표를 똑바로 확인하고 최대로 성장하라

진정성을 제대로 이해하려면 가장 먼저 무엇이 진정성 없는 행위인지 이해해야 한다.

1960년대에 어린아이였던 나는 오늘날 주목받는 진정성 운동의 선구 격인 히피 문화를 접해 봤다. 정해진 사회적 역할과 기대치로부터 벗어난 젊은 세대가 인간 본연의 충동에 충실하고 외적인 법칙과 규칙으로부터 자유로워진다는 의미에서 '참된' 존재가 되려는 실험을 하기 시작했다. 그 철학을 이해하기는 하지만 그로부터 반세기를 살아온 사람으로서 나는 진정성을 맹목적으로 믿고 따랐을 때 수반되는 이런저런 문제점 또한 목격했다. 진정성과 관련해서 이와 똑같은 문제가, 어떤 수단을 동원하든 어떤 대가를 치르든 무조건 '이기는 것'이 최고라고 여기는 문화에서 불거진다. 우리는 인간이지 동물이 아니다. 자기 자신을 발전시켜 인간으로서 가능한 최대치에 도달하는 법을 배우는 것, 이것이야말로 우리가 해야 할 가장 중요한 일이라고 나는 생각한다.

최근 들어 '진정성 리더십authentic leadership'이 갈수록 각광받는 것을 볼 수 있다. 이 명칭은 하버드경영대학원에서 만들어져 경영 관련 매체와 유명한 업계 연사들을 통해 퍼져 나갔는데, 확산될수록 점점 더 의미의 정확성이 떨어지고 있다.

나는 폭발적인 인기를 얻어 모든 사람의 입에 오르내리는 경영 이론을 경계하는 편이다. 어떤 것들은 퍼져 나간 속도만큼 빠르게 사라진다. 의미가 희석된 상태 그대로 보자면 '진정성 리더십'은 "정직함, 겸손, 유머 감각, 열린 마음, 공정함으로 이끌어라"와 같은 유행하는 조언과 다를 바 없다고 할 수 있다. 분명 이런 것들도 리더십의 긍정적인 특성이지만 여기에서 내가 말하는 진정성은 그 이상을 요구한다.

널리 알려져 있는 소크라테스의 격언을 생각해 보자. "좋은 평판을 얻을 수 있는 길은 자신이 되고자 하는 사람이 되기 위해 노력하는 것이다." 이것이 더 깊이 있는 진정성의 실천으로 나아가는 출발점이다. 우리는 먼저 자신이 추구하는 바람직하고 현실적인 자질이 무엇인지 알아내야 하며, 그런 다음 그것을 실천하기 위해 노력해야 한다.

우리 조상들은 우리가 대부분 잊고 사는 한 가지 사실을 이해하고 있었다. 할 수 있는 만큼 최대로 전념하고 실천하면 우리가 원하는 것이 될 수 있다는 사실 말이다. 이런 사례로 미국 역사에서 조지 워싱턴보다 나은 인물을 찾기는 힘들 것이다. 자신만의 유산을 역사에 길이 남기겠다는 그의 야심은 자기 훈련과 자기 개발로 이어졌다. 그는 명예와 용기, 미덕을 갖춘 사람이 되기 위해 필요한 행위 규범을 부지런히 모방하고 실천했다. 워싱턴이 처음부터 그랬던 것은 아니다. 그는 20대에도 여전히 충동적인 행동을 저지르곤 했다. 하지만 미국 독립 전쟁에서 미국군을 지휘하고 이어서 미국 대통령이 되었을 무렵에는 자신이 되고자 간절히 바랐던 바로 그런 인물이 되었으며, 친구와 적 모두 그 사실을 인정했다.

여기서 필요한 실천은 다음과 같다. 자신이 추구하는 미덕이 무엇인지 파악한다. 그것을 몸에 익히기 위해 매진한다. 그리고 목표로 향하는 여정에서 겸손한 자세로 발전 정도를 파악한다. 아마 목표 지점까지는 꽤 많이 남았을 것이다. 사실 목표로 정한 곳에 도착했다고 생각하는 순간 삶은 우리를 다시 출발선으로 되돌려 놓기도 한다.2

나의 여정에서 마주한 어려운 결정은 두 가지 질문과 관련이 있었다. 첫째, 내 커리어에서 어떤 길을 따라야 하는가? 둘째, 내가 이끄는 공동체를 분열시키는 문제에 대해 어떤 입장을 취해야 하는가? 일단 어디에 똑바로 발을 디뎌야 하는지 결정하고 나면, 확신을 갖고 굳건히 서는 문제가 뒤따랐다. 그것은 바로 내 선택을 뒷받침하는 논리를 명확하게 표현해 내는 것이었다.

힘들다고 결단 내리기를 주저하지 마라

다수의 편에 설 때, 책임질 일은 적고 보상은 확실할 때 진실을 말하기는 쉽다. 이럴 때 진실을 말하는 사람이라고 칭찬받으면 기분도 좋다. 하지만 안타까운 소식을 전할 때, 또는 반발을 사거나 모욕을 당하거나 위해를 입거나 사회적으로 배척당할 우려가 있을 때처럼, 난감하거나 위험을 감수해야 하는 어려운 상황에서 진실을 말하는 것은 완전히 다른 일이다. 우리는 흔히 이렇게 믿고 싶어 한다. 개인적인 위험을 무릅쓰고라도 불의에 맞설 수 있다고, 또는 명예를 위해서는 거액도 과감히 양보할 수 있다고, 아니면 자신의 원칙에 위배되는 행동을 하느니 차라리 사회의 비난을 받는 쪽을 택할 수 있다고. 하지만 정말로 그럴 수 있을까? 이 정도 수준까지 진정성을 유지하는 것은 단순히 도덕성의 기본 원칙들을 지키는 것보다 훨씬 더 힘들다.

다수의 선을 위해 행동할 때조차도 어려운 진실을 공유하는 일은 고통스러울 수 있다. 특히 그 진실이 우리가 아끼는 사람들에게 피해를 줄 때는 더욱 그렇다. 이렇다 보니 많은 사람이 진정성을 발휘할 수 있는 기회를 어떻게든 피하려 하는 것이다. 이는 놀라운 일이 아니다. 사실 실리콘 밸리를 비롯해 여러 다른 분야의 유명하고 카리스마 넘치는 리더들조차 진실을 말하기를 무척이나 힘들어한다. 스티브 잡스는 아마 내가 만난 사람 중에서 가차 없을 정도로 솔직히 말할 수 있는 유일한 사람이었을 것이다. 동료들로부터 사랑받는 것에 그다지 신경 쓰지 않았기 때문이다. 그러나 대부분의 사람들은 타인에게 사랑받는 것을 사회적 행복의 중요한 부분으로 여긴다.

다른 사람의 커리어에 피해를 주거나 인생을 망치고, 야심 찬 직원들에게 좌절을 안겨 주는 존재가 되고 싶은 사람은 거의 없을 것이다. 그런데 예를 들어 회사에 피해를 입히는 직원을 해고하거나 불가피한 상황에서 인원을 감축하는 일을 피한다면 의도치 않게 더 큰 문제를 야기할 수 있고, 이것은 다시 직원들의 역량과 사기를 저하시키고 조직 전체의 지속 가능성을 해칠 수 있다.

아이러니하게도 일부 리더들은 누군가를 해고할 때 뒤따르는 정서적 부담을 견디지 못해 컨설턴트 같은 '청부업자'를 고용해 자기 대신 힘든 일을 시키기도 한다. 그런데 이러한 행동은 학습의 기회를 놓치게 만든다. 당장 마음이야 편할지 몰라도 결국 회사 내 다른 사람들에게 보내는 메시지는 명확하다. 리더가 힘든 문제에 직면했을 때 그 일을 직접 하기 두려워한다는 것이다.

사업상 문제에 대해 솔직히 말하기 힘들어 하는 경영진도 있다. 거부 의사를 밝히지 못하는 최고경영자도 있다. 그들은 좋은 상사, 자기 책상에 올라오는 모든 새로운 제안서에 흔쾌히 서명하고 직원들을 독려하는 상사가 되고 싶어 한다. 그런데 한 직원의 꿈을 무심코 승인했다가 그것이 회사 전체에 부정적인 결과를 초래하면 어떤 일이 벌어질까? 우유부단한 상사도 많다. 무슨 말을 들을 때마다 자신의 의견을 수시로 바꾸는 사람 말이다. 직원들은 이를 꿰뚫어 보고 그 상사와 어떤 이야기도 하면 안 된다는 사실을 빠르게 습득한다.

사람들의 비위를 맞추는 결정을 하면 그 순간에는 기분이 좋을 수 있겠지만 그 결과는 오랫동안 조직을 괴롭힐 것이다. 언제든 진실의 길을 따르는 편이 더 낫다. 조직의 전반적인 사명과 방향을 이해하라('바른 곳에 똑바로 발을 디뎌라'). 그리고 힘든 결정을 내려라('확신을 갖고 굳건히 서라').

유대는 진정성 위에 자리 잡는다

대학교 관리자로 일하던 초창기에 나는 동료 교수 한 사람에게 뚜렷한 변화를 이루어 내지 않으면 종신 재직권을 얻지 못할 것이라고 통보해야 하는 불편한 상황에 처한 적이 있었다. 더 괴로운 것은 채용 당시 거의 슈퍼스타급이던 그를 데려오기 위해 내가 발 벗고 나섰다는 사실이었다. 그 교수는 잠재력은 컸지만 몇 가지 치명적인 문제점이 있었다.

그런 메시지를 전달하기란 쉬운 일이 아니었지만 나는 내가 해야만 한다는 사실을 알고 있었다. 그에게서 변화를 이끌어 내지 못하면 학교도 그도 힘들 것이고 양쪽 모두 이룰 수 있는 최대한의 성과를 얻지 못할 터였다. 그 이야기를 전하지 않으면 오히려 그에게 엄청난 해가 될 것임을 알고 있었다. 그래서 나는 그렇게 했다. 생각만큼 최대한 빨리 명확하고 또렷하게 전하지 못한 것이 부끄럽지만 결국 나는 해냈다.

그 후로 지금까지 나쁜 소식이 있으면 숨기거나 전달하는 책임을 남에게 떠넘기는 대신 언제나 직접 전하기 위해 노력했다. 당연히 그 과정을 즐긴 적은 없다. 늘 빨리 하지도 못해 며칠 밤잠을 설친 뒤에야 하곤 했다. 업무에 반드시 필요한 요건인 진정성과 정직, 그리고 상대방을 향한 동정심과 인정 사이에서 균형을 잡는 일은 항상 힘들다. 이러한 순간들이 바로 우리가 선택한 진정성이라는 이상에 부응하며 살도록, 자신이 되고자 하는 리더로서 행동하며 살도록 이끈다. 이러한 경험들, 그런 불편한 순간들이 우리가 바라는 사람으로 성장해 나갈 수 있는 길이다.

큰 조직을 운영하다 보면 어떤 때는 심지어 단 하루 동안에 온갖 다양한 공동체와 상황을 맞닥뜨리는데, 이 일종의 유권자들은 각각 나름대로 특별한 기대치를 품고 있다. 그 결과 나는 총장으로 지내며 실제 특성, 원하는 특성, 개인사, 커리어 경험 등 내가 가진 다양한 측면을 수시로 번갈아 가며 활용했다. 그러니 리더는 하루 중에도 다양한 '모습'으로 변모할 필요가 있다고 말할 수 있겠다. 하지만 그럼에도 일관되고 진실하되 믿을 수 있는 사람, 다시 말해 진정성 있는 사람으로 인식되고 싶다면 그 각각의 '모습'도 궁극적으로는 진정한 자기 자신이 되어야 한다.

왜 진정성에 기초한 유대를 맺는 것이 이토록 중요할까? 언젠가는 사람들에게 특정한 방향, 직원 각자의 야망이나 계획에는 부합하지 않지만 조직 전체에 더 큰 이익을 가져다주는 쪽으로 따라와 달라고 부탁해야 할 때가 오기 때문이다. 그럴 때 조직원들이 당신을 그들의 행복과 조직의 발전을 최우선으로 하는 사람이라 믿지 않는다면 결코 당신을 따르지 않을 것이다.3 업계에서 그런 상황에 놓이면 대단히 힘들다. 그런데 대학의 경우 서로 다른 시각을 지닌 수많은 구성원(교수, 직원, 학생, 이사회, 졸업생 등)에다 그중에는 완벽한 고용 보장(종신 교수)을 누리는 사람들까지 있으니 얼마나 힘들지 상상해 보라. 대학 총장이 이 모든 구성원으로부터 신뢰를 얻지 못한다면 그의 커리어는 무능한 것과 동시에 매우 짧을 것이다.

이러한 신뢰는 두말할 필요 없이 하룻밤 만에 쌓이는 것이 아니다. 나는 늘 복잡한 조직을 이끄는 일은 100미터 경주가 아니라 마라톤이라고 믿어 왔다. 무엇이든 장기적으로 생각할 필요가 있다. 어느 직원의 해고를 미룬다거나 관심과 호응을 얻지 못하는 프로젝트를 계속하는 등의 단기적 사고는 리더로서 효율성을 떨어뜨릴 뿐이다. 궁극적으로는 힘든 결정에 당당히 맞설 때 구성원과 신뢰를 쌓을 수 있다. 이에 대해서는 5장에서 더 자세히 살펴보도록 하겠다.4

진정성 없이 신뢰는 쌓이지 않는다

진정성은 분명 기업이나 대학에서 구성원과 신뢰를 쌓는 일에서 필수적이지만, 이는 또 다른 구성원을 대할 때도 매우 중요하다. 기업과 대학은 전혀 다른 조직이지만 내부 구성원과 일련의 '외부' 구성원을 두고 있다는 점에서는 동일하다(표 참조).

나는 이런 구성원들과의 관계에서 어떻게 신뢰를 쌓았을까? 이 사회와 함께 나는 어떤 상황이 발생하든 구성원들에게 '진정한 정보'를 제공하기 위해 노력했다. 그 결과 그들은 내가 내리는 결정과 그것을 뒷받침하는 노력이 스탠퍼드를 위한 최선의 길임을 이해하게 되었다. 반대로 나는 이사회가 내 결정을 지지하리라 믿어야 했다. 결정이 내려지면 우리는 하나였다. 그렇다고 늘 만장일치로 동의한 것은 아니었지만, 어떤 프로젝트를 시작하기로 결정하면 이사회는 100퍼센트 지지를 보냈다. 심지어 상황이 조금 바뀌어 그에 따라 경로를 수정해야 할 때도 말이다. 과정에 전념한다고 해서 거기에 의심하는 사람이 한 명도 없다는 뜻은 아니다. 언제나 불확실성이 도사리고 있다. 하지만 중대한 새 프로젝트를 성공시키려면 리더와 이사회가 처음부터 온전히 거기에 매진해야 했다(예를 들어 5장에

기업	대학교
이사회	이사회
고객	학생 및 학부모, 연구 기금 제공자
주주	졸업생, 기부자

뉴욕시에 새 캠퍼스 설립을 추진했다가 철회한 일화가 나온다). 이와 같은 신뢰 관계는 학교의 리더와 이사회가 서로 협력할 수 있도록 했고, 그 결과 우리는 아이디어와 비전이 충분히 무르익기 전에 공유할 수 있었다. 이러한 능력은 후에 '스탠퍼드 챌린지Stanford Challenge'(구체적인 내용은 7장 참조)로 이어진 전략 계획의 개발뿐 아니라 나이트-헤네시 장학 사업의 비전 창출에서도 매우 중요한 역할을 했다.

나는 기업 이사진으로서도 똑같은 방식으로 운영했다. 나는 기업 리더들이 솔직하고 기탄없이 말하기를 바란다. 이사회에서 리더에게 어려운 질문을 던지고 도전 과제를 제시하기는 하지만 일단 의사 결정이 내려지면 이사회와 리더는 한 팀이 된다. 이사회와 강력한 업무 관계를 맺는 방법에 대해서는 6장에서 다시 한 번 이야기하겠다.

학생과 학부모에게는 그들이 쉽게 접근할 수 있는 대상이 되도록 애쓰고, 어떤 질문이든 기꺼이 받아들이며 솔직히 답변하기 위해 노력함으로써 신뢰를 쌓았다. 나는 입학생과 가족 대상으로 매년 열리는 신입생 환영 행사 주간Admit Weekend이나 학부모 방문 주간 Parents' Weekend에 그들을 직접 만났다. 두 상황 모두 짧은 인사말 뒤에 긴 질의응답 시간을 마련했는데, 학부모들은 자전거 헬멧 착용 규칙부터 교육 윤리, 장학 제도, 지도 교수에 이르기까지 이런저런 질문을 했다. 나는 질문에 정확하고 정직하게 대답하기 위해 최선을 다했다. 학부모들은 왜 캠퍼스 내에서 음주를 금지하지 않고 철저히 단속하지 않느냐고 자주 질문한다. 나는 그런 접근 방식은 오히려 달갑지 않은 결과를 가져올 수 있다고 대답한다. 그럴 경우 학생들은 술을 마시기 위해 자동차를 몰고 캠퍼스 밖으로 나갈 텐데 그건 누가 봐도 훨씬 더 위험한 일이다. 아니면 몰래 숨어서 마실 수도 있는데 그러면 술 취한 학생이 위험에 처했을 때 도움을 받지 못할 우려가 있다. 나는 학생들이 어떻게든 술 마실 방법을 찾아낼 것이므로 그들이 서로 조심하게 하고 필요하면 도움을 청할 수 있게 하는 데 초점을 두었다고 설명한다.

나는 총장으로 지내는 동안 신입생 기숙사를 최대한 많이 방문하려고 노력했고 그 덕분에 거의 모든 신입생을 만날 수 있었다. 그럴 때 나는 스탠퍼드에서 지내 온 내 이력을 짤막히 설명하고 학생들의 질문을 받았다. 질문은 그야말로 가지각색이었다. 사각팬티를 입느냐 삼각팬티를 입느냐 하는 것에서부터 캠퍼스에서 사람들이 가장 선호하는 곳, 꼭 들으면 좋은 강의, 전공 선택 방법은 물론 이민법 개혁, 이라크 전쟁, 캘리포니아주의 삼진아웃법 같은 어려운 것도 있었다.

그중에 석탄이나 석유, 가스와 같은 화석 연료 관련 기업에 대해 투자 회수를 주장하는 학생들이 가장 열정적이었다. 나는 그들에게 학교 이사회가 투자 회수를 고려할 때 거쳐야 하는, 투자 대상 기업이 사회적 이익을 침해하는지 판단하는 과정이 있음을 설명했다. 물론 화석 연료의 경우는 사회가 화력에너지에서 얻는 이익과 그에 따른 기후 변화로 인한 피해를 서로 견주어 판단해야 한다는 어려움이 있다. 우리는 고심 끝에 모든 화석 연료 기업에 대한 투자를 회수하지는 않았지만 광산업과 석탄을 사용하는 기업에 투자하는 것을 중단하겠다고 결정했다. 미국 전역에서(그리고 우리 대학교도)

화석 연료를 모두 포기한다는 것은 비현실적인 일이지만 석탄을 배제하고 천연가스처럼 피해가 덜한 연료로 대체하는 것은 가능하다. 석탄 회사만 투자하지 않겠다는 것에 달가워하지 않는 학생도 많았지만 그에 대해 민주적인 토론을 할 수는 있었다. 비록 더 광범위한 투자가 더 많은 이익을 안겨 주겠지만, 나는 그 결정이 옳은 답이었다고 진심으로 믿는다.

신입생 기숙사를 방문했던 것은 학생들과 인간관계를 맺기 위함이었다. 학생들이 나를 한 사람의 인간으로 알게 되기를, 내가 학교 전체를 위해 최선이라 생각하는 일을 하고 있음을 이해해 주기를 바랐고, 합리적인 의사 결정이 우리 스탠퍼드의 운영 방침이라는 사실을 직접 보여 주고 싶었다. 또한 그런 통찰이 앞으로 신뢰 관계의 기반이 되어 주기를 바랐고, 대체로 원하는 결과를 얻었다.

내가 학생과 학부모에게 열린 태도와 신뢰를 보여 준 것처럼 기업도 고객과 신뢰 관계를 형성해야 한다. 제품의 품질과 효용 또는 신뢰도를 두고 호도하는 기업은 고객을 잃고 자사의 평판을 해치기 마련이다. 또한 한 번 잃은 고객을 다른 고객으로 대체하기는 더욱 어렵다. 최근 빈발하는 기업의 추문과 고객 기만은, 한 번 신뢰를 잃으면 되찾기 힘들다는 사실을 일깨우는 사례다.

구글이 검색 결과를 진실되고 편파적이지 않게 하고자 그토록 애쓰고, 또 검색 결과와 광고를 분리시키는 것은 바로 이 신뢰의 중요성 때문이다. 사용자가 구글 검색 알고리즘의 타당성을 믿지 않으면 구글 자체를 이용하지 않게 될 것이다.

기업 이사진으로서 나는 기업과 주주 간 신뢰의 중요성도 이해하게 되었다. 이 신뢰는 사베인스-옥슬리법Sarbanes-Oxley Act(2002년 제정된 미국 기업 회계 개혁법—옮긴이)에서 요구하는 최소한의 정직성 기준을 넘어선다. 주주들은 경영진이 현재의 어려움과 기회 요인을 정직하게 평가하고 있다고 믿는가? 그렇지 않다면 다른 기업의 주식 대신 그 기업의 주식을 보유해야 할 이유가 무엇인가?

대학과 졸업생 및 기부자 사이의 관계는 기업과 주주 사이의 관계보다 훨씬 더 중요하다. 따지고 보면 주주는 다른 사람으로 바뀔 수 있다(물론 그렇게 하기에는 많은 고통이 따르고 주가가 떨어져야 하겠지만). 반면 졸업생과 기부자는 수십 년에 걸쳐 형성되므로 달리 대체할 수가 없다.

이런 구성원들과 소통하고, 학교에서 무슨 일이 이루어지고 있는지 알리고, 스탠퍼드의 비전을 논하기 위해 우리는 다양한 행사를 개최했다. 거기에서 나는 내가 이끄는 조직을 향한 깊은 열정과 우리가 가진 기회를 함께 나누었다. 이러한 일들은 졸업생과 기부자에게 우리의 일과 사명을 지지하도록 하는 데 결정적인 역할을 했고, 거기에 진정성이 담겨 있었기 때문에 통할 수 있다. 리더로서 나의 열정과 원동력은 우리 조직을 향한 깊은 헌신과 믿음 그리고 우리 계획이 결실을 맺는 것을 보고자 하는 열망에서 나왔다.

기부를 하고자 하는 사람은 교감을 넘어서 학교와 신뢰 관계를 구축해야 한다. 중요한 구매를 생각하고 있는 고객이 공급자를 믿어야 하는 것처럼 말이다. 거금이 드는 프로젝트를 앞두고 총장과 기부를 논의하는 사람은 총장과 학교가 그 프로젝트에 완전히 집중하고 있다고 믿어야 한다. 많은 경우 총장은 기부자가 제시하는 금액에 더해 대학이 가진 자원도 출연한다는 것을 밝힘으로써, 그러한 잠재적 기부금이 우리 조직에 매우 중요하다는 사실을 확인시킨다. 이러한 신뢰 관계가 상당한 금액을 기부하겠다는 약속 없이는 실현하기 힘든 새로운 프로젝트를 탄생시킨다.

진정으로 당신의 일에 헌신할 수 있는가

운 좋게도 나는 고등학교 때 내가 컴퓨터에 관심이 있다는 것을 알게 되었고, 대학 시절 초반에 교수가 되고 싶다는 꿈을 키웠다. 그 이후 단 한 번도 그 길에서 벗어난 적이 없고 그 꿈을 후회한 적도 없다. 팹리스 반도체 기업fabless semiconductor company(반도체 설계만 전문으로 하는 회사들—옮긴이) 밉스의 설립을 돕기 위해 스탠퍼드를 떠나 있을 때도 언제나 그곳으로 돌아갈 것이라고 믿었다. 40년 동안 스탠퍼드는 평생을 통틀어 나의 유일한 장기 정규직 고용주였다. 그런 면에서 20년 동안 다들 서너 번씩 회사를 옮기는 것이 관행처럼 되어 있는 실리콘 밸리에서 나는 좀 특이한 사람이라고 할 수 있다.

평생 고용주 한 사람을 떠나지 않는 것이 지조 있는 진정성을 지녔다는 평판을 발전시키는 데 도움이 될까? 당연히 그럴 수 있다. 수십 년 동안 한 고용주에 충실할, 그리고 그 기간 동안 똑같은 동료들을 상대할 가능성은 확실히 그런 자질을 더욱 강화시킨다. 그러나 학계 생활은 사람을 타락시키고, 닳고 닳은 태도에 빠지게 할 수 있다. 무슨 짓을 하든 해고당하지 않는다면 왜 굳이 남이 시키지 않은 일을 찾아서 하고, 자신을 더욱 강하게 밀어붙이고, 새로운 과제에 도전하고, 힘든 결정을 내리겠는가? 그럼 왜 그런 함정에 빠지지 않을까? 답은 간단하다. 학계에서는 평판이 가장 중요한 자산이기 때문이다. 제자리에 머물러서는 평판을 발전시킬 수 없다. 오히려 서서히 무너지고 만다.

반면에 빠르게 전개되는 업계 커리어에서는 다양한 유혹에 노출된다. 원칙을 무시하고 쉬운 길로 가거나, 단기적인 이익을 노리거나, 동료들을 깎아내리는 일 등이 그런 예다. 상황이 안 좋아지면 회사를 나와 다른 회사에서 다시 시작하면 되지 않는가? 그렇기는 하지만 한편으로 끊임없는 환경 변화와 성공의 사다리마다 경쟁해야 하는 업계 상황은 규범적 행동을 더욱 강화시키기도 한다. 그것이 바로 내가 아는 상당수 최고경영자가 가장 깨어 있고 정직하며 명망 높은 사람, 즉 가장 진정성 있는 사람인 이유다. 무자비하고 이기적이고 위선적인 사람이라면 어찌어찌 정상 근처까지는 오를 수 있을지 몰라도, 그런 사람에게 이사회나 주주들이 최고 의사결정권자 자리를 허락할 가능성은 희박하다.

처음으로 되돌아가 보자. 아직 젊을 때는 앞으로 어떤 사람이 되어야 할지 반드시 알 필요는 없다. 내 경험상 인생의 목표(궁극적으로 그 사람이 살게 될 삶과 반드시 일치하지는 않는다)를 미리 정해 둔 젊은이는 거의 없었다. 커리어에서 중요한 것은 지금 당장 어느 방향을 향해 나아가고 있는지를 아는 것이지 최종 목적지를 아는 것이 아니다. 그것은 아직 정해지지 않았다. 살면서 그 목적지를, 그리고 우리 자신을 만들어 나가는 것이다. 일부 핵심 가치관은 아주 어릴 때 만들어질 수도 있지만 시간이 흐르면서 자신의 인생 경험을 통해서나 다른 사람들을 관찰함으로써, 아니면 훌륭한 전기를 읽음으로써 훨씬 더 많은 것들이 개발된다. 가능하다면 다른 사람의 경험을 바탕으로 배우는 것이 스스로 경험하고 실패하는 것보다 덜 고통스럽다 (그런 의미에서 내가 좋아하는 전기들 목록이 이 책 뒤쪽 '나에게 가르침을 준 책들'에 나와 있으니 참고하기 바란다).

이와 마찬가지로 리더로서 여정을 시작한 사람들 중 처음부터 완벽하게 모든 걸 갖추고 있는 사람은 거의 없다. 노예 제도에 대한 링컨의 입장이 좋은 예다. 그도 개인적으로는 노예 제도를 반대했지만 처음부터 폐지론자는 아니었다. 이후 그는 노예 제도가 비도덕적이라 믿고 제도 확산에 단호히 반대하면서 전시에 필요하다는 명분을 내세워 노예 해방령을 선포했다. 그리고 암살당하기 불과 몇 달 전 마침내 수정 헌법 제13조를 비준해 노예 제도를 위헌으로 만들었다. 시간이 흐르면서 "모든 사람은 평등하게 창조되었다"에 더욱더 잘 어울리는 진정한 리더가 된 것이다.5

나에게 리더십은 점점 확대되는 책무와 함께 다양한 역할이 수반되는 여정이었다. 강의와 연구에 대한 사랑이 나를 학계에서 일하는 커리어로 이끌었다. 교수라는, 보람 있고 만족스러운 역할을 수행하면서 평생을 행복하게 살 수도 있었다. 나는 단 한 번도 스타트업 기업의 창립자나 대학교 총장이 되겠다는 계획을 세우거나 원한 적이 없었다. 진정과 열정을 불사르며 그러한 역할을 해 볼 수도 있겠다는 생각은 시간이 흐르면서 자연스럽게 찾아왔다.

1980년대 초 스탠퍼드의 교수진과 학생들은 마이크로프로세서 설계 연구 프로젝트를 시작해 IBM과 캘리포니아대학교 버클리캠퍼스에서 알아낸 것과 비슷한 연구 결과에 도달했고, 이는 축소 명령 집합 컴퓨터Reduced Instruction Set Computer, RISC(명령어를 최소로 줄여 쉬운 하드웨어 설계와 처리 속도 고속화를 구현하는 기술—옮긴이) 혁명으로 이어졌다. 우리는 연구 결과를 논문으로 발표했고, 컴퓨터 업계의 다른 동료들이 우리가 발견한 기술(중앙 처리 장치에 복잡한 명령어를 사용하던 기존 방식에 비해 훨씬 더 우수했다)을 바탕으로 더욱 발전시키리라 생각했다. 그런데 그런 일은 일어나지 않았다.

그러던 중 당시 IBM에 이어 두 번째로 큰 컴퓨터 회사였던 DECDigital Equipment Corporation의 초기 멤버 중 한 사람인 고든 벨Gordon Bell이 나를 찾아왔다. 그는 우리가 찾아낸 기술의 강점을 인식하고, 우리가 정말로 이 혁신이 더욱 발전하기를 원한다면 기술을 바탕으로 기업을 세워 확실히 뛰어들 필요가 있다고 주장했다. 그러지 않으면 우리 논문은 어느 누구의 관심도 이끌지 못한 채 서가에 꽂혀 있기만 할 것이라고 했다. 그는 내게 두 가지 질문을 던져 답을 요구하고 있었다. 우리가 생각한 것만큼 연구 결과가 혁신적이라고 진정으로 믿는가? 정말로 그렇다면 일이 뜻대로 풀리지 않을 위험을 무릅쓰고라도 그 기술을 개발하는 데 기꺼이 전념하겠는가?

결정 과정은 꽤 괴로웠지만(한 번 정해 놓은 경로를 바꾸기란 쉬운 일이 아니다) 결국 나는 "좋습니다"라고 대답했다. 물론 어느 정도 회의가 들었던 건 사실이고, 지금 생각이지만 당시 내가 창업에 대해 얼마나 무지한지 조금이라도 이해했다면 다른 대답을 했을지 모를 일이다. 그럼에도 2명의 공동 창립자와 함께 밉스가 탄생했고, 축소 명령 집합 컴퓨터 방식을 확립하는 데 영향력을 발휘하기 시작했다. 그 기술의 핵심 개념은 30여 년이 지난 오늘날에도 여전히 유효하다. 실은 이 책의 최종 교정을 보는 중에 버클리대학교 축소 명령 집합 컴퓨터 프로젝트의 리더인 데이브 패터슨Dave Patterson과 내가 기술 개발에 대한 공로를 인정받아 컴퓨터과학 분야의 최고상인 튜링상을 공동 수상하기도 했다.

대학교 리더로서 나의 여정은 서비스로서의 리더십에 대한 나의 이해와 스탠퍼드에 대한 깊고 진정한 충성심과 핵심 임무가 점점 커지면서 시작되었다. 커리어에서 진정한 변화가 일어난 것은 내가 공대 학장에서 부총장으로 자리를 옮겼을 때였다.

학장을 맡고 있을 때는 나를 학계로 이끈 주된 요인인 강의와 연구의 끈을 놓지 않을 수 있었다. 여전히 박사 과정의 일부 학생들을 지도하고, 중요한 학회에 참석하고, 공동 저술한 교과서 두 권을 계속 수정하고, 매년 또는 2년에 한 번씩 강의를 하나씩 맡았다. 나의 주 업무는 공대를 이끄는 것이었지만 교사와 학자로서 역할(조금 작아지기는 했지만)도 꾸준히 유지하고 있었다.

그러던 중 어느 금요일 오후 당시 거하드 캐스퍼 총장이 나에게 부총장 자리에 관심이 있느냐고 물어 왔다. 부총장 자리란 드물지만 강의를 계속할 수 있고 초청 강의도 일부 할 수 있었으나 본질적으로는 전임 리더의 역할이었다. 부총장 자리에서는 박사 과정 학생들을 계속 지도할 길이 보이지 않았다. 특히 정보 기술처럼 빠르게 변화하는 분야에서는 더욱 그랬다. 그걸 포기할 수 있을까? 정말로 이 일을 잘 해낼 수 있을까? 나는 주말 동안 생각할 시간을 달라고 답했다.

그 주말에 부총장 자리를 떠나는 콘돌리자 라이스가 학교 창립 기념일 행사에서 연설을 했다. 나는 18년이 지난 지금도 그의 말을 생생히 기억한다. 그는 앨라배마에서 가난하지만 근면한 소작인으로 살았던 할아버지에 대해 이야기했다. 할아버지는 장로교 목사가 되기 위해 공부를 하면 대학에 갈 수 있다는 사실을 알게 되었다.6 할아버지가 붙잡은 기회는 라이스 가문과 후손들의 삶의 궤적을 완전히 바꿔 놓았다. 그 덕분에 그의 아들도 대학에 갈 수 있었고, 손녀인 콘돌리자는 스탠퍼드대 교수가 된 것은 물론 미국 국무부 장관 자리에까지 올랐다. 마지막으로 그는 자신의 가족이 그러했듯 삶을 바꿔 놓을 수 있는 교육의 힘을 믿기에 부총장 자리를 수락했던 것이라면서, 교육에 대한 깊은 헌신감을 밝혔다.

그 순간 나는 나 스스로에게 어떤 질문을 던져야 할지 깨달았다. 내가 우리 학교의 사명에 진정으로 헌신할 수 있는가? 나 자신의 연구와 강의, 또는 공대뿐 아니라 의학부터 인문학, 사회과학, 법학, 교육학, 경영학에 이르기까지 학교 전체가 중요한 역할을 맡고 있음을 진정으로 믿는가? 학교라는 조직 전체를 열정적으로 이끌어 나가는 데 진정으로 헌신할 준비가 되어 있는가?

나는 콘돌리자의 연설을 들은 뒤 그 답을 얻었다. 월요일 아침 나는 캐스퍼 총장을 찾아가 부총장이 되겠다고 답했다. 그때 나는 나만의 루비콘강에 다다른 셈이었다. 그리고 콘돌리자에게서 얻은 영감과 심사숙고를 통해 그 강을 건넜다.

3

Service

누구를 위해
일하는지 이해한다

뒤에서 이끌면서 다른 사람들을 앞에 내세우는 것이 더 낫다.

특히 좋은 일이 있거나 승리를 축하할 때는 더욱 그렇다.

반대로 위험이 도사리고 있을 때는 앞에 나서라.

그러면 사람들이 당신의 리더십을 높이 평가할 것이다.

넬슨 만델라 Nelson Mandela

조직도의 피라미드를 거꾸로 뒤집어라

내가 아는 많은 권력가나 권위자가 가장 배우기 힘들어 하는 것, 그리고 일부는 평생 배우지 못하는 것이 바로 리더십은 '봉사'라는 사실이다.

왜 그럴까? 리더의 거의 모든 측면이 봉사와는 다른 양상을 보이기 때문이다. 일단 리더는 전형적으로 자신이 이끄는 대부분의 사람들보다 많은 돈을 받고, 다른 구성원들에게 권력을 휘두르며, 자신의 결정을 우선시한다. 구성원들은 궁극적으로 그에게(좀 더 엄밀히 말하면 리더가 이끄는 조직에) 충성한다.

그런 상황에서 리더로서 당신의 역할은 구성원들에게 봉사하는 것(구성원들이 힘든 일을 맡아 할 때, 당신은 그들이 최대한 효과적이고 생산적으로 일할 수 있게 돕는 것)이란 사실을 떠올리기 어려울 수 있다.1 이런 식으로 생각하려면 머릿속으로 조직도를 뒤집어 당신이 서 있는 피라미드의 정점이 맨 아래로 내려가 나머지 사람들을 떠받치도록 해야 한다. 이를 자각하고 봉사하는 리더로서 역할을 수행하지 못하면 조직을 잘 이끌어 나갈 수 없을 것이다. 나는 경험으로 이 사실을 더욱 깊이 이해하게 되었다. 그런 사람은 자기가 이끄는 공동체와 조직의 이익이 아니라 자신의 이익에만 관심을 기울이게 될 것이다. 그리하여 끝내 리더로서 실패하게 될 것이다.

스탠퍼드 공대 학장 자리를 두고 고심하고 있을 때 나는 선임자인 짐 기번스Jim Gibbons에게 리더십에 관한 참으로 중요한 조언을 들었다. 그는 이렇게 말했다. "직함이나 거기에 따라오는 부수적인 것들이 마음에 든다는 이유로 이 일을 맡아서는 안 됩니다. 동료 교수들과 학생들에게 봉사하고 싶다는 마음으로 수락해야 해요. 그게 바로 이 자리를 맡은 사람이 하는 일입니다."

나는 그의 말을 깊이 생각한 뒤 마침내 "그래, 좋아. 기꺼이 그렇게 할 용의가 있어"라고 결단을 내렸다. 그리고 그때부터 지금까지 짐 기번스의 조언을 따르기 위해 노력해 왔다. 나중에 학장과 부총장 자리에서 물러날지 여부를 고심할 때도 기번스의 조언이 의사결정 과정에서 중요한 부분을 차지했다. "좋아"라고 말하고 한 걸음 나아가는 그 과정에서 흥미로운 사실을 배웠다. 리더로서 역할이 커지면 커질수록 봉사의 역할도 함께 커진다는 것이다.

나는 작은 연구팀을 이끄는 것으로 리더의 역할을 시작했다. 그곳에서 내가 해야 할 일은 기본적으로 대학원생들이 성공적으로 연구를 끝내도록 돕는 것이었다. 이어서 연구소의 수장으로 임명되었을 때 젊은 교수들을 채용하고 그들의 멘토가 되어 능력 개발을 돕는 것이었다. 비록 내가 리더라는 직함을 가지고 일정한 책무를 맡고 있을지라도 학생들과 교수들의 연구가 가장 중요했다. 나는 그들의 성공을 위해 일했다. 컴퓨터과학과의 우두머리가 되었을 때도 나의 주된 목표는 똑같았다. 교수진과 학생들이 성공하도록 돕는 것이었다. 공대 학장으로서는 더 큰 규모의 구성원을 대상으로 헌신하며 우리 단과 대학이 더 잘 운영될 수 있도록 했다. 이 일에서 성공하거나 실패한 것이 나의 평판에 영향을 미쳤을까? 물론이다. 하지만 나 혼자서는 성공을 이룰 수 없었다. 그보다는 공대 구성원 한 사람 한 사람이 성공하도록 돕는 것이 나의 성공을 결정했다. 내 커리어 자체가 그들의 커리어를 그대로 반영한다고 할 수 있었다.

마침내 대학교 총장이 되었을 때는 훨씬 더 광범위한 구성원을 대상으로 같은 역할을 했다. 이제 봉사 대상에 학생, 교수, 학교 직원, 전체 졸업생까지 포함되었다. 우리 '식구'는 작은 연구실의 몇 명에서 수백 개 건물과 100개가 넘는 부서의 수만 명으로 바뀌어 내게 의지했다. 그런데도 내가 하는 일은 기본적으로 변함이 없었다. 집단으로서 우리의 성공 가능성을 최대화할 수 있도록 구성원 한 사람 한 사람에게 봉사함으로써 우리 조직을 성공으로 이끄는 것이었다.

어떤 팀이나 조직의 리더 역할을 더 높은 직함이나 더 큰 보상,

더 많은 연봉 등 개인적 목표를 성취하기 위한 과정의 한 단계로 받아들인다면, 결코 진정한 성공을 거두지 못할 것이다. 이것이 바로 전임 학장 짐 기번스가 나에게 전하려 했던 진짜 메시지였다고 나는 믿는다. 리더십의 무게는 한 단계 한 단계 나아갈수록 더 크고 무거워지기만 해 결국 혼자서는 도저히 감당하지 못하는 수준에 이를 것이다. 이 문제를 해결하려면 어떻게 해야 할까? 관점을 뒤집어야 한다. 정해진 방향으로 조직이 나아가도록 모두의 힘을 빌리는 것이 리더의 일이라고 규정한다면, 다 함께 목적지에 도착하게 될 것이다.

리더는 겸손해야 함을 명심하자. 얼마나 많은 사람이 자신에게 의지하고 있는지 아는 것만으로는 충분하지 않다. 자신이 그들에게 얼마나 의지하고 있는지 깨닫는 것 또한 똑같이 중요하다. 당신을 위해 일하는 한 사람 한 사람이 매일 조직의 운영에서 중요한 역할을 한다. 그래서 나는 야근할 때 집무실로 들어오는 건물 관리인에게 늘 감사 인사를 한다. 그의 급여 지급을 승인하는 사람이 나일지는 몰라도 우리의 일터를 깨끗이 유지하고 언제나 사용할 수 있게 해 주는 사람은 그이다.

장기적 시각과 봉사하는 리더십을 갖추어라

리더십이 곧 봉사라면 리더는 누구에게 봉사하는가? 앞 장에서 이야기했듯이 대학과 기업은 각각의 이해관계자들이 존재한다. 기업은 직원, 고객, 주주고 대학은 교직원(교수진과 직원), 학생(그리고 학부모), 졸업생이다. 두 경우 모두 리더는 구성원들의 요구와 욕구를 잘 조화시켜야 한다. 그런데 한 가지 의문이 생긴다. 리더는 구성원들의 단기적 요구를 충족시켜야 하는가, 장기적 요구를 충족시켜야 하는가?

업계에서 그 답은 단순하지 않다. 주주와 같은 단일 집단 내에서조차 사람들은 서로 시각이 달라 누구는 단기 이익을 중시하는 반면 누구는 장기 투자를 우선으로 생각한다. 이와 비슷하게 고객 역시 장기적으로 단골 거래를 선호하는 고객과 단일 거래에서 최고의 결과를 얻기를 원하는 고객으로 나눌 수 있다. 직원, 특히 회사에 충성하고 헌신하는 직원은 장기적 시각이 있을 가능성이 높다. 기업 리더의 일 중 하나는 이와 같은 장기 이익과 단기 이익의 균형을 잡는 것이다. 리더는 수시로 분기 소득과 단기 수익 같은 것에 집중해야 한다는 압박을 받는다. 그러므로 임기가 짧을 것으로 예상되는 상황에서는 단기 이익을 우선시하는 것이 당연한 일이다. 그러나 긴 임기가 주어지리라 예상되는 리더는 조직과 이해관계자들의 장기적 성공에 발맞추어야 한다.

대학의 경우는 장기적 사안에 초점을 맞추는 것이 좀 더 자연스럽다. 대학의 평판은 기업의 주가와 같아서, 대학의 이해관계자들은 모두 이 평판에 관심을 집중한다. 재정이나 학문 분야에서 벌어진 추문 같은 과실은 당연히 단기적으로 대학 평판에 영향을 미칠 수 있다. 그런데 대학 평판은 대체로 장기적인 요인과 관련되어 있으며, 이런 관계는 장기적으로 적합한 사고를 하도록 조장한다. 대학이 직면하는 어려움은 다양한 이해관계자들로 인해 우선순위와 나아갈 방향에 대한 의견이 이리저리 갈릴 수 있다는 점이다. 장기적으로 모두에게 가장 이익이 되는 쪽에 맞추어 조율해 내는 것이 핵심이다.

장기적 사안에 초점을 맞춘다는 것은 무슨 뜻일까? 내가 생각하기로는 기업의 경우 5년에서 10년, 대학의 경우 10년에서 20년 정도를 내다보는 것을 의미한다. 물론 그렇다고 해서 단기적 문제들을 무시해도 된다는 뜻은 아니다. 그렇다기보다는 장차 조직이 건전한 궤도로 나아가도록 보장해 줄 새로운 방향과 발전에 대해 생각해 본다는 뜻이다. 내 경험상 이 장기적 시각은 학계와 하이테크 업계에 모두 매우 중요한데, 새로운 발견과 발명이 빈번히 일어나서 도전 과제와 기회에 대한 전망을 수시로 바꾸어 놓기 때문이다. 조직을 최정상권으로 유지하기 위해서는 미래의 기회를 끊임없이 탐색하고, 구성원들이 새로운 방향을 추구할 준비가 되어 있는지 확인해야 한다. 7장에서 이야기하겠지만 이러한 장기적 시각은 새로운 방향과 기회를 조성하는 데 반드시 필요하다.

때로는 더 장기적인 시각이 목표를 설정하는 데 유용할 때도 있다. 나는 2000년 10월에 취임 연설을 준비하며 대학교 설립 이후 109년 동안 스탠퍼드를 이끌어 온 인물들에 대해 생각하기 시작했다. 1대 총장 데이비드 스타 조던David Starr Jordan에, 그리고 그가 학교를 설립하고 이끌 당시 동료들과 함께 세웠던 많은 목표에 주목했다. 조던이 취임 연설을 할 당시 했던 말이 새록새록 다가왔다. "인류 문명이 지속되는 한 계속 이어질 수 있는 학교의 기반을 닦는 것이 학교 설립 첫해에 우리 교사들과 학생들이 해야 할 일입니다." 이와 같은 장구한 시각은 나를 네 가지 질문으로 이끌었다. '스탠퍼드는 무엇을 상징하는가?' '우리는 앞으로 10년 뒤에 어떤 존재가 될 것인가?' '100년 뒤에는?' '어떻게 하면 우리가 지금까지 누려 온 것과 같은 기회를 우리 공동체의 미래 세대 또한 누리도록 만들 수 있을까?' 이 마지막 질문은 위기든 기회든 정말로 큰 도전 과제와 맞닥뜨릴 때마다 내 생각의 틀이 되어 주었다. 물론 장기적 사고는 불확실성을 더 많이 초래하고, 특정 방향에 대한 리더의 생각에 회의를 불러올 수 있다. 그렇다고 해서 그런 회의를 피하고자 더 단기적으로 접근하는 것은 분명 내 스타일이 아니었다.

당연히 봉사로서의 리더십은 캠퍼스라는 경계 안에서만 끝나지 않는다. 나는 직접적인 학교 이해관계자들의 장단기 목표에 봉사하는 일뿐 아니라, 눈을 돌려 스탠퍼드를 둘러싼 더 광범위한 공동체에 대한 학교의 암묵적 의무를 인식했다. 이러한 외부 공동체에 대한 봉사 요청은 리더에게 크게 두 가지 형태로 다가온다. 하나는 리더에게 직접 향하는 요청이고, 또 하나는 조직 차원에서 더 큰 규모로 참여해 달라는 요청이다. 이 두 형태를 차례대로 살펴보자.

리더가 외부 봉사에 임할 때

리더십의 본질 중 하나는 높은 자리로 올라갈수록 조직의 핵심 구성원 이외의 사람들에게 봉사할 일이 많아진다는 점이다. 어떤 조직이나 기업의 회장 또는 최고경영자로 임명, 선출되는 사람은 다른 조직의 이사회, 정부위원회, 전문가 패널, 그 밖에 사람들의 이목을 끄는 다른 자문 집단에 속하게 될 가능성이 높다. 상대적으로 낮은 지위의 리더라도 지역 공동체 재단에서 봉사하거나 지역 자치 단체에 조언하거나 지역 비영리 단체 이사회 가입을 요청받을 수 있다. 봉사에 헌신하는 리더라면 이런 요구를 거절하기가 매우 어렵다. 특히 간곡히 도움을 요청하거나 사회적 약자를 돕는 조직의 호소 또는 국익을 위한 일이라면 말이다.

이런 경우 어떤 요청을 받아들이고 어떤 요청을 거절할지 어떻게 결정해야 할까? 안타깝지만 대부분 거절하는 법을 배워야 한다. 왜일까? 일단 그런 일을 다 해내기가 물리적으로 불가능하기 때문이다. 게다가 너무 무리하다 보면 계속되는 정신적 부담으로 인해 조직에서 요구하는 장기적 사고 능력이 저하될 것이다. 중앙 정치나 그 세력권에서 봉사하는 일에 너무 몰두한 나머지 정작 자기 조직을 방치하는 리더도 여럿 보았다. 이는 큰 실수다. 궁극적으로 리더의 최우선 책임은 자기 조직과 이해관계자들에 있으며, 외부 봉사는 그다음이 되어야 한다.

그렇다고 정부나 비영리 단체 자문 집단이 하는 일을 폄하하는 것은 아니다. 오히려 반대로 가능한 한 최고의 자문위원회를 구성하는 것이야말로 정부와 비영리 단체가 번창하는 데 반드시 필요한 일이다. 나는 스탠퍼드에서 별의별 이사회와 위원회를 다 구성해 본 사람으로서 그런 역할이 얼마나 중요하고 영향력 있는지 누구보다 잘 알고 있다.

그럼에도 이런 종류의 봉사에는 넘지 말아야 할 선이 필요하다. 리더로서 커리어 초창기에는 자원봉사 활동의 기회가 이따금 흥미로운 학습 환경을 제공하고 다른 경험을 보완해 줄 수 있으므로 그런 요청은 고려할 가치가 충분하다. 그래서 나는 커리어가 발전해 가는 과정에서 외부의 봉사 요청을 받을 때 다음과 같은 세 가지 필터를 이용했다.

- 해당 조직과 그들의 활동은 얼마나 중요한가
- 내가 강한 영향을 미칠 수 있는 봉사인가, 아니면 다른 사람들도 쉽게 할 수 있는 봉사인가
- 이 봉사 기회는 나의 학습과 성장에 이바지할 것인가

커리어의 어느 단계에 있든 결정을 내리기 전에 다음 사항들을 고려해 보자. 상황이 좋을 때는 어떤 요청이든 흔쾌히 수락할 수 있겠지만 조직 구성원들의 요구가 더 많아지면 결정한 사항에 관해 후회할 수 있다. 게다가 나는 요청을 거절할 때 "올해는 못 하겠습니다"라고 대답하곤 했는데, 이것은 다시 "그럼 내년이나 내후년에는 어떠세요?"라는 질문의 여지를 남긴다. 이러한 대응은 자신이 그들의 요청에 응할 수 있을지 그렇게 멀리까지는 미리 예측할 수 없다는 새로운 문제로 이어진다. 만약 하겠다고 대답했다면 그때 가서 후회할 수도 있다. 그 약속을 이행하면 자기 조직에 봉사하는 능력을 해칠 수 있고, 반대로 약속을 어기면 자신의 개인적 도덕성이 위태로워진다. 그러므로 처음 요청이 들어왔을 때 다음번 요청을 미리

고려하면서 '그때도 이 일을 하길 원할까?'라고 스스로에게 물어 봐야 한다. 그 답이 '그렇다'라면 해 볼 만한 기회다. 그러나 만약 '아니다'라면 나중에 곤란한 상황에 처하기보다는 어렵더라도 지금 거절하는 편이 낫다.

조직 차원에서 외부 봉사에 임할 때

개인적인 봉사 활동은 봉사하는 리더의 역할 중 일부에 지나지 않는다. 기업, 비영리 단체, 정부 기관, 대학의 리더는 조직의 핵심 사명을 추구하다 보면 자연스럽게 발생하는 외부 세계에 대한 봉사부터 시작해 다양한 외부 봉사 프로그램을 후원하게 된다.2

예를 들어 기업은 유용한 제품, 때로는 심지어 더 나은 삶을 누리도록 하는 제품을 제공함으로써 소비자에게 봉사한다. 여기서 더나아가 제공 범위를 확장해 단순히 이윤 추구뿐 아니라 사회적 가치가 있는 서비스를 제공할 수도 있다. 아울러 해당 지역 사회 주민을돕는 등 좀 더 전반적인 공동체 봉사 활동에 참여할 수도 있다.

비영리 단체는 조직의 사명과 위상에서 예상할 수 있듯이 일반기업에 비해 공익사업에 더 흔히 참여 요청을 받는다. 마찬가지로공동체에 봉사하는 정부 기관 역시 자주 봉사 요청을 받는다.

지식의 최전선이라 할 수 있는 대학은 삶의 질을 높이고 사회가더 잘 기능하는 데 쓰이는 발견과 발명을 창조해 낸다. 또한 교육을통해 학생들과 그들의 미래 고용주들의 요구를 충족시킨다. 아울러 보유한 자원과 주변 공동체의 요구를 연결시키는 프로젝트를 만들기도 한다.

공익에 이바지하는 주체로서 대학이라는 개념은 스탠퍼드의 역사에 뿌리 깊이 박혀 있다. 대부분의 사람들은 스탠퍼드대학교의 원래 명칭이 '릴런드 스탠퍼드 주니어 대학교Leland Stanford Jr. University'라는 사실을 잘 모른다. 이것은 유명한 철도 사업가이자 주지사, 상원의원을 지낸 릴런드 스탠퍼드 시니어Leland Stanford Sr.가 열여섯 살이 되기 직전에 숨을 거둔 그의 아들 이름을 따서 지은 명칭이다. 릴런드 스탠퍼드 시니어와 그의 아내 제인 스탠퍼드Jane Stanford는 외아들을 잃고 너무나 큰 슬픔에 잠겨 있다가 "캘리포니아의 모든 아이들이 우리의 자녀가 되도록" 아들의 이름을 딴 대학교를 설립하기로 했다.

내가 총장으로 지낸 16년간 그랬던 것처럼 제인 또한 1891년 스탠퍼드를 처음 여는 날을 기념해 연설문을 준비했다. 결국 그날 제인은 감정이 너무 복받쳐 연설을 하지 못했지만 연설문에 이렇게 적었다.

여러분의 삶이 진정한 결실을 맺길 바랍니다. 더 큰 부와 명성을 얻기 위한 삶이 아니라 성실한 일꾼이 되고, 다른 사람을 돕고, 도움이 필요한 사람에게 응원과 선의를 보내고, 언제나 황금률을 따르는 삶을 살기를 바랍니다.

릴런드 스탠퍼드 시니어는 그로부터 2년이 채 지나지 않아 세상을 떠났고 대학은 재정적 어려움에 처했다. 그때부터 제인은 자신의 모든 것을 바쳐 10년 넘게 대학교를 이끌었다. 1904년 그는 이사 자리에서 물러났고 최초의 독립 이사회에 대학교 운영을 맡기며 다음과 같은 말을 남겼다.

> 지금까지 나는 줄곧 머릿속으로 어떤 그림을 그려 왔습니다. 현재의 어려움이 모두 잊히고, 현재 활동하고 있는 조직들이 모두 사라지고, 학교 이외에는 아무것도 남아 있지 않은 100년 뒤를 그려 볼 수 있었습니다. 지금 아이들의 아이들, 그 아이들의 아이들이 동쪽과 서쪽, 북쪽과 남쪽에서 이곳으로 오는 광경을 그릴 수 있었습니다.

나는 나의 모든 선임자와 후임자가 그랬듯이 이 마지막 문장을 가슴 깊이 새겼다. 우리에게는 학교 설립과 관련한 온갖 서류와 신탁 증서도 있었다. 그렇지만 학교가 "인류와 문명을 위하는 일에 영향력을 행사함으로써 공공복지 증진에 이바지하기를" 바라는 설립자의 간절한 소망과 학교의 목표에 관한 이런 개인적인 견해를 담은 문장들이야말로 우리 마음속에 공공 서비스로서 대학의 개념을 확실히 각인시켰다. 이 개념은 총장의 책임을 명확히 규정해 주는데, 총장의 리더십은 공공의 이익에 공헌하는 조직을 위해 봉사하는 것이다.

대학교, 기업, 비영리 단체, 정부 기관 등 어떤 조직을 이끌든 질문은 똑같다. 리더는 공공 봉사의 역할을 어떻게 생각해야 하는가? 리더는 후원할 프로젝트를 어떻게 선택해야 하는가? 내가 총장으로 지내는 동안 스탠퍼드가 시작하거나 확대한 봉사 프로젝트는 이러한 질문에 대한 나의 답이다. 특히 스탠퍼드가 인근 공동체에서 시작한 스탠퍼드 차터 스쿨Stanford Charter School(자율형 공립 학교— 옮긴이), 커뮤니티 법률 클리닉Community Law Clinic, 무료 기초 진료소 Cardinal Free Clinics 프로젝트는 모두 우리 지역 저소득층에 봉사하는 것을 목적으로 하고 있다.

1990년대에 교육대학의 동료들이 스탠퍼드 차터 스쿨 프로젝트를 시작해 나의 총장 재임 첫해에 학교 문을 열었다. 경제적으로 낙후된 도시인 이스트팰로앨토에서는 25년 전 차별 대우 폐지의 일환으로 세워졌던 유일한 공립 고등학교가 문을 닫았다. 그 지역의 저소득층 학생들 중 상당수가 남은 두 고등학교를 힘겹게 다니고 있었다. 졸업까지 무사히 학업을 마치는 비율은 저조했고 대학에 진학하는 경우는 드물었다. 스탠퍼드 차터 스쿨의 목표는 스탠퍼드의 선진적인 아이디어와 최신 정보를 활용하는 교육 환경을 조성해 학생들에게 중요한 조언과 후원을 제공하는 것이었다. 이 프로젝트는 성과를 거두어 졸업률은 약 3분의 1이 높아졌고 대학 진학률 또한 두 배 이상 늘었다. 이 학교를 더욱 성장시키고 초중등 교육 과정까지 개설해 완전한 K-12(유치원부터 고등학교까지 교육 기간—옮긴이) 학교로 만드는 것이 내 임기 후반의 목표가 되었다.

학교를 더 키워 운영하기에는 스탠퍼드의 여력이 부족한 것 아니냐는 회의론도 있었지만, 교육대학의 일부 교수진과 스탠퍼드 자선 사업 공동체는 이 일에 진정 어린 열의를 보였다. 우리는 여러 우려를 검토한 뒤 계속 진행하기로 했다. 학생들과 그 가족들은 이 학교를 너무나 좋아했다. 학생들은 젊고 헌신적인 선생님은 물론 폭넓은 방과 후 프로그램과 조언 프로그램에 큰 도움을 받았다. 이 학교를 방문할 때면 감동이 절로 밀려왔다. 생계를 겨우 이어 갈 정도로 가정 형편이 안 좋고 학업 수준이 무척 낮았던 학생들이 이제는 자신들의 학업과 대학 진학에 대해 자랑스럽게 이야기하는 광경을 접하는 것은 언제나 가슴 찡한 일이었다.

그러던 중 이 프로젝트가 큰 난관에 부딪쳤다. 학교 운영은 단순한 연구 프로젝트나 취미 활동이 아니다. 진정한 사업일 뿐 아니라 복잡다단한 일이기도 하다. 학교를 운영하려면 교장과 교사들을 채용하고, 재정을 꾸리고, 기반 시설을 유지하고 관리하는 데서 전문성이 필요하다. 하지만 이것은 이 프로젝트를 처음 시작한 동료들의 역량을 넘어서는 일이었고, 자신의 연구와 강의를 완전히 포기하고 이 학교를 운영하고자 하는 사람은 아무도 없었다. '사업' 운영이라는 현실적인 영역에서 특히 경험이 부족했다. 처음에 일부 구성원들이 학교를 더 키웠을 때 맞닥뜨리리라 우려한 운영상의 문제점들이 현실이 되어 나타났다.

결국 스탠퍼드는 시설 전체를 차터 스쿨 전문 운영자에게 맡겼다. 이 학교를 탄생시킨 교육학적 혁신과 자문 서비스는 교육대학이 지닌 사명이 자연스럽게 확장된 것이었지만 학교 운영이라는 엄혹한 현실은 그렇지 못했던 것이다. 학교의 일상적인 운영은 다른 곳으로 넘어갔어도 스탠퍼드 교육대학원은 사명의 끈을 놓지 않고 교육학 혁신 등과 같은 분야에서 계속 조언하는 일을 맡고 있다.

한편 이스트팰로앨토의 커뮤니티 법률 클리닉은 법과대학 사명의 확장으로서 지속 가능하다는 사실이 입증되었다. 이 클리닉은 지역 주민을 위해 무료로 법률 자문과 변호 서비스를 제공하는 것은 물론 로스쿨 학생들에게 귀중한 경험을 쌓게 해 주고 있다. 우리의 모든 법률 클리닉과 마찬가지로 이곳 역시 교수진의 감독 아래 로스쿨 학생들에 의해 운영되며, 로스쿨에서 최소한의 행정 지원과 함께 일부 중요한 재정 후원도 하고 있다.

반면 멘로파크와 새너제이 두 도시에서 운영되고 있는 무료 기초 진료소는 이 두 가지 모델의 중간쯤에 있다고 할 수 있다. 주요 인력은 의사와 학생(주로 의대생)으로 구성된 자원봉사자들이지만 간호 업무와 행정 영역에서는 직원을 채용하고 있다. 이 프로젝트는 의과대학과 병원, 기부자들의 재정 지원에 의존하고 있는데, 진료소 운영에 들어가는 재정과 인력은 차터 스쿨에 비하면 훨씬 적다. 그래서 의대의 핵심 사명을 확장시키면서도 의료 봉사를 꾸준히 제공할 수 있다.

이 세 가지 활동 모두 처음에는 실험으로 시작되었다. 두 활동은 잘 운영되고 있으며 계속 생명력을 유지해 갈 것으로 보인다. 하지만 모든 봉사 프로젝트가 늘 그렇게 진행되지는 않는다. 프로젝트의 방향이 조직의 핵심 사명에서 벗어날수록 장기적으로 성공을 거둘 가능성은 줄어든다. 어떤 프로젝트가 잘 운영되지 않는다면 그 사실을 액면 그대로 받아들이고 해당 공동체에 가해질 피해를 최소화할 수 있는 출구 전략을 찾는 편이 낫다. 다행히 우리는 차터 스쿨이 계속 번영할 수 있는 대안을 찾아냈다.

어떤 조직을 이끌더라도 창의성과 헌신성만 있다면 핵심 사명을 더욱 확장시키고 가까운 공동체에 봉사하는 프로젝트를 만들 수 있다.

다음 세대에 봉사 마인드셋을 심어 주어라

제인 스탠퍼드의 메시지에서 가장 중요한 것 하나는 '아이들'의 범위를 구체적으로 규정하지 않았다는 것이다. 이는 현명한 판단이었다. 우리 학교가 지역을 벗어나 국제적 수준의 조직으로 성장하는 동안 '아이들'이라는 용어의 경계가 거기에 발맞춰 넓어졌기 때문이다. 이제 우리 학교는 전 세계를 대상으로 봉사하는 일을 의무로 여긴다. 대학만이 아니라 기업, 비영리 단체, 정부 기관 등 모든 조직은 다음 세대의 리더들을 육성하는 과정에 참여해야 한다. 따라서 다음 세대가 '봉사하는 리더십'을 최고의 길로 여기기를 바란다면, 어떻게 하면 봉사 마인드셋을 길러 줄 수 있을지 고민할 필요가 있다.

스탠퍼드에서는 전교생을 대상으로 이 일을 한다. 모든 학생에게 리더십과 더불어 봉사에 헌신하는 자세를 심어 주는 것이 우리 학교의 목표다. 많은 스탠퍼드 학생이 고등학교 때부터 지역 사회에서 봉사한 경험이 있다. 어떻게 하면 그러한 경험을 다음 수준으로 끌어올릴 수 있을까? 어떻게 하면 학생들이 급격히 성장하는 자신의 능력을 공익을 위해 사용하도록 독려하고, 공공 영역이나 비영리 부문에서 일할 기회를 제공할 수 있을까?

스탠퍼드에서는 1980년대부터 다양하고 공식적인 봉사 학습 프로그램을 시작했다. 당시 총장이던 도널드 케네디Donald Kennedy, 그리고 유명 청바지 회사 리바이스의 회장이던 피터 하스Peter Haas와 그의 부인 미미 하스Mimi Haas는 직접 조언과 자선 활동을 통해 이를 적극 지지했다. 케네디 총장은 봉사 학습을 위한 최초의 대학 센터인 하스공공봉사센터Haas Center for Public Service를 세웠다. 몇 해 전 센터 설립 25주년이 다가오자 동료 교수들은 공공 봉사 교육과 기회를 한 단계 더 발전시킬 방법들을 찾아 자유 토론했다. 정부, 지역 사회, 비영리 단체 등에서 리더십의 필요성은 점점 커졌지만 학생들의 관심은 그대로이거나 심지어 줄어드는 것처럼 보였다. 학생들을 수준 높고 보람찬 봉사 기회에 참여시킬 새로운 방법이 없을까?

이를 숙고하는 과정에서 프로그램 하나가 탄생했다. 래리 다이아몬드Larry Diamond 교수가 이끄는 카디널 쿼터Cardinal Quarter라는 프로그램이었다. 참여 학생은 소액의 급료를 받고 4분기 동안 학교를 떠나 세상에서 다른 사람들을 위해 봉사하면서 많은 것을 배운다. 지역 사회도 좋고, 대도시나 워싱턴 D.C.도 좋고, 심지어 개발도상국으로 가도 된다. 이 프로그램 안이 처음 나왔을 때만 해도 학생들이 얼마나 관심을 보일지 확신할 수 없었다. 학생들이 4분기를 기꺼이 포기하겠는가? 다이아몬드 교수는 소규모 시범 운영을 제안했고 나는 자금 지원에 동의했다. 그런데 시범 운영에만 모집 인원의 두 배가 넘는 학생들이 지원했다. 그 후 기부자들의 뜨거운 반응이 잇달아 우리는 프로그램을 빠르게 성장시킬 수 있었다. 아내와 나는 지금도 개인적으로 이 프로그램을 지원하고 있다. 우리는 훗날 졸업생들이 자신의 신입생 때 기숙사 생활이나 외국 유학 경험 이야기를 할 때처럼 그들의 카디널 쿼터 활동에 대해서도 똑같이 열정적으로 이야기하기를 희망한다.

두 번째 프로그램인 시드Seed, 스탠퍼드 개발도상국 혁신 연구소Stanford Institute for Innovation in Developing Economies도 비슷한 시기에 시작되었다. 이 프로젝트는 경영대 동문이자, 전 세계 극빈층을 돕기 위해 헌신하는 밥 킹Bob King과 그의 아내 도티 킹Dottie King의 후원으로 경영대학원에서 만들어졌다. 개발도상국의 기업 리더들을 육성해 사업과 고용 기회를 늘림으로써 세상에서 빈곤의 악순환을 끝내는 것이 시드의 목표다. 우리는 시드를 통해 기업가 정신 교육이라는 스탠퍼드의 전문 지식을 가장 필요로 하는 곳에 제공할 수 있었다. 기존의 케냐와 가나 외에 2017년 세워진 인도와 남아프리카공화국까지 더해 이제 네 곳의 사무소에서 교육이 이루어지고 있다.

엘리트 경영대학원이 가장 못사는 나라들의 어려움에 관심이 있을 것이라고 생각하는 사람은 많지 않다. 그러나 시드는 학부생과 경영대학원생의 마음을 사로잡았고, 이제 그들은 개발도상국의 신예 기업가들과 일하고 소규모 기업을 돕기 위해 줄을 서고 있다. 이 프로그램은 이미 상당히 성공했는데, 그중에는 식물성 기름을 추출하는 한 아프리카 공장에서 공학 교육을 통해 얻은 지식으로 중요한 문제를 해결한 젊은 여성의 사례도 있다. 그 과정에서 그는 어려움을 겪던 기업을 돕고, 자신의 능력을 더욱 발전시켰다. 그리고 그 덕분에 우리는 세상이 우리가 생각하는 것보다 훨씬 더 작은 곳이라는 사실을 새삼 깨달았다.

이것은 가장 기본적인, 그리고 가장 강력한 형태의 봉사다. 이러한 봉사 정신을 당신의 조직 속에서 권장하고 지지할 때 당신의 선의는 내부 구성원들을 넘어 훨씬 더 넓은 곳까지 뻗어 나갈 것이다.

타인의 공헌을 인정하라

리더로 활동하다 보면 대규모 프로젝트와 야심 찬 계획에 정신이 팔려 작지만 결코 어느 것 못지않게 중요한, 우리 주변에서 일어나는 개인적인 봉사 활동들을 잊기 쉽다. 그러한 봉사 중 상당수가 다른 사람들의 성공에 기여하고 성공을 가능하게 하는데 말이다.

스탠퍼드에서는 중요한 성과를 거둔 학생과 교수를 축하하는 자리를 자주 갖는다. 노벨상이나 올림픽 메달 수상 또는 미국대학체육협회NCAA 선수권 대회 우승 축하 행사, 주요 장학금 전달식, 학위 수여식 등이 열린다. 상을 받는 사람은 무대에 올라 청중에게 축하와 환호를 받는다. 그런데 그들 뒤에서 성공에 기여한 코치, 학과장, 연구 조교, 직원 등은 어떤가? 그들은 타인의 성공을 조용히 지켜보며 자신의 봉사에 자족하거나 누군가 그들의 등을 툭툭 두드려 줄지도 모른다. 운이 좋다면 수상자의 감사 연설에서 이름이 언급될 수도 있다. 하지만 더 많은 것을 요구하고 나서는 일은 결코 없다. 그것이 진정한 봉사다.

리더, 특히 봉사하는 리더로서 나는 그렇게 헌신하는 모든 사람을 위해 내가 해야 할 어떤 특별한 의무가 있다고 믿는다. 그것이 바로 내가 스탠퍼드의 연례행사인 에이미블루상Amy Blue Awards 수상자들을 칭찬하고 축하하는 자리에 빠지지 않고 참석하는 이유다. 이 상은 학교 직원들의 공헌과 봉사를 기리는 의미로 만들어졌다. 교수들이나 학장, 부총장도 아닌 평범한 일급 또는 이급 직원들이 동료 직원들의 추천을 받아 후보에 오른다. 동료 직원들은 수상 후보 추천서에 "이 사람은 우리 사무실에 기쁨을 줍니다. 무슨 일이든 항상 먼저 나섭니다. 늘 즐거운 마음으로 일합니다. 에너지가 넘칩니다" 라고 쓴다. 한 수상자는 수십 년 동안 기숙사 한 곳에서 복도와 학생들 방을 청소하는 일을 하면서도 한시도 얼굴에서 미소가 사라지는 법이 없었다. 또 다른 수상 후보자는 수리공으로 평생을 캠퍼스에서 보내며 도움이 필요한 사람을 위해 언제나 발 벗고 나섰다. 학생 식당에서 식판에 음식을 담아 주는 일에서 시작해 지금은 주요 식당 한 곳을 총괄하는 사람도 있다. 그들은 대부분 학교에서 20년 이상 일해 왔고, 모두가 교수진과 학생들이 이룬 업적에 큰 자부심을 보인다.

나는 항상 이 행사에 참석해 상을 수여하고, 가족과 동료들에게 둘러싸인 수상자들과 악수를 나눈다. 왜냐고? 답은 간단하다. 수상자들에게 그들의 일(그들의 봉사)이 학교 전체 운영에서 매우 중요하다는 사실을 몸소 보여 주고 싶기 때문이다. 그들은 스탠퍼드가 성공하는 데 도움을 주었다. 그리고 내가 시상식에 참석하는, 남들은 모르는 한 가지 이유가 더 있다. 내가 진정 누구를 위해 일하는지 스스로에게 상기시키기 위해서다. 그들을 이끌고 그들에게 봉사하는 것만으로도 내게는 큰 영광이다.

4

Empathy

타인의 마음을
들여다볼 줄 안다

상대의 시각에서 세상을 바라보기 전까지는 그 사람을 결코
진심으로 이해할 수 없다. 그 사람의 피부 속으로 들어가
그것을 쓰고 돌아다녀 보기 전까지는 말이다.

하퍼 리Harper Lee, 《앵무새 죽이기》

마음에서 우러나와 이끈다는 것

1990년대 초, 그러니까 행정 임무를 주로 맡기 전에 스탠퍼드
신입생으로 들어온 똑똑한 학생을 지도할 기회가 생겼다. 농업 이
주 노동자 가정의 딸이던 학생은 고등학교에 다니는 내내 겨울에는
남부 캘리포니아로, 사과 수확기인 가을에는 워싱턴 북부로 3개월
에서 6개월에 한 번씩 이사를 다녀야 했다. 학생은 그런 어려움에도
공부를 잘해서 합격률이 채 20퍼센트가 안 되던 해에 스탠퍼드에
합격했다. 나는 이 학생의 투지와 결의에 큰 감동을 받았다.

학비를 감당할 수 없는 형편이 분명했으므로 학교에서는 그에

게 식비와 기숙사 비용이 포함된 전액 장학금을 지원했다. 그는 공학 학사 학위를 받고 졸업한 뒤 학교를 떠났지만, 창립자인 제인 스탠퍼드가 박수를 치며 극찬했을 그의 스토리는 내 기억에 오래도록 남았다. 또한 이 일을 계기로 지원자의 성적과 시험 점수뿐만 아니라 인생 여정까지 고려하는 입학 사정 과정의 가치를 더욱 잘 이해하게 되었다. 혼자 힘으로 스탠퍼드 합격증을 따냈으니 학비나 가정의 재정 상황 같은 것이 그의 앞길을 가로막아서는 안 되었다.

그때부터 학자금 지원이라는 문제는 나와 부총장에게 무엇보다 중요한 관심사가 되었고, 함께 일한 16년 동안 우리는 학부생 대상 장학금을 8억 달러까지 늘리는 데 성공했다. 2000년과 비교해 거의 다섯 배나 늘어난 금액이었다. 학생들에 대한 재정 지원을 늘리고, 다음 장에서 좀 더 자세히 이야기하겠지만 금세기 최악의 금융 위기 동안 이를 지키기 위해 노력하는 과정에서 특히 '공감'이 중요한 역할을 했다.

의사 결정 과정에 공감이 개입하면 안 된다고 믿는 사람들이 여전히 학계, 특히 업계의 리더들 중에 많다는 사실은 놀랍기만 하다. 중요한 의사 결정은 실증적인 사실과 데이터, 그리고 감정이 배제된 판단에 근거해야 한다는 것이 그들의 생각이다. 그러나 내가 평생에 걸친 경험으로 알게 된 바로 그것은 사실이 아니다. 공감은 어떤 결정을 내리고 목표를 세우는 데 항상 고려 요소가 되어야 하며, 행동으로 실천하는 데 중요한 체크 포인트가 되어야 한다. 데이터에 인간의 조건에 대한 깊은 이해와 관심을 더하면, 모두의 행복을 뒷받침하는 의사 결정이 탄생할 수 있기 때문이다.

공감은 어떤 공식으로 계산할 수도, 일련의 사실로 확인할 수도 없다. 그렇다 보니 나 같은 공학자에게는 불만스러운 것이 사실이다. 또한 공감은 사훈, 교훈, 강령 같은 공식 문서로 호소한다고 간단히 정당화할 수 있는 것도 아니다. 공감은 마음에서부터 나온다. 이것이 지극히 인간적인 감정을 의미 있게 만드는 이유인 동시에 감정이 오도되거나 이성을 압도할 경우 위험할 수 있는 이유다. 권력이나 지위를 가진 자리에 있는 사람에게는 더욱 그러하다. 감정과 이성의 적절한 조합을 찾으려면 뛰어난 기술과 약간의 시행착오가 꼭 필요하다.1

일반적으로 사람들은 여러 이해관계자가 즉각적으로 수익 환수를 기대하는 기업에 비해 대학을 포함한 비영리 단체가 공감에 더 많이 기대어 조직을 운영할 것이라고 생각한다. 하지만 내가 학계에서 배운 공감으로 조직을 이끄는 방법은 어느 환경에나 적용될 수 있다. 어떤 조직을 이끌든 직원이나 고객을 위해, 지역 사회 구성원을 위해, 어떤 재난의 희생자를 위해 공감을 지니고 행동할 수 있는 기회는 무수히 많을 것이다. 그럴 때 당신에게 주어진 과제는 당신 자신과 조직의 입장에서 가장 이치에 맞게 그 기회를 선택하고 활용하는 것이다.

공감에서 탄생하고 이성으로 설계한다

어떤 스토리가 자신의 마음을 감동시켰다는 이유만으로 단번에 조직 차원에서 반응을 보이는 것은 자칫 위험할 수 있다. 그러기 보다는 심사숙고하며 차근차근 단계를 밟아 가는 것이 좋다. 공감의 불꽃이 실제 행동으로 이어질 때면 스스로에게 물어야 한다. 이것은 개인 차원에서 대응해야 할 일인가, 아니면 조직 차원에서 대응해야 할 일인가?

예를 들어 몇 년 전 어떤 무리의 학생들이 지구 반대편에서 벌어진 자연재해 피해자들을 돕기 위해 모금을 시작했다. 개인적으로는 이 모금 행사를 적극 환영했지만 학생들이 모금 금액에 상응하는 만큼 학교에서도 기부를 해 달라고 요청해 왔을 때 나는 바로 답하지 않았다. 이 상황은 가르침의 순간이 되었다. 학교 재정은 대부분 기부금과 학부모가 납부하는 등록금으로 이루어져 있다. 그리고 기부자와 학부모 모두 자신들이 낸 돈이 자연재해 구호가 아니라 대학교의 핵심 사명인 교육과 연구에 쓰이기를 바란다. 그래서 나는 학생들에게 "학교 재원을 쓰지는 못하고, 여러분이 모금한 돈에 상응하는 금액의 기부금을 개인적으로 내도록 하겠습니다"라고 말했다. 나는 그런 내 행동이 기부자와 학부모를 존중하는 효과뿐 아니라 학생들에게 공감과 자선 활동은 개인적 참여라는 교훈을 주기를 바랐다. 그렇게 이 일은 대학 총장이 학교 재정에서 돈을 꺼내 건네는 것이 아니라 내 개인 차원의 대응으로 마무리되었다.

한편 내가 총장으로 지내는 동안 공감으로 촉발되어 조직 차원에서 대응한 몇몇 상황도 있었다. 예를 들어 보통 스텝STEP이라 줄여 부르는 스탠퍼드 교사 교육 프로그램Stanford Teacher Education Program을 시작하게 된 한 젊은 여성에게서 이메일을 받은 적이 있었다. 이 프로그램은 석사 학위와 교사 자격증이 주어지는 12개월 집중 과정으로, 교사 이직률이 특히 높은 불우한 지역에서 우수한 교사들이 오래 근무할 수 있도록 돕는 것이 목표다. 이 프로그램을 마친 많은 졸업생이 가정 형편이 어렵고 학업 수준이 1, 2년씩 뒤처지는 학생들을 위해 한정된 자원과 아동낙오방지법No Child Left Behind Act(정해진 성취도 평가 기준을 통과하지 못하면 학교, 교사, 학생에게 제재를 가하는 법—옮긴이)의 압박 아래 자신의 커리어를 헌신한다.

이메일에서 그 여성은 자신이 시카고의 저소득층 지역에서 자랐다고 설명했다. 그는 이 스텝 과정을 수료한 뒤 자신이 살던 곳으로 돌아가 교사로 활동하고 싶어 했다. 그런데 우리가 제공하는 제한된 학자금 지원과 앞으로 교사가 되어 받을 적은 월급으로는 자신이 대학교 때 받은 학자금 대출과 이 학위를 받는 동안 쌓여 갈 채무를 도저히 감당할 수 없다고 했다.

나는 이메일을 읽고 생각에 잠겼다. 여기에 이론의 여지없이 중요하고 사회적으로 가치 있는 길을 걷고 싶어 하는 사람이 있다. 그는 우리 사회에서 가장 힘들면서 보수가 적기로 악명 높은 일을 하기 위해 개인적인 희생을 치를 준비가 되어 있다. 그런데 교육을 받는 데 들어가는 비용이 이 중요한 역할을 수행하는 데 걸림돌이 되어야 할까? 이 상황은 분명 조직 차원의 대응을 요구하는 중대한 상황이었다.

사회에 봉사하는 학생들을 길러내는 것이 우리 학교의 목표였기에 나는 이 여성과 또 다른 비슷한 처지의 사람들을 도울 수 있는 방법을 찾기 시작했다. 그런데 마침 교육대학의 주요 기부자 중에 어머니가 교사를 지내 훌륭한 선생님의 중요성을 깊이 이해하는 이가 있었다. 우리는 함께 공정하고, 지속 가능하고, 공감 넘치는 프로젝트를 시작했다. 총장 재량으로 쓸 수 있는 약간의 자금에 기부자가 같은 금액의 후원금을 내어 우리는 장학 사업이 아니라 대출 탕감 사업을 만들었다. 스텝 졸업생이 불우한 저소득층 지역에서 일정 기간 교사로 활동하면 스탠퍼드에서 그 사람의 대출금 일부를 탕감해 주는 프로그램이다. 만약 교사가 해당 지역에서 4년 동안 머물 경우에는 석사 학비 전액을 탕감해 준다.

공감에서 탄생하고 이성으로 설계된 이 사업은 스텝을 이수하는 학생들에게 도움을 주고 스텝의 사명에 힘을 실어 준다. 학교와 기부자는 이 나라의 큰 문제 중 하나인 교육의 질, 특히 저소득층 학생들의 교육의 질을 높이는 데 기여했다. 또한 이 사업은 미국 전역의 고등 교육 기관이 직면한 장기적 문제 해결에도 일조하고 있다. 바로 부유한 가정의 고등학생이 저소득 가정의 고등학생보다 대학 진학률이 훨씬 더 높다는 문제다. 고등 교육 기관들은 지금까지 재능 있는 저소득층 학생들을 효과적으로 찾아내 합리적인 비율까지 진학률을 끌어올리지 못했다. 이런 학생들과 스탠퍼드 사이에 다리를 놓기는 매우 어렵다. 학생들이 다니는 학교가 때때로 자원 부족으로 진학 지도 프로그램이 미비하거나 유능한 교사들을 보유하기 힘들기 때문이다. 그런 교사들을 양성하는 것이 바로 스텝의 목표다. 학생들이 스스로의 노력과 실력으로 성공할 수 있는 길을 열어 주는 것이 대학의 사명이라면, 스텝을 이수하는 학생을 위한 대출금 탕감 사업이야말로 현재와 장기적인 미래를 모두 고려하는 대학의 핵심 임무를 실천하는 일이다.

결과적으로 이 프로젝트는 우리 학교의 나머지 사람들에게도 도움이 되었다. 이전과는 다른 새롭고 귀중한 시각을 제시했기 때문이다. 본래 대학원에서는 박사 과정 학생들에게 가장 먼저 자금을 지원한다. 그런데 스텝은 교사를 양성하는 전문 프로그램이었다. 이 프로그램은 교육과 사회 두 영역에서 이전까지는 찾아볼 수 없었던 전혀 다른 역할을 수행했고, 따라서 높은 우선순위를 가질 자격이 충분했다.

다른 사람들을 돕는 일이라는 것 자체만으로도 기분이 좋은 것은 물론이고 말이다.

머리와 가슴이 함께하는 본보기, 빌 게이츠 부부

나는 공감이 정서적 반응을 불러일으키는 동시에 무언가를 배울 수 있는 초대장과도 같다는 사실을 깨달았다.

당신이 대학교나 비영리 단체, 기업 등 어떤 조직을 이끈다면 언제든 수많은 사람이 당신의 공감 능력에 호소하며 도움을 청할 것이다. 그럴 경우 언제, 어떻게 대응할지 결정하는 일은 리더가 직면하는 큰 도전 과제 중 하나다. 모든 요구를 충족시킬 수는 없다. 어느 곳에 에너지와 자원을 쏟을지 결정하는 일을 도와줄 시스템, 일종의 우선순위 분류 시스템이 필요하다.

다음과 같은 질문들이 도움이 될 수 있다. 이 문제에 마음이 끌리는가? 어떤 조치를 취할 정도로 그 일이 중요하다고 믿는가? 지금 이 문제의 해결이 조직의 사명에 어울리는가? 만약 그렇다면 조직은 도움을 줄 자원을 지니고 있는가? 그렇지 않다면 개인적으로 도울 수 있는가? 다른 문제에 사용할 자원이 줄어든다는 것을 알면서도 이 문제에 당신이나 당신 조직이 지닌 자원을 얼마나 투여하고 싶은 가? 이 문제에 영향력 있고 지속 가능한 대응을 해 나갈 수 있는가?

이런 질문은 당신 자신과 동료들의 가치관, 당신 조직의 영향력 범위, 그리고 지역 사회와 그 너머의 사람들에게 피해를 주고 있는 문제 등을 더욱 깊이 이해하게 해 준다. 이런 우선순위 분류 과정을 거쳤지만 여전히 도울 문제가 많아서 그중에 단 몇 가지만 선택해야 할 수도 있다. 어떤 때는 거절할 수 있는 용기만 기르면 된다. 하지만 절대 쉽지는 않다. 도움 요청을 거절하기 위해 강한 공감 능력을 기른 것은 아니지 않은가? 이럴 때 할 수 있는 최선은 머리를 사용하는 동시에 자신의 마음에 귀를 기울이면서, 두 가지를 함께 사용해 나아 갈 방향을 잡는 것이다.

2014년 스탠퍼드대 졸업식에서 빌 게이츠와 멀린다 게이츠 Melinda Gates가 함께 단상에 올라 한 연설은 지금까지 내가 들은 가 장 흥미로운 부부의 이야기였다. 빌은 숫자와 기술로, 예를 들어 모 든 지역의 전염병 예방 조치를 GPS로 추적해 전 세계의 보건 문제 를 해결할 수 있는 방법을 모색한다. 반면 멀린다는 인도의 한 병원 을 방문해 에이즈로 죽어 가는 여성의 손을 잡아 주는 식으로 개인 적인 관계를 맺는다. 그들은 머리와 가슴이 함께하는 살아 있는 본 보기로, 두 사람이 함께 자선사업가로서 엄청난 영향력을 발휘해 왔다. 우리도 머리와 가슴을 하나로 합쳐 생각한다면 우리 나름의 범위 안에서 같은 일을 행할 수 있을 것이다.

공감과 형평성 사이 균형을 잡아라

거의 모든 자선 단체 또는 자선 활동 조직이 직면하는 문제가 바로 사명이 변질되는 것이다. 처음에는 누구에게 무엇을 줄 것인지 명확한 지침을 두고 시작하지만 결국에는 동정적인 이야기를 하는 사람에게 마구잡이로 기부금을 퍼 주기 시작하면서 지침이 사라지는 것이다.

대학은 영원히 이 문제와 싸워야 한다. 특히 학부생에게 학자금 지원을 할 때 더욱 그렇다. 스탠퍼드에서는 다양한 가정환경에서 자란 여러 집단의 학생들에게 봉사한다. 그래서 우리는 학자금 지원 프로그램 계획 단계부터 다채로운 배경을 지닌 학생들에게 기회를 확대하는 동시에 각 가정에서 납부해야 하는 금액에 대해서는 공정하고 균형 잡힌 시스템을 만들고자 했다. 다시 말해 공감과 형평성 사이에서 균형을 잡고 싶었다.

스탠퍼드는 오랫동안 니드-블라인드need-blind(학자금 지원 신청 여부가 당락에 영향을 주지 않는 입학 제도—옮긴이) 정책을 시행해 왔다. 학생들이 입학 등록을 하면 우리는 그들의 학업 성취도만 심사하지 등록금 납부 능력은 고려하지 않는다. 입학이 결정된 뒤에는 학생들의 가정 소득과 가진 자원을 바탕으로 그들의 재정적 요구를 충족시키기 위해 노력한다. 이렇게 관대한 재정 지원 프로그램을 갖추고 있음에도 저소득층 학생들(가족 중에 처음으로 4년제 대학에 입학하는 경우가 많다)이 우리 학교에 지원하도록 하는 데 실패하곤 한다. 입학 가능성이 있는 학생들과 이야기를 나눠 본 직원들은 무엇이 문제인지 바로 알 수 있었다. 예상 밖의 비싼 등록금에 학생들이 충격을 받고 진학 지도를 적절히 받지 못하기 때문이다. 우리 학교 경제학과 교수인 캐럴라인 혹스비Caroline Hoxby는 동료들과 함께 이 문제를 연구하고 여기에 '언더매칭undermatching'(저소득층의 우수한 학생들이 경쟁력 있는 학교에 진학하지 못하고 2년제 학교에 들어가거나 아예 대학 진학을 포기하는 현상—옮긴이)이라는 용어를 붙였다. 학자금 지원 제도에 대해 알려 줄 사람이 아무도 없는 상태에서 저소득층 학생들은 스탠퍼드 같은 학교는 그저 그림의 떡일 뿐이라고 믿게 되는 것이다.

이런 문제를 해소하기 위해 나와 부총장은 입학처와 함께 저소득층 학생들이 등록금 전액 또는 등록금 전액과 식비, 기숙사비까지 제공받을 수 있는 프로그램을 제안했다. 우리는 학생들과 스탠퍼드 사이를 가로막고 있는 장벽을 허물 수 있을 정도로 학생들에게 강력한 메시지를 보내고 싶었다. 바로 "학생이 내야 할 돈은 0달러"라는 메시지였다.

이 프로그램을 발표하며 가정의 연간 소득이 10만 달러 이하인 학생에게는 전액 장학금을, 6만 달러 이하인 학생에게는 전액 장학금에 식비와 기숙사비까지 지원한다고 하자 몇몇 사람들(주로 졸업생들)은 우려를 표시했다. 그들은 "글쎄요, 이게 그렇게 좋은 아이디어인지는 모르겠습니다. 완전히 공짜로 모든 걸 내어 주자는 건데 학생들이 받는 교육에는 가치라는 것이 있잖아요"라고 말했다. 그런데 다행히 우리의 프로그램은 이미 이 점까지 염두에 두고 있었다. 사실 학생들이 모든 것을 공짜로 얻는 것은 아니다. 학기 중에는 주당 10시간, 방학 중에는 20시간씩 일해서 버는 소득으로 얼마 동안 기부금을 내야 한다. 이런 세부 내용을 공개하자 사람들의 우려는 사그라들었고 "아, 그 정도면 합리적이네요"라는 반응을 보였다. 공감이 형평성을 위배하면 문제가 발생한다. 졸업생들도 학생들의 개인적인 책임(물론 적은 금액이기는 하지만)을 이해하고 나자 이 프로그램이 공정하다고 인정했다.

여기에 공정성을 더욱 높일 수 있는 두 번째 조항이 더해졌다. 연간 소득 10만 달러 이상인 가정을 위한 학자금 지원에도 변화를 준 것이다. 이때 우리는 두 가지를 고려해야 했다. 첫째, 그 정도 소득 수준의 가정도 연간 2만 달러 이상의 학비는 부담스러우며, 부모가 자녀에게 빚을 물려줄까 봐 걱정한다는 점이었다. 둘째, 공정성의 문제가 있었다. 연간 9만 9000달러를 버는 가정이 학비를 전혀 내지 않는데, 10만 1000달러를 버는 가정에 어떻게 매년 1만 달러나 2만 달러씩 내라고 요구할 수 있겠는가? 이 두 가지 문제를 해결하기 위해 학자금 지원 프로그램을 조금 수정해야 했다. 그래서 자녀 1명이 대학에 다니고 연간 소득이 10만 달러에서 16만 달러 사이인 가정은 꽤 큰 금액의 지원금을 받을 수 있게 했다.

모든 조건이 명확해지자 졸업생들과 교수진 모두 이 프로그램이 형평성과 기회를 모두 고려한 학교의 진정 어린 헌신임을 이해하게 되었다. 정말로 인상적인 점은 이 지원금 프로그램에서 가장 큰 혜택을 누리는 학생들이 이미 꽤 큰 성공을 거둔 졸업생들의 자녀가 아니라 다른 가정의 자녀라는 사실이다. 그리하여 이 새로운 지원 프로그램은 스탠퍼드의 사명을 한층 발전시킨 것 외에도 많은 졸업생에게 공감의 감정을 불어넣었다. 그들에게 필요한 것은 자신들의 공감이 형평성과 합리성을 바탕으로 실천에 옮겨지는지 확인하는 일뿐이었다.

공감의 철학이 악용될 때

리더는 모든 분야에서 공감과 공정성을 표현해야 하고, 여기에는 당연히 자신의 팀원 즉 직속 부하 직원들도 포함된다.

대체로 우리 팀원들은 개인 건강 문제나 가족 관련 문제에서 이따금 공감을 원한다. 나는 두 경우 모두 똑같은 철학을 제시한다. "여러분의 건강과 당신의 가족이 먼저입니다. 스탠퍼드는 그다음이에요. 스스로 개인적인 문제를 해결하기 위해 먼저 나서면 그다음은 우리가 도와줄 것입니다." 때로는 이러한 철학이 일시적인 생산성 저하로 이어져 다른 팀원들이 그 공백을 메워야 했지만, 나는 16년 동안 총장으로서 그런 철학을 고수한 것을 단 한 번도 후회한 적이 없다.

그런데 나는 나의 두 번째 철학을 조금 후회했다. 나는 직원들을 책임감 있고 유능한 성인으로 생각하고 자신의 시간을 스스로 관리할 수 있는 권한을 주었다. 그래서 그들은 언제 출근하고 언제

쉴지 자유롭게 결정할 수 있었다. 내게 중요한 점은 이들이 맡은 일만 제대로 완수하면 되는 것이었다. 그런데 안타깝게도 이를 악용하는 사람들이 일부 있었다. 자기가 할 일을 제대로 하지 않아 다른 팀원들까지 힘들게 했다. 다시 한 번 나는 인간의 나약함을 강조하며 이렇게 말했다. "한 번은 용서받을 수 있습니다. 사람은 누구나 실수를 하지 않습니까? 하지만 그런 일이 자주 일어난다면 공정성을 위해서라도 공감에 근거한 정책을 실행할 수 없습니다." 자신의 일을 제대로 수행하지 않으면서 그 대가를 받는 것은 직원 전체를 놓고 보았을 때 공정한 일이 아니다. 팀 내 다른 직원들이 그 일을 맡게 하는 것 역시 공정하지 않다. 어느 한 사람이라도 동등하게 기여하지 않는다면 팀의 사기 또한 좋을 리 없다.

이런 상황에서는 문제를 일으킨 사람에게 직접 이렇게 말해야 했다. "당신의 행동은 우리에게 필요한 팀원의 자세가 아닙니다. 이 문제를 해결하지 못한다면 이 일은 당신에게 맞는 일이 아닙니다." 몇몇 경우에는 상대방과 이런 대화를 나누기까지 내가 너무 오래 기다려 준 것이 후회스러웠다. 어느 누군가에게 문제가 있다고 말해주기는 쉬운 일이 아니다. 특히 그들이 특정 부분에서 남들보다 뛰어난 경우에는 더욱 그렇다. 하지만 공정성의 측면에서 보면 반드시 필요한 일이다. 그래서 나는 이 어려운 메시지를 명확하게 그리고 공감을 담아 전달하려고 애썼다.

누군가를 해고하는 결정이 쉬웠던 경우도 있었다. 고의로 다른 직원과 조직에 심각한 해를 끼친다면 내가 생각하기에 그 직원은 이미 자기 자신을 해고한 셈이다. 그런 드문 경우에도 나의 공감은 여전히 작동했지만 그것은 해고된 당사자가 아니라 그로 인해 피해를 본 사람들과 우리 팀, 우리 조직을 향한 것이었다.

공감은 인공지능 시대에 더욱 필요하다

나는 우리의 공감 능력이 중요한 도전 과제를 떠안으리라 예상한다. 인공지능과 머신 러닝machine learning의 부상은 일자리와 고용 문제를 가져올 것이다. 이러한 변화는 다양한 유형의 일자리에 영향을 미칠 수 있다. 로봇과 자율 주행 자동차가 수작업과 운전기사를, 컴퓨터 진단과 치료가 방사선 전문의와 여러 분야 의사들을, 법률과 사무 업무의 자동화를 위한 인공지능 시스템이 법률 보조원과 행정 보조를 대체하게 될 것이다. 나는 이러한 변화가 최소한 산업 혁명 이상으로 엄청날 것이며, 그보다 훨씬 더 빠르게 움직일 것이라고 생각한다. 소프트웨어가 대규모 산업화보다 확장 가능성이 훨씬 더 높기 때문이다. 그리고 공감은 이러한 변화와 파장에 주의를 기울일 것을 요구한다고 믿는다.

우리 사회에서 권력의 자리에 있는 모든 사람은 앞으로 벌어질 일들에 민감하게 대응할 필요가 있다. 대학은 이러한 사회적 변화와 여파에 대해 생각하기 시작해야 한다. 이 새로운 혁명에 가담하는 기업 역시 사회가 거기에 적응하도록 도와야 한다.

점점 더 많은 사람이 장기 실업이나 불완전 고용을 겪게 될 것이다. 지금부터 그런 사람들에 대해 생각해 봐야 한다. 그들 중 상당수가 우리의 이웃이나 동료이기 때문만은 아니다. 급진적인 기술 혁신에 따른 일자리 시장 변화가 일시적인 실업으로 이어질 수 있지만 그렇다고 해서 실직한 개인들이 고용 불능자가 아님을 깨달아야 한다. 컴퓨터가 아무리 똑똑하더라도 대신할 수 없는 일들과 이전에는 존재하지 않았던 일들에 대해 생각해 봐야 한다. 우리는 더 많은 교사가, 그리고 갈수록 고령화하는 사회에서 노인들과 함께할 더 많은 사람이 필요하다. 다시 말해 인간적 요소가 깊이 내재된 일들, 알고리즘 같은 것으로 대체할 수 없는 일들을 할 사람이 필요하다.

리더들과 교육자들은 지금 당장 그런 일을 할 사람들을 양성하는 데 나서야 하며, 거기에는 반드시 공감 교육이 있어야 한다. 로봇이나 앱은 할 수 없고 인간만이 제공할 수 있는 인간적 요소, 정서적 유대와 보살핌이 바로 그것이다.

미래의 리더들에게 공감 능력을 길러 주어라

세상을 이끌 미래 리더들을 육성하는 일에서 우리는, 나이트-헤네시 장학 사업의 사명이 그렇듯이, 학생들이 공감 능력을 개발하도록 돕는 것이 중요하다고(아니 필수적이라고) 생각한다. 어떻게 하면 공감 능력을 기를 수 있을까? 이 질문을 던지자니 스탠퍼드대 부속 병원인 루실패커드어린이병원Lucile Packard Children's Hospital을 돌아보면서 경험했던 일이 떠오른다. 선천성 질환이나 암을 앓고 있는 아이들을 만나며 나는 세 살 난 아들이 영구 장애를 가져올 수도 있는 끔찍한 병을 앓았던 때가 생각났다. 그러한 개인적인 경험 덕분에 어린이 병원 환자 가족들이 어떤 고통을 겪는지 조금이나마 알 수 있었고, 그들에 대한 공감이 더욱 깊어졌다.

조산아와 선천적으로 건강에 심각한 문제가 있는 아이들이 치료받는 신생아 중환자실에 들렀을 때 나는 내 경험치를 넘어 훨씬 더 깊게 공감했다. 그곳에서 나는 너무 일찍 태어난 쌍둥이를 보았다. 아기는 너무 작아서 내 손바닥 위에 올릴 수 있을 정도였다. 어떤 사람들은 시시각각 증상이 변하는 그 작은 아기들을 살리는 데 시간과 돈, 자원이 얼마나 들어가는지 물었다. 그런 이야기를 주고받는 사람들에게 아기들의 생명은 그저 이론적인 것에 불과했다. 하지만 아기들을 둘러싼 온갖 전선과 삑삑대는 모니터, 플라스틱 인큐베이터 사이에서 자기 아이들에게 사랑을 전하기 위해 안간힘을 쓰는 엄마들을 보았다. 바로 그 순간 나는 그 아기들을 살리는 것이야말로 그 어떤 일보다 옳은 일임을 깨달았다.

우리는 학생들이 그런 경험을 해 보기를, 공감이라는 정서를 알고 옳은 일을 하고 싶다는 욕구에 깊이 사로잡히기를 바란다. 공감은 흔히 연민과 자선 등을 암시하지만 우리가 원하는 것은 그 이상이다. 우리는 타인과 나누는 상호작용을 통해 사람이 바뀌는 공감, 타인의 눈을 통해 새롭게 세상을 바라볼 때 생겨나는 그런 공감을 찾고 있다. 우리는 스탠퍼드 지원자들에게서도 당연히 그런 자질을 찾겠지만, 그들이 입학해 우리와 함께하는 동안 그것을 더욱 강화시켜 주기 위해서도 노력할 것이다.

이런 공감 훈련 중 일부는 학생들이 각자 삶의 여정을 서로 함께 나누면서 우연히 일어나기도 한다. 또 일부는 도움이 필요한 사람들과 직접 상호작용하는 동안 만들어지기도 한다. 나는 스탠퍼드 차터 스쿨을 방문했을 때 만난 한 학생을 아직 기억한다. 그 학생은 자신이 살면서 힘들었던 순간 중 하나로 어린 여동생이 마실 우유가 떨어지지 않게 한 일을 꼽았다. 매일 무료 급식과 함께 제공되는 우유를 마시지 않고 아껴 두었다가 집에 가져가 동생에게 주었다고 한다. 그 학생의 스토리는 나의 관점을 바꾸었고 도움이 필요한 사람을 지원해야 한다는 결심을 더욱 다지게 했다.

나는 우리 학생들이 이런 스토리를 직접 접하고 이와 같은 일이 미국에서, 지구상에서 잘 사는 곳 중 하나인 실리콘 밸리 한복판에서 벌어지고 있다는 사실을 깨닫기를 바란다. 이곳이 그렇다면 세계 어디나 그럴 수 있음을 깨닫기를 바란다. 우리 학교를 졸업하는 학생들은 실제로 세상에 중대한 변화를 가져오고 인류의 고통을 경감할 수 있는 자리에 서게 될 것이다. 그러나 그렇게 되려면 고통을 이해하는 것을 넘어서 실제로 느낄 수 있어야만 한다.

세라 조지핀 베이커Sara Josephine Baker는 공감의 귀감이라고 할 수 있다.2 20세기 초 뉴욕에서 의사로 활동한 그는 어린이 공중 보건 기관을 세워 수십만 명에 이르는 아이들의 목숨을 구했다. 그의 자서전 도입부에 나오는 일화를 보면 의사가 되기 훨씬 전부터 공감이 그의 행동을 좌우했음을 알 수 있다. 그는 부유한 가정에서 태어나 어린 시절 한 흑인 소녀가 누더기 차림으로 길을 걸어가는 것을 보았다. 그 모습에 충격을 받아 당장 자신이 입고 있던 옷을 벗어 그 소녀에게 주었다. 이런 이야기를 들으면 저절로 '이 사람은 자라서 세상을 바꾸겠군'이라는 생각이 들 것이다. 그는 실제로 그랬다. 뉴욕 이민자 공동체의 공중 보건에 매우 큰 기여를 한 것은 물론 빈곤 속에서 살아가는 어린이와 신생아를 구제하기 위해 분투(그가 남긴 가장 중요한 유산이었다)했다. 이것이 바로 우리가 학생들에게 심어 주고자 하는 유형의 공감이다.

경제적으로 어려운 지역의 병원이나 학교, 노숙자 쉼터를 방문하는 것도 좋다. 하지만 그곳에서 만나는 사람들에게 온전히 가슴을 열고 그 경험을 통해 새로운 사람으로 거듭나는 것은 별개의 문제다. 우리는 우리 학생들이 깊은 공감을 지침으로 삼아 세상에 긍정적인 변화를 일으키기 위해 헌신하는 리더가 되기를 바란다.

5

Courage

조직을 위해
나설 때를 안다

잘못할까 봐 두려워하기보다

잘하기 위해 과감히 도전하는 용기가 흔히 더 필요하다.

에이브러햄 링컨Abraham Lincoln

용기 근육을 단련하라

겸손, 진정성, 봉사, 공감의 자질은 리더가 비전을 갖추고 옳은 행동으로 진로를 결정하게 해 준다. 반면에 용기는 리더가 옳은 행동을 실천하게 해 준다. 무엇이 옳고 그른지 구별할 수 있는 사람은 많다. 하지만 그런 분별력에 따라 행동하기는 훨씬 어렵다. 용기 있는 행동을 실천하는 리더는 자신의 조직을 근본적으로, 두드러지게, 지속적으로 변모시킬 준비가 되어 있는 리더다.

사람들은 흔히 용기와 용맹을 하나로 생각한다. 물론 두 가지는 서로 연관되어 있다. 용맹스러운 행동을 하려면 그 밑바탕에 용기가 있어야 하고, 용기 있는 삶은 때로 용맹스러운 행동을 통해 겉으로 드러난다.

내가 생각하기에 용기는 결단력 있고 도덕적인 삶의 토대 역할을 하는 꾸준한 성격적 특성이라 할 수 있다. 그러나 용맹은 짧은 순간에 엄청난 위험을 기꺼이 감수하는 사건 중심 태도라고 할 수 있다. 공격 개시일에 적군 진지를 향해 돌격하는 병사는 대단히 용맹스럽다. 이제 영구 장애를 입은 그 병사는 앞으로 수년간 고통과 장애, 삶의 재구성이라는 과정을 견뎌 낼 용기가 필요하다.

학계와 업계 사람들 대부분은 용맹이 필요한 사건을 별로 경험하지 않는다. 그런데 용기는 완전히 다른 문제다. 크고 작은 분야에서 우리는 정기적으로 용기를 시험받는다. 리더로서 우리는 자연재해나 국가적 비극처럼 조직 밖에서 벌어지는 사건들에 대응하기 위해 개인적인 용기를 내야 할 필요가 있다. 또한 내부의 사건을 수습하고, 필요한 위험 부담을 감수하고, 자신의 입장을 바꾸고, 실수를 인정하고, 실패로부터 일어서기 위해 용기를 내야 할 때도 있다.

정도는 다르지만 우리는 모두 마음속에 이 같은 용기를 지니고 있다. 그것을 얼마나 발휘할 용의가 있느냐는 우리가 과거에 이 용기 근육을 몇 번이나 사용하고 강화했는지에 달렸다. 용기 있는 사람이 다른 사람보다 두려움이 적은 것은 아니다. 오히려 옳은 행동을 하면서 두려움을 받아들이는 방법을 배웠다고 해야 한다. 조금이라도 흰머리가 난 사람이라면 누구나 알고 있듯이 학습 곡선은 길며, 수시로 다가오는 두려움의 순간들로 가득 차 있다. 그렇지만 용기 있는 행동은 교훈을 얻으면서 점점 더 쉬워진다.

믿스에서 겪은 해고 사태, 스탠퍼드 총장으로서 몇 차례 공식 연설을 한 것, 그리고 앞으로 이야기하겠지만 9·11 사태와 2008년 금융 위기를 둘러싼 여러 경험은 리더의 용기가 구성원들의 용기보다 훨씬 더 중요하다는 사실을 가르쳐 주었다. 그 점에서 또한 리더는 용기를 더욱 키우는 데 도움이 되는 몇 가지 혜택을 누릴 수도 있다. 내 경우에는 지금부터 이야기할 네 가지가 버팀목이 되었다.

어려울수록 조직의 사명을 굳게 지켜라

사람들은 리더의 역할을 수행하며 힘든 문제에 직면했을 때 그 문제를 개인화하고 자기 개인의 깜냥으로 해결하려는 경향이 있다. 내 경험에서 보면 그런 식으로 풀 수 있는 문제는 거의 없었다. 오히려 감당하기 버거워지고, 자신의 감정과 열정이 방해가 되며, 객관적인 시각을 잃기 쉬웠다.

내 경우 어려운 시기에 직면하는 문제를 개인의 과제가 아니라 조직의 리더로서 맡은 역할에 주어진 임무임을 명심하는 것이 도움이 되었다. 내 뒤에는 앞선 철학과 가치관, 역사와 선례를 가진 조직이, 헌신적이고 충실한 사람들로 구성된 팀이 버티고 있었다. 어려운 상황에 맞닥뜨렸을 때 자신이 하는 일을 조직의 핵심 사명과 가치관에 맞추는 것이 무엇보다 중요하다. 그것이 몸을 더 곧추세울 수 있도록 단단히 받쳐 줄 것이다.[1]

2008년 금융 위기 이후 우리가 스탠퍼드의 핵심 사명을 흔들림

없이 준수해 나간 것은 논란이 될 수 있는 의사 결정 시행 과정에서 든든한 힘이 되었다. 부총장(학교의 최고 교무 책임자이자 예산 책임자이며 나의 오른팔)과 나는 단번에 학교 예산 상당액을 삭감해야 할지, 앞으로 10여 년에 걸쳐 수천 가지의 자잘한 삭감을 감내해야 할지 논의를 거듭했다.

많은 동료가 중요 예산 삭감에 반대하며 학생들에게 지원하는 학자금을 줄일 것을 촉구했다. 그때까지 겪은 손실액 규모(2009년 봄까지 약 50억 달러, 지원금의 25퍼센트 이상이 증발했다)를 감안할 때 대대적인 예산 삭감이 필요하다는 것은 알고 있었다. 점진적으로 감축하는 것이 문제를 해결해 주리라고는 생각하지 않았다. 게다가 앞으로 7년에서 10년 동안 매년 예산을 줄여야 한다는 사실은 생각만 해도 숨이 막힐 것 같았다.

경제가 느리게 회복할 것이라는 가정 아래 우리는 단번에 대규모 예산 삭감을 단행하기로 했다. 신중히 계획되었음에도 여전히 위험하게 느껴졌다. 경기가 금세 회복되면 어떻게 하나? 그럴 경우 해고, 임금 동결, 연구 중단으로 인재 영입 경쟁에서 다른 대학들에 뒤처지게끔 성급한 결정을 했다고 크게 비난받을 수도 있었다.

이러한 위험 부담을 감수하기로 한 뒤 그다음 과제와 맞섰다. 다른 일자리를 찾기 힘들 수 있는 경제 상황에서 해고라는 무거운 짐을 짊어질 사람을 추려야 했다. 처음에는 각 부서별로 지급되는 예산의 비중에 맞춰 동등하게 해고 대상자를 선정해 달라고 요청할 생각이었다. 그러다가 우리의 핵심 사명을 생각해 보았다. 절대로 인력과 자원을 줄여서는 안 되는 분야가 있다면 어디인가?

대학에서 무엇이 가장 중요할까? 바로 학생과 교수진이다. 교수들을 해고할 수는 없다고 판단했다(임금을 동결하기는 했다). 교수들을 해고할 경우 우리의 평판에 금이 가는 것은 물론 10년에 걸쳐 훌륭한 인재를 영입해 왔던 것이 물거품되는 결과를 피할 수 없었다. 게다가 핵심 사명을 지키려면 학생들에게 돌아가는 지원금 역시 줄일 수 없었다. 이 상황을 어떻게 타개하느냐는 완전히 또 다른 문제였다.

2008년 초 호황기 때 우리는 스탠퍼드 역사상 최고 수준의 학자금 지원 증액을 발표한 바 있었다. 연간 소득 10만 달러 이하 가정의 학생들은 무료로 학교에 다닐 수 있을 터였다(4장 참조). 그 약속을 지키는 것만으로도 연간 경상 비용을 2000만 달러 정도 추가로 삭감해야 했다(결과적으로 상황은 우리가 예상한 것보다 훨씬 더 악화되었다. 경기 침체로 인해 많은 가구가 등록금을 낼 수 없어 추가로 학자금 지원 프로그램을 신청했고 그 액수가 연간 500만 달러에 달했기 때문이다. 이 여파는 그 이후로도 5년가량 지속되었다).

상상이 가겠지만 행정 직원들에게 해고라는 짐을 안기면서까지 학자금 지원 프로그램을 유지하겠다는 것은 감내하기 힘든 일이었다. 그것은 곧 여러 해 동안 스탠퍼드의 충실한 가족이었던 많은 직원들이 고통받는 반면 학생들(그중 일부는 아직 학교에 입학하지도 않았다)은 계속 장학금을 받게 된다는 뜻이었다. 그런데 놀랍게도 아무도 이 결정에 반대하지 않았고, 나는 그것이 우리 학교에서 일하는 사람들의 헌신과 가치관을 반영한 것이라고 생각한다.

이런 결정을 내리고 나니 상황의 심각성과 안타깝지만 불가피한 조치 내용을 팀원들에게 전달할 필요가 있었다. 리더가 본을 보이는 것이 중요하다고 생각했으므로 부총장과 나 역시 10퍼센트 연봉 삭감을 받아들였고 학장들과 부학장들에게는 5퍼센트씩 삭감을 요청했다. 더 큰 재무 구조에서 보면 이 같은 삭감 액은 얼마 되지 않았지만 몇몇 자리를 해고하지 않을 수 있었고, 우리 모두가 한 배를 타고 있다는 사실을 강조할 수 있었다.

돌이켜 생각할 때 후회가 되는 점이 있을까? 없다. 다만 사람들의 희생만은 결코 잊지 못한다. 수백 명의 사람들이 일자리를 잃었다. 그 과정에서 퇴직금을 인상해 희망퇴직을 늘리는 등 최대한 인도적으로 처리하려고 애썼지만 좋은 사람들이 큰 고통을 겪었음을 너무나 잘 알고 있다. 우리는 신속한 조치(최소한 학계에서는 신속하다고 할 수 있었다) 덕분에 남들보다 더 빨리 회복할 수 있었고, 중단했던 교수진 채용을 다시 시작했고, 해고된 직원 중 일부를 재고용했다. 결과적으로 사람들에게 고통을 주는 의사 결정을 하는 것은 결코 기분 좋을 수 없지만 우리의 나아갈 방향만은 명확히 느낄 수 있었다. 그것이 우리 학교의 핵심 사명을 따른 것이었고 그렇게 함으로써 나아갈 수 있는 용기가 생겼기 때문이다.

공동체가 당신을 필요로 할 때 나서라

미식축구 경기에서 선수들은 마치 힘의 화신처럼 보인다. 헬멧을 서로 맞부딪치고, 하이파이브를 하고, 승리와 패배의 함성이 오간다. 그러나 경기 시작 전 라커 룸에서는 완전히 다른 상황이 연출된다. 선수들이 중요한 플레이를 머릿속으로 그리며 앞으로 3시간 동안 최대치의 경기력을 보여 줄 준비를 하는 동안에는 팽팽한 긴장감이 돌고, 쥐 죽은 듯이 조용하며, 심지어 불안감이 감돌기까지 한다. 이와 비슷하게 대단히 폭넓은 감정 연기로 유명한 배우들을 만난 적이 있는데 일상에서 그들은 말수가 적고 절제된 모습을 보였다. 나는 조직 구성원들 앞에서는 역동적으로 행동하지만 무대에서 내려오면 수줍어하고 내성적인 최고경영자들도 알고 있다. 그래서 요점이 무엇이냐고? 하루 24시간 스위치를 '켠' 것처럼 행동하는 리더는 없겠지만 글이나 말로 구성원들을 대표해 앞에 나서야 할 때를 아는 것은 그 역할 수행에서 매우 중요하며, 또 그렇게 하는 데는 용기가 필요하다.

겉에서 보면 대부분의 리더들은 많은 사람 앞에 나서는 일을 편하게 느끼는 것처럼 보인다. 언제든 무슨 말을 어떻게 하면 좋을지 알고 있는 듯하기까지 하다. 하지만 무대 뒤에서 보면 그들 역시 앞에 나설 때 용기를 짜내야 한다. 아울러 쉽게 행동하는 것처럼 보이기 위해 많은 노력을 기울여야 한다. 그들은 어떻게 그렇게 할까? 자신의 목소리가 아닌 조직을 대표하는 목소리를 내는 데 집중할 때 리더는 조직의 화신이 되며, 그로 인해 한 개인으로 이야기할 때는 결코 가질 수 없었던 힘과 확신을 지니고 말하게 된다. 명심하라. 조직은 당신을 리더로 삼을 만큼 충분한 확신을 가지고 있으므로 개인적으로 얼마나 두려워하고 긴장하는지에 상관없이 당신은 그 책무로부터 우러나온 확신을 가지고 이야기할 수 있다.

공동체를 대표해 연설할 때 나의 개인적 역량 이상으로 용기를 키워 준 세 번의 중요한 순간들을 기억한다.

2000년 총장으로 임기를 시작할 때 스탠퍼드는 샌타클래라 카운티로부터 새 건물을 짓고, 토지를 이용하고, 그곳을 운영할 수 있는 일반 사용 허가를 받기 위해 노력하고 있었다. 당시에는 실리콘밸리가 한창 호황을 누리고 있었는데, 작지만 강한 반反성장을 외치는 움직임도 있었다. 스탠퍼드에서 느린 성장(산업계의 성장 속도에 비해)을 위한 10개년 계획서를 제출할 즈음 반성장의 목소리 또한 높아지고 있었다. 오랜 허가 심사 과정은 결국 샌타클래라 카운티 감독관들과 최종 청문회를 하는 것으로 이어졌다. 나는 학교의 계획을 설명하는 것으로 대화를 시작하는 임무를 맡았다. 나는 주어진 시간 몇 분 동안 우리의 새로운 연구 방향을 공유하고, 우리의 교육 계획을 열거하고, 더 광범위한 지역 사회에 혜택을 가져다 줄 설비 계획을 소개하는 데 집중했다. 준비한 내용을 절반쯤 발표했을 때 한 감독관이 내 말을 끊었다. "다 좋은 일이긴 한데, 스탠퍼드는 아무 관련 없는 프로젝트 개발을 통해 많은 돈을 벌어들이는 대규모 부동산 개발업체이기도 하잖소." 나는 할 말을 잃었다. 혈압이 솟구쳐 올랐다. 그 자리에서 이성을 잃고 불같이 화를 낼 수도 있었다. 그렇지만 내가 속한 조직을 대표하는 자리였으므로 마음을 다잡고 다시 이야기를 이어 나갔다. "감독관님, 대학은 비영리 조직입니다. 이런 프로젝트를 통해 벌어들이는 돈은 마지막 한 푼까지 연구를 지원하거나 학비를 감당할 수 없는 학생들에게 장학금으로 지급됩니다." 내 말이 끝나자 박수갈채가 쏟아졌다. 나는 낙심해 길을 잃는 대신 우리 학교의 중요한 일을 위해 당당히 나설 용기를 얻은 것이다.

그로부터 몇 달 뒤 9·11 사태의 여파 속에서 나는 스탠퍼드 공동체 앞에서 연설을 하게 되었다. 내가 원한 것이 아니라 총장으로서 나의 역할을 해야 했기 때문이다. 나는 뉴욕 토박이로 그라운드 제로(2001년 9·11 테러로 파괴된 세계무역센터 빌딩이 있던 곳—옮긴이)에서 불과 몇 킬로미터 떨어진 곳에서 태어났다. 나는 그 근처에서 살거나 일하던 사람들을 알고 있었고, 스탠퍼드 공동체의 일원 중에서도 사랑하는 가족과 친구를 잃은 사람이 있다는 것을 알고 있었다. 지역 사회의 다양한 종교 리더들과 함께 스탠퍼드 광장에서 추도식을 지낼 때 연설을 부탁받았다. 개인적으로 아무리 힘들더라도 그런 감정은 잠시 접어두고 앞에 나서야 했고, 또 그렇게 할 수 있다고 생각했다. 그 자리에서 이야기하는 사람은 존 헤네시라는 개인이 아니라 스탠퍼드 총장이었다. 나는 총장으로서 공동체에 위로의 말을 전할 의무가 있었고, 그러한 사실은 나에게 용기를 주었다.

물론 나의 가장 중요한 관심사는 뉴욕, 펜실베이니아, 워싱턴 D.C.에서 벌어진 비극의 희생자들을 추모하는 일이었지만, 이슬람계 학생들과 시민들에게 가해질 역풍에 대해서도 우려하고 있었다. 그래서 나는 링컨의 두 번째 대통령 취임사 일부를 인용했다.

아무에게도 악의를 품지 말고, 모든 이를 너그럽게 사랑하고, 하느님이 보여 주시는 정의로움을 굳게 믿으며, 우리에게 주어진 일을 완수하고, 온 나라의 상처를 보듬고, 전쟁에 몸 바친 이들과 그들의 미망인, 고아가 된 그들의 자녀를 돌보고, 우리나라와 전 세계에 올바르

고 지속적인 평화를 이루어 내고 소중히 간직해 나갈 모든 일을 위

해 최선을 다합시다.

링컨의 말을 인용하면 잘못되는 법이 없다. 그는 두 번째 취임
식에서 용기 있고 옳은 행동은 복수하는 것이 아니라 연민으로 행
동하고 평화를 위해 노력하는 것임을 새삼 일깨워 주었다.

그로부터 4년 뒤 다시 한 번 우리 공동체의 구성원들을 돕기 위
해 앞에 나서게 되었다. 미국의 어느 훌륭한 대학교 총장이 과학과
기술 분야에 여성의 수가 적은 것은 아마 생물학적 차이 때문일 것
이라고 공개석상에서 말한 적이 있었다. 그의 발언은 사실 남녀 간
고유한 차이와 사회적 영향력 사이의 관계를 탐색해 보자는 취지였
다. 그런데 여기저기서 다른 뜻으로 해석되기 시작하더니 결국 수학
과 과학 분야에서 여성이 남성만큼 유능하지 않다는 시각으로 포장
되고 말았다(오늘날에도 이와 비슷하게 일부 리더들이 인종차별주의, 이슬람 증
오, 반유대주의를 부추기는 발언을 한 것처럼 오도되는 상황이 종종 일어난다).

스탠퍼드와 미국 전역에서 여성들이 이 사태에 크게 반발하고
나섰다. 나는 식견 높은 전문가들과 논의하여 이런 명시적이고 암묵
적인 편견이 과학과 기술 분야 여성들의 커리어에 불리하게 작용하
는 문제의 심각성에 대해 이미 배워 알고 있었다. 나는 나머지 동료
들을 옹호하고 새로운 시각을 제시할 필요가 있다고 느꼈다. 사실
간접적이라 할지라도 특정 동료를 공개 비난하는 일은 학계에서 드
물다. 하지만 나는 이것이 옳은 길이라고 결론 내렸다. 수전 호크필
드Susan Hockfield MIT 총장, 셜리 틸먼Shirley Tilghman 프린스턴 총장과

함께 이 같은 분야에서 여성의 대의권을 높이는 것이 공정하면서도 나라에 중요하다는 내용의 기명 논평을 발표했다. 그로부터 10년이 지났는데도 생물학적 성별 간 능력에 대한 비슷한 의견이 담긴 유명한 '구글 메모'(2017년 구글의 한 남성 직원이 쓴 〈구글의 이데올로기적 반향실 Google's Ideological Echo Chamber〉이라는 제목의 문건으로, 여성은 생물학적 이유로 기술적인 일에 적합하지 않다는 내용 때문에 큰 파문을 불러일으켰으며 해당 직원은 해고되었다—옮긴이) 사건에서 볼 수 있듯이 이 문제는 여전히 계속되고 있다. 수백 통의 이메일이 증명한 것처럼 우리의 기명 논평이 도움이 되기는 했지만 그 논쟁은 명백히 끝나지 않았다.

때로는 조직의 입장을 전달하기 위해 리더가 나서서 목소리를 높여야 할 때도 있지만, 그렇다고 해서 그것이 반드시 승리를 가져오는 것은 아니다. 나는 수차례에 걸쳐 드림법DREAM Act: Development, Relief, and Education for Alien Minors Act(미국 이민 개혁 법안의 일환으로 2001년 발의된 청소년 불법 체류자를 구제하기 위한 법—옮긴이)을 찬성하는 목소리를 냈다. 이 법안이 통과되면 이민법이 바뀌어 미성년자 신분으로 미국에 들어온 불법 체류 청소년들이 시민권을 얻을 수 있는 길이 열린다. 우리는 스탠퍼드를 포함해 여러 대학에 다니고 있는 많은 '드리머'들이 미국 땅에서 미래를 꿈꿀 자격이 있다고 생각했다. 하지만 안타깝게도 이 사안을 공론화했던 나와 많은 동료는 이 법이 통과되는 데 필요한 수의 정치인을 설득하는 데 실패했다. 그렇지만 용기란 노력할 의지가 있는 것, 그리고 설사 성공하지 못하더라도 계속해서 노력하는 것을 뜻한다. 오랫동안 지속되는 사회적 변화를 이루려면 세대를 아우르는 꾸준한 행동이 요구된다. 살아 있는 동안 우리가 원하는 결과를 실현시키지 못하더라도 앞으로 사람들의 삶을 변화시키고 있다는 사실만으로 용기를 얻을 수 있다.

자신의 자아에서 벗어나 조직이나 공동체의 요구를 소리 높여 이야기할 수 있다면, 연단에 올라설 때 두 손은 떨릴지언정 말을 하는 순간 두려움은 점점 사라질 것이다. 내가 경험했던 것처럼 그 순간의 변화는 정말이지 놀랍다. 1분 전만 해도 내가 무엇을 해야 할지 확신할 수 없었는데 갑자기 정확히 알게 되는 것이다. 그렇다고 해서 전달해야 할 메시지를 미리 준비하고, 과감하게 편집하고(언제나 더 짧게, 더 정확하게, 더 명확하게 만들어라), 끝없이 연습하는(시간이 있다면 말이다. 위기의 순간은 아무 때고 찾아오기 마련이다) 일을 하지 말라는 뜻은 아니다. 링컨은 272단어밖에 안 되는 게티즈버그 연설을 완벽하게 만들기 위해 꽤 오랜 시간을 투자해 연습했다. 연습, 연습, 거듭되는 연습은 안짱다리 마크 트웨인도 당대 최고의 연설가로 만들었다. 당신이 먼저 청중의 요구에 초점을 맞춘다면 당신은 원하던 길에서 벗어나지 않고 용기도 얻을 것이라고 확신할 수 있다.

때로는 확고한 자세를 고수하는 용기가 필요하다

조직이나 공동체의 대표로서 발언하기 위해 적절한 표현과 단어를 찾아야 하는 상황이 있다. 한편 이와는 반대로 한 무리의 사람이 리더에게 어떤 발언이나 행동을 요구하는데, 그것이 조직의 핵심 원칙에 위배되거나 어떤 사람에게 불공정하거나 조직에 부정적인 영향을 미칠 것임을 알고 꺼려지는 상황도 있다. 그런 순간이면 말을 하기까지 엄청난 부담감을 느낄 수 있지만 용기를 내 단호히 일어서야 한다.

아마 우리가 직면하는 가장 어려운 순간은 학생들의 시위와 관련된 일일 것이다. 학생들은 숭고한 의도로 시위를 시작했더라도 가끔씩은 잘 알지 못하거나 불순한 동기가 있는 사람들에 의해 오도되기도 한다. 시위가 잦은 정치나 기업 환경에서 시위대에 대응하는 가장 기본적인 방법은 보안 요원 등을 동원해 리더를 시위대로부터 격리시켜 원천적으로 충돌을 피하는 것이다. 그런데 시위대가 학생인 대학교에서는 리더를 격리시키는 것이 불가능하다. 대학의 리더는 반드시 학생들과 만날 용의가 있어야 할뿐더러 그들의 고함과 구호, 욕설(예를 들면 나를 실리콘 밸리 최악의 상사라고 칭한 포스터) 등을 견뎌야 한다. 다른 전술로는 사무실 건물 로비를 점거하거나(화장실 대용으로 쓰기 위해 고양이 배설용 상자 같은 것으로 무장하고), 단식 투쟁을 벌이거나, 건물 바로 밖에서 야영을 하며 사람들의 출입을 막거나, 새벽 5시에 사택 앞에 나타나(고용한 시위자들과 함께) 거리를 막은 채 구호를 외치고 창문으로 돌을 던지는 일들이 있었다.

이런 시위에는 보통 즉각적인 동의를 원하는 일련의 요구 사항이 따르기 마련이다. 솔직히 가끔은 쉬운 길을 택해 간단히 동의해주고 싶은 충동도 들지만 그렇게 하는 것은 큰 실수로 이어질 수 있다. 일단 그런 요구에 동의하는 것은 조직에(때로는 다른 사람들에게) 해를 끼칠 수 있고, 좋지 못한 선례를 만들 수 있기 때문이다. 그래서 우리는 학생들의 요구 사항에 귀 기울일 방법을 찾고, 옳은 행동을 가려내고, 우리의 결정 사항을 굳건히 지킬 필요가 있었다. 다음 몇 가지 사례는 우리가 어떤 어려움에 직면했는지 잘 보여 준다.

내가 처음 경험한 장기화된 시위 중 하나는 대학 노조의 언질을 받은 학생들이 시작한 것으로, 하청 노동자들에게 최저 생활 임금을 보장하라는 것이었다. 시위대가 사용한 전술은 대규모 시위와 학생들의 단식 투쟁이었다. 그들은 모두에게 똑같이 적용되는 보편적인 정책을 시행하라고 주장했는데 그것은 실행에 옮길 수도 지속할 수도 없었으므로 적절하다고 볼 수 없었다. 무엇보다 걱정스러웠던 것은 학생들의 단식 투쟁이었다. 학생들의 건강이 무척이나 우려되었고, 직원들의 고용주로서는 우리가 옳은 일을 하고 있다고 생각했으나 학생들의 극단적인 시위에 마음이 너무 불편했다.

몇몇 노동자들과 만난 자리에서 우리가 받아들일 수 있었던 것은 두 가지였다. 하나는 임시 노동자 관련 정책의 불공정한 해석 문제였고, 또 다른 하나는 노사 관계가 좋지 못한 하청업체에 대한 불만이었다. 우리는 이 두 문제를 해결할 수 있는 정책을 도입했지만, 다른 핵심 문제들에 대해서는 기존의 입장을 굽히지 않았다. 나는 이 경험을 통해 대규모 조직의 경우 모든 부문이 자신이 기대하는 만큼 기준을 준수하고 있다고 믿어서는 안 된다는 것을 배웠다. 결과적으로 새 정책의 시행 범위에 제한을 두었는데도 학생 식당 서너 곳을 운영하던 한 업체가 이 정책을 따르면 수지타산이 맞지 않는다는 결정을 내리고 직원들을 해고했다. 스탠퍼드 직영 식당에서 해당 시설을 인수했지만 직원들의 급여가 오른 만큼 학생 식당의 메뉴 가격을 올려야 했고 결국 많은 학생이 가격에 불만을 토로하는 일이 벌어졌다. 이처럼 의도치 않은 결과들을 조심해야 한다.

노조 협상 전에 기존 계약의 수정을 요구하는 시위와 행진도 있었다. 이런 시위의 목표는 공식 협상이 시작되기 전에 우위를 선점하기 위한 것이다. 이 문제에서는 기존의 입장을 고수하면서 본 협상 내용에 속하지 않는 다른 계약 조건들의 협상은 단호히 거부했다.

이보다 더 복잡한 문제를 깨닫게 된 것은 학생들이 스탠퍼드 로고가 찍힌 의류 생산 작업장의 저임금 노동력 착취 문제에 항의하며 시위와 건물 점거 농성을 벌였을 때다. 주요 스포츠 의류 브랜드들은 보통 개발도상국의 하청업체들을 이용하는데, 대학들은 그런 하청업체들(그중에 저임금 착취 전력을 가진 곳들이 있다)과 직접 관련이 없기 때문에 어떤 조치를 취하면 좋을지 바로 답이 나오지 않았다. 학생들은 학교 운동복을 본보기가 될 만한 모범적인 공장에 의뢰할 것을 포함해 다양한 해결책을 요구했다. 하지만 안타깝게도 학생들이 제시한 해결책을 따르면 오히려 그런 건전한 공장들에만 노동 감독이 집중되어 정작 노동자의 90퍼센트가 속해 있는 다른 공장들에 대한 감독은 미흡해질 가능성이 컸다. 우리는 학생들의 해결책을 수용하면 오히려 문제가 악화된다고 생각했으므로 그 요구에는 동의할 수 없었다. 대신 그런 공장들을 감독하는 기관 두 곳과 계약을 맺어 일을 맡기기로 했다.

최근 대학가에서 성폭력보다 더 심각한 문제는 없을 것이다. 이 문제의 경우 세 가지 요인이 어려움을 가중시킨다. 첫째, 대다수의 경우 피해자와 가해자가 학생이다. 둘째, 대학은 형사 사건이 될 가능성이 있는 일을 처리하기에 역부족이다. 셋째, 피해자와 가해자 모두 기밀을 보장해야 하므로 정확히 어떤 일이 벌어졌는지 많은 사람에게 알리기가 힘들다. 이러한 상황들로 인해 우리는 성폭력과 관련해 학교 사법위원회에서 내린 결정을 번복하라는 시위대의 요구를 들어줄 수 없었다. 비공개 청문회에서 제시된 모든 증거를 검토한 뒤 학교 사법위원회에서 결정한 사항을 뒤집고 불완전한 정보만 가진 시위대의 요구를 들어 가해자를 처벌하면 부당한 일이 되기 쉬웠다. 안타깝지만 설령 한쪽에서 일부 사실을 공개한다 해도 기밀 사항들을 거론하면서까지 우리의 결정을 변호할 수는 없었다. 몇몇 경우에는 언론에서 편향되거나 왜곡된 조사와 보도로 사건을 지나치게 단순화시키는 바람에 상황을 더욱 복잡하게 만들기도 했다. 우리는 학생들이나 언론을 공격해서는 얻을 것이 없음을 잘 알고 있었다. 우리가 할 수 있는 일이라고는 모든 사실이 정확히 알려지지 않았음을 지적하고, 우리가 피해자들을 우려하고 연민한다는 입장을 계속 전하고, 학교 사법위원회의 세심하면서도 신중한 판단을 지지한다는 입장을 고수하는 것뿐이었다.

어떤 내용으로 시위를 벌이든 학생들은 학교의 중심이고, 항상 연민과 정의를 포함해 고결한 의도를 지니고 있다. 해당 문제를 부분적으로만 이해하고 있다 하더라도 그들의 시위에는 언제나 일말의 진실과 정의가 담겨 있다. 따라서 나는 모든 사실을 제대로 파악하고, 학생들의 의견에 귀를 기울이고, 기존 정책과 정책 변경 요구가 낳는 결과 모두를 이해하는 것이 얼마나 중요한지를 배웠다. 온전한 그림을 보게 되면 변화를 일으키거나 기존 입장을 고수할 용기를 낼 수 있다.

리스크를 두려워하지 마라

시위의 형태가 아니더라도 언제든 조직에 변화가 요구될 수 있다는 것을 알아야 한다. 새로운 도전 과제가 끊임없이 나타나며, 성공의 요건 또한 계속해서 달라진다. 조직의 리더로서 당신은 현 상태를 유지하고, 다른 사람들에게 가장 안전한 방책이 최선책이라고 설득하는 것이 당신의 일이라고 생각할지 모른다. 또한 궁극적인 후견인으로서 조직의 자산을 지키는 것이 자신의 주요 임무라고 여길지 모른다. 심지어 유행에 맞서 현상을 유지하고 조직을 보수적으로 신중히 관리하는 것이 용기의 한 형태라고 믿는 사람도 있을지 모른다.

어쩌면 그게 맞을지도 모르지만 아마 길게 가지는 못할 것이다.

빠르게 돌아가는 21세기에 지나치게 조심스러운 사람은 곧 질주하는 변화의 수레바퀴에 치여 나가떨어지기 십상이다. 오늘날 효과적인 리더십은 끊임없이 변하는 환경에서 조직을 관리하고 성장시키는 능력에 좌우된다. 이는 치밀하게 추산한 리스크를 떠안는 용기를 발휘하는 것만 의미하지 않는다. 거기에 더해 리스크에 뒤따르는 순환 주기를 잘 헤쳐 나가고, 리스크가 실패로 이어졌을 때 신속하고 단호하게 회복하기 위해 노력하고, 그것이 성공했을 때는 더욱 잘 활용할 수 있는 방법을 배우는 것을 뜻한다. 또한 리스크를 감수하는 것이 자신의 본성에 어긋난다 하더라도 조직의 이익을 위해 이를 실천할 수 있는 용기를 갖춰야 한다. 리더로서 우리는 다른 모든 사람의 행동 패턴을 만들어 간다. 리스크에 부정적인 리더의 행

동은 조직 전반에 걸친 혁신과 새로운 아이디어의 공유를 어렵게 만든다.2

물론 리스크를 감수하는 것을 실천하는 데는 그 나름의 어려움이 따른다. 무모한 최고경영자는 회사를 엉뚱한 방향으로 이끌기도 한다. 일반적으로 최고경영자는 변화를 원치 않는 이해관계자들의 다양한 저항에 부딪칠 수 있다. 이해관계자들이 현재 상황에 잘 대처하고 있기 때문일 수도 있고(주로 간부들), 지금 가진 것을 잃을까 봐 두려워하기 때문일 수도 있으며(주로 투자자나 하급 직원들), 아니면 최고경영자가 제시하는 새로운 방향에 대해 신중히 생각한 끝에 동의하지 않는 점들이 있기 때문일 수도 있다. 이 마지막 사람들의 의견은 절대 간과해서는 안 된다. 최소한 부분적으로는 그들이 옳을 수도 있기 때문이다.

하지만 결국 리스크를 감수할지 여부를 결정하는 것은 리더의 일이다. 상당한 주의를 기울여 성공률을 높일 수도 있고, 자신의 전략이 지닌 장점들을 이해관계자들에게 교육함으로써 반발을 최소화할 수도 있다. 어쨌거나 결정은 리더인 당신의 몫이다. 당신의 결정이 조직을 성공으로 이끈다면 당신이 거기까지 이르도록 도와준 팀원들의 노력을 축하하면 된다. 반면 당신이 조직을 엉뚱한 방향으로 이끌었다는 사실을 깨달았다면 그 사실을 인정하고 방향을 바꿀 수 있는, 가능하면 손실을 최소화할 수 있는 용기를 내야 한다. 그 과정에 깊이 관여할수록 자신의 입장을 바꾸는 데 더 큰 용기가 필요하다. 혹시 내 경험을 이야기하는 것 같은가? 맞다.

2011년 여름, 뉴욕시에서 루스벨트섬에 대학 캠퍼스를 짓겠다는 계획을 발표했다. 캠퍼스는 과학, 기술, 창업에 중점을 둘 것이며, 뉴욕시와 파트너십을 맺는 대학은 캠퍼스 부지와 프로젝트 시작 자금 1억 달러를 받게 될 것이라고 했다(물론 부지 조성에만 그 금액의 상당 부분이 들어가겠지만).

시에서 스탠퍼드에 입찰을 권했을 때 나는 구미가 당겼다. 스탠퍼드에는 교류와 연구 프로그램에 이용하는 소규모 시설은 많이 있었지만 대규모 캠퍼스는 없었으며, 소규모 시설에는 보통 고정 교수진도 없었다. 이 뉴욕시 프로젝트를 이용하면 강의와 연구가 모두 가능한 완전히 새로운 캠퍼스가 하나 더 생기고, 우리 학교의 두 가지 핵심 사명을 더욱 확장시킬 수 있는 셈이었다.

다른 어떤 훌륭한 대학이 대륙 반대편에 최고의 질을 갖추고 풀 서비스를 제공하는 캠퍼스를 두고 있는가? 나는 이 일에 뛰어드는 것이 엄청난 리스크임을 잘 알고 있었다. 하지만 이것이야말로 스탠퍼드를 21세기 대학의 정점에 올려놓을 수 있는 수단이라는 생각을 떨칠 수 없었다. 우리는 세상의 거대한 힘의 중심 두 곳을 한데 묶을 수 있었다. 바로 금융과 예술, 커뮤니케이션의 중심인 맨해튼과 기술의 중심인 실리콘 밸리를 말이다. 그러면 우리 학생들과 교수진에게 이제껏 어디에서도 보지 못한 기회와 접근성을 제공할 수 있을 것이고, 미국 동부의 현대적 대도시에 살고 싶어 하는 일류 교수들을 끌어 모으는 강력한 채용 수단이 될 수도 있었다.

이 일에 뛰어들기 전 먼저 스탠퍼드 공동체에 의견을 타진한 결과 가장 중요한 두 집단인 동료 교수진과 이사회의 의견이 반으로 나뉜다는 것을 확인했다. 대학교 이사회 임원들 중 일부는 이를 열럴히 환영했지만 리스크가 너무 크다고 생각하는 사람들도 있었다. 어쨌거나 이제 막 경제 위기에서 벗어나는 참이었으니 돈이 많이 드는 새로운 사업에 곧장 뛰어들기가 꺼림칙했던 것이다. 그들은 뉴욕 프로젝트로 인해 기존의 캘리포니아 팰로앨토 캠퍼스에 해가 미치지 않을까 우려했다. 1단계 사업을 시작하는 데만 약 10억 달러가 들고 앞으로 운영하는 내내 그 두 배가 들어갈 것이었기 때문이다. 나는 그들의 우려를 이해했지만 동의하지는 않았다. 지금이야말로 경기 회복에 발맞춰 발전 속도에 박차를 가하고 앞으로 남은 21세기 동안 학교의 위상을 드높일 완벽한 순간이었다. 나는 이와 같은 메시지를 전달하고 단호한 입장을 고수했다.

그런데 반대 의견은 그것이 전부가 아니었다. 일부 임원은 뉴욕 시의 선정 과정이 결국에는 정치 싸움으로 변할 것이라고 걱정했다. 그들의 반대 의견에 나 역시 살짝 회의가 들기는 했지만 뉴욕 시장은 선정 기준이 정치적인 것이 아닌 학교의 강점 위주가 될 것이라고 나를 안심시켰다. 나는 이 같은 시장의 발언을 이사회 임원들에게 전하고 정치 싸움이 되는 순간 바로 손을 떼겠다고 약속했다.

동료 교수들이 가장 크게 우려했던 것은 교육과 연구의 질이었다. 그들은 스탠퍼드라는 이름에 어울리지 않는 B급 캠퍼스가 뉴욕에 생기는 것을 걱정했다. 나는 그 우려가 타당하다고 생각했다. 수준이 떨어지는 캠퍼스를 짓는 것은 스탠퍼드의 지위를 약화시키고 자원을 낭비하게 만들 수 있었다. 그래서 우리는 교수진과 대학원생들을 두 곳에서 공유함으로써 루스벨트섬에 새로 생길 캠퍼스를 팰로앨토 본 캠퍼스와 동일한 수준으로 만들 것이라고 프로젝트

내용을 수정했다. 분리된 두 조직이 아니라 두 장소에 하나의 대학교를 갖는 셈이었다. 대학원 과정 중 한 학기를 뉴욕시에서 보낼 수 있다는 것은 이 프로젝트의 매력을 배가시켰다. 교수진은 우리 계획의 본질을 이해하자 대부분 지지 의사를 밝혔다.

대학교 선정 절차가 막바지로 접어들면서 스탠퍼드와 다른 한 대학이 최종 후보로 결정되었다. 우리 협상 팀은 갖은 노력을 기울였으며 언론에서는 우리 쪽을 유리하게 보았다. 우리는 임시로 지낼 장소와 장기적인 관계를 위해 뉴욕시립대학교와 파트너십을 맺었으며, 이사회는 루스벨트섬의 잠재력을 살피기 위해 그곳에 직접 다녀오기까지 했다. 대체로 우리가 선정될 가능성이 매우 높아 보였다.

그 당시 이미 수많은 사람이 이 프로젝트에 수천 시간을 투자했고 전 세계가 선정 과정을 지켜보고 있었다. 나는 내 명성을 걸고 수만 명의 우리 공동체 구성원들에게 이 비전을 호소하며 반대파를 열정적인 지지파로 바꾸어 놓았다. 그런데 돌연 협상이 결렬되기 시작했다.

인정하건대 모든 일이 겉보기처럼 돌아가지 않을 것이라는 징조가 일찌감치 눈에 들어오기는 했다. 처음에는 그런 징조를 무시하기로 했다. 어차피 리스크를 감수하려면 자신의 비전에 대해 흔들리지 않는 확신이 필요한 법 아닌가? 원래 비영리 조직 간의 협상 과정에서 한편은 다른 한편이 알아야 할 모든 정보를 공유하게 되어 있다. 엄밀히 말하면 우리는 경쟁자가 아니었다. 우리 학교와 뉴욕시는 공통된 사명에 뛰어든 두 개의 조직이었다. 그런데 시 당국과 우리의 협상 과정은 그렇지 않았다. 협상 내내 우리 조사 팀이 새로운 사실을 하나둘씩 들추어냈다. 그중 가장 심각한 문제는 향후 캠퍼스 부지가 될 낡은 병원 아래에 폐기물 처리 시설(즉 환경적 위험 요소)이 있다는 점이었다.

설상가상으로 시 당국에서 교수진과 학생들을 위해 지을 기숙사 부지에 대해 시장 가치에 달하는 금액을 요구했다. 우리가 건설 비용보다 낮은 금액에 학생들과 교직원들에게 기숙사를 제공하는 비영리 대학이 아니라 마치 수익에 눈이 먼 부동산 개발 회사라도 되는 것처럼 말이다.

그러한 폭로와 요구가 쌓여 가면서 이런 의문이 생길 수밖에 없었다. 이제 어떻게 해야 하는가? 우리는 이 프로젝트가 제대로 시작되기를 바랐다. 제안서를 제출하는 데만 벌써 100만 달러를 썼고, 스탠퍼드에서 가장 노련한 사람들의 막강한 브레인을 합쳐 제안서를 작성했다. 우려가 점점 커졌지만 우리는 리스크와 어려움을 최소화하는 것을 목표로 협상을 계속하기로 결정했다.

그때 시에서 정해진 시일까지 새로운 캠퍼스에 속하게 될 교수진과 학생들의 수를 특정 수준까지 보장해 계약에 포함할 것을 요구해 왔다. 그들도 나름대로 목표가 있었기에 우리에게 그런 조건을 내건 점은 이해할 수 있었다. 하지만 그 요구에 부합하려면 이 프로젝트의 핵심 원칙, 즉 스탠퍼드 교수진이 교수 채용과 학생 입학을 관리한다는 원칙이 흔들리게 될 판이었다. 양을 위해 질을 희생할 생각은 추호도 없었다.

그때 나는 알았다. 이 프로젝트는 어떻게 하든 우리가 원하던 결과를 낼 수 없을 터였다. 그런 계약은 우리 학교의 핵심 가치관에 위배되는 것이었다. 내가 이 프로젝트를 얼마나 간절히 원하든, 불과 300미터 아래로 맨해튼이 내려다보이는 캠퍼스 부지에 서 있을 때면 새로운 캠퍼스가 얼마나 현실적으로 느껴지든, 경로를 바꿔야만 했다. 나는 부하 직원들, 법무 자문위원, 토지 및 건물 담당 임원을 소집했다. 우리는 뉴욕시와 벌여 온 협상에서 불거진 경고 신호와 계약서에 서명한 뒤 그 조건을 이행하지 못할 경우 수반되는 리스크 등 모든 측면을 샅샅이 살펴보았다. 우리가 우려한 바가 정확히 들어맞았다. 나는 우리의 핵심 사명을 뒤집을 생각도, 우리의 가치관을 뒤흔들 생각도 없었다. 그래서 계약서에 서명하지 않기로 결정했다.

어쩌면 뉴욕시의 협상가들은 대학교가 부동산 개발 업체와는 매우 다른 방식으로 운영된다는 사실을 이해하지 못한 것인지도 모른다. 그들은 우리가 이 계약을 간절히 원한 나머지 무엇이든 받아들일 것이라고 생각했는지 추가 조건까지 달아 놓았다. 또한 그들은 우리가 우리의 비전과 학교의 근간이 되는 가치관에 얼마나 깊이 헌신하고 있는지 깨닫지 못했다. 아니 어쩌면 우리가 명확하게 전달하지 못했는지도 모른다.

우리 학교 이사회 의장인 레슬리 흄Leslie Hume 박사에게 전화를 걸어 뉴욕 프로젝트를 포기하기로 했다고 말하자 그는 깜짝 놀랐다. 하지만 내가 예상한 이유 때문이 아니었다. 그는 우리 팀이(즉 내가) 그 프로젝트에 너무 깊이 빠져 있어 어떤 걸림돌이 있더라도 밀고 나갈 것이라고 생각했다고 말했다. 어쨌든 그는 이 소식을 듣고 안도하는 것 같았다.

나는 이 프로젝트를 포기한 것이 엄청난 여파를 몰고 오리라 생각했다. 앞으로 《뉴욕타임스》에 우리 학교가 영영 실리지 못할지도 모른다고 생각했다. 그렇지만 결단을 내린 뒤에는 절대 후회하지 않았다. 결과적으로 뉴욕에서 활동하는 졸업생들과 뉴욕 언론 대부분이 이 결정을 동의하고 격려했다. 본 캠퍼스에서는 이 프로젝트의 가장 강력한 지지자였던 이사회 임원들이 철수 이유를 이해해 주었다. 교수진은 우리가 꿈을 이루기 위해 자신들을 팔아넘기지 않았다는 사실에 안도했다. 오히려 그렇게 리스크가 큰 프로젝트를 시작하는 용기와 중도에 물러설 용기를 보여 줌으로써 우리는 스탠퍼드라는 공동체가 분별력 있게 리스크를 감수하고 과감하고 가치 지향적인 행동을 존중한다는 믿음을 더욱 확고히 할 수 있었다.

개인적으로 후회는 없다. 리스크를 알면서도 감수한 것과 21세기에 대학이 나아갈 방향에 관한 비전은 옳았다. 마찬가지로 프로젝트가 우리의 근본 원칙에 위배되었을 때, 회의론자들의 우려가 현실이 되었을 때 물러난 것도 옳았다. 언론에서는 여전히 그 이야기로 떠들썩했지만 한 주도 지나지 않아 나는 비슷한 변화를 이룰 수 있는, 어쩌면 세상에 더 큰 영향력을 발휘할 수 있는 새로운 기회를 찾아 나섰다. 그러한 탐색은 결국 훗날 나이트-헤네시 장학 사업이라는 비전으로 이어졌다.

때로는 꿈을 접어야 할 때도 있다. 하지만 용기를 가지고 리더십을 발휘한다면 당신의 노력은 헛되지 않을 것이다. 그리고 그 대신 얻을 수 있는 것을 발견하고 놀라게 될지도 모른다.

6

Collaboration

혼자 일하지 않는다

함께 모이는 것이 시작이고,

함께 지내는 것이 발전이며,

함께 일하는 것이 성공이다.

헨리 포드 Henry Ford

군림하는 통치자가 아닌 헌신하는 협력자가 되라

협업(팀워크)은 훌륭한 리더를 떠올릴 때 항상 등장하는 용어는 아니다. 상사는 누군가와 파트너가 될 필요가 없고 지시만 내리면 되는 것 아닌가? 권한을 다른 사람과 나누기 위해 그렇게 필사적으로 리더가 된 것은 아닐 테니 말이다. 조직 내에 팀이 있다면 그것은 당신이 그들에게 지시를 내리기 위해서지 합류하기 위해서가 아니지 않은가? 하지만 내 경험에 비추어 보면 실은 그 정반대가 옳다.

사실 리더십에서 무엇보다 중요한 것은 협업과 팀워크다. 물론 특정한 업무는 리더 혼자 완수하지만 가장 중요한 일은 팀에 의해

수행된다. 당신이 지시를 내리는 팀이 아니라 적극적으로 참여하는 그 팀 말이다.1

이러한 점은 당신 역시 이미 알고 있을 수 있다. 하지만 지금부터 이야기하는 것은 어떨까. 당신의 팀원들은 당신과 동등한 사람이고, 조직 내 기여도 면에서 몇몇 사람은 당신보다 우위에 있을 것이다. 나는 상사가 리더로 머물지 않고 다른 누구보다 먼저 공을 인정받아야 하는 통치자로 군림하는 팀을 너무 많이 보아 왔다. 그것은 팀이 아니다. 당연히 성공적인 팀도 아니고 옹졸한 독재에 불과하다. 나에게는 고전적인 리더십 모델 중 하나인 '동료 사이의 일인자 primus inter pares'라는 개념이 지금까지 최고의 결과물을 창출해 냈다.

효과적인 리더는 팀에 참여하는 방법뿐 아니라 팀을 구성하고, 팀원들에게 동기를 부여하고, 팀원들이 돌발적이고 폭발적인 결과를 가져올 수 있는 창의적인 사고 환경을 조성하는 방법을 알아야 한다.

솔직히 말해 나는 타고난 팀원이라고 할 수는 없다. 그런 나를 헌신적인 협력자로 변하게 한 데는 과학과 기술의 공이 크다. 나는 과학과 기술의 연구 원칙을 통해 다른 사람들과 협력하는 법을 배웠고, 시너지를 내는 다수의 생각이 대체로 한 사람의 생각보다 더 강력하다는 사실을 받아들이게 되었다.

실리콘 밸리와 스탠퍼드에서 일하다 보니 그러한 믿음은 매일매일 한층 더 강해졌다. 이러한 환경에서 나는 궁극적으로 연구에 가장 통찰력 있게 기여하는 사람이 리더가 아니라 팀원 중에서도 부하나 후배라는 사실을 알게 되었다. 그 이유로는 젊은 에너지, 기꺼이 리스크를 감수하려는 자세, 최신 혁신에 대한 노출, 반권위주의적인 태도, 평판이나 체면에 별로 연연하지 않는 자세, 선례로부터의 자유 등 여러 가지가 있다. 하이테크 기업이나 학계 모두 이러한 현상을 잘 이해하고 팀 내부나 팀 전반에 걸쳐 경계를 허물기 위한 노력을 계속 기울이고 있다. 수직적 벽과 수평적 벽을 제거하는 것은 대학원생, 신입 직원, 옆 팀원 등이 프로젝트에 핵심적인 기여를 하게 하기도 한다.

계층적 사고를 무너뜨리기는 쉽지 않다. 더 많은 경험과 높은 지위에 있는 사람들이 보잘것없는 직함을 가진 하급 동료들과 권한을 나누는 것을 꺼리는 일은 인간의 본성이기도 하다. 이러한 권한의 '평준화'는 과학자와 공학자 사이에서 좀 더 쉽게 이루어지는데 이유는 두 가지다. 첫째, 자연과학은 역사적으로 선배보다 후배가 더욱 자주 중요한 발견을 해 왔다. 아인슈타인이 그의 '기적의 해annus mirabilis'(특수 상대성 이론, 광전 효과, 브라운 운동 등 중요한 논문을 잇달아 발표한 1905년—옮긴이)에 불과 스물여섯 살이었다는 것을 기억하자. 개인적인 기여 측면에서 과학자와 공학자는 20대와 40대에 절정에 이르는 경우가 많기 때문에 대부분의 연배 지긋한 과학자들은 '어린 친구들'이 진짜 돌파구를 마련하고 선배들은 멘토나 팀 리더, 조력자로서 기여할 다른 길을 찾아야 한다는 사실을 쉽게 받아들인다.

둘째, 과학과 공학은 양적인 학문이라서 어떤 아이디어의 강도를 객관적으로 측정하고 평가할 수 있다. 우리는 수행한 실험들의 기록을 세심히 관리하고 보관해 결과에 대해 또는 어떤 부분에 대해 누군가가 공을 인정받았을 때 팀원 중에서 다른 누군가 불만이 생길 경우 무엇보다 증거를 우선으로 생각한다.

그러나 마케팅, 제품 설계, 경영 관리, 전략 수립 등 덜 실증적인 활동에서는 평가 과정이 그리 명확하지 않다. 이런 분야에서는 무엇을 측정해야 하는가? 어떻게 그것을 측정할 수 있는가? 성공에는 다수의 어머니와 아버지가 있을 수 있고, 그들의 기여도는 상당한 분쟁거리가 될 수 있다. 어쩌면 당연한 일이겠지만 이런 환경에서 계층구조를 와해하기 위한 노력을 게을리하면 언제든 다시 이들이 권력을 휘두를 수 있다. 상사와 인턴사원이 자신의 본분을 인지하고 있다는 것은 조직에 나쁜 소식이 될 수도 있다. 하급 직원이 놀라운 아이디어를 내놓더라도 사람들이 직함을 내세우면 알력 다툼의 틈바구니 속에서 길을 잃을 수 있기 때문이다.

그러므로 조직 문화에서 공정하게 기여할 기회를 권장하는 것은 매우 중요하다. 그러한 문화는 리더인 당신으로부터 시작된다. 리더가 겸손하게 진정한 팀플레이어가 된다면, 그리고 다른 이들의 기여에 진심으로 가치를 둔다면 성공을 위한 길을 닦을 수 있을 것이다.

최고의 팀은 어떻게 탄생하는가

성공적인 팀을 만들기 위해서는 리더가 협력하는 행동의 본을 보이는 것 외에도 적절한 참여자를 선정하고 팀 운영의 기본 규칙을 정해야 한다. 그런데 이는 보기보다 그렇게 단순하지 않을 수 있다.

나는 1980년 스탠퍼드에서 시작된 밉스 프로젝트에 참여하면서 이에 대해 많은 것을 배웠다.

우리의 연구는 아주 단순한 의문에서 시작되었다. 앞으로 하나의 칩으로 컴퓨터를 완성하는 것이 가능해질 것이었다. 그렇다면 단순히 미니컴퓨터(업무용 중소형 컴퓨터)나 메인프레임(대형 컴퓨터 또는 대형 서버)을 모방하는 것이 아니라 다른 식으로 만들어야 할까? 우리는 근본적으로 새롭고 입증되지 않은 무언가를 개발하고 있음을 인식하고, 모든 가능한 시나리오를 파악하기 위해 여러 학문 분야 전공자로 구성된 팀을 꾸리기 시작했다. 집적회로를 설계할 수 있는 사람과 컴퓨터의 구성과 구조를 이해하는 사람, 컴파일러와 운영 시스템을 이해하는 사람이 필요했다. 마이크로프로세서와 그 핵심 소프트웨어를 설계하기 위한 작은 팀만 꾸렸으므로 그중에 컴퓨터 지원 설계computer-aided design, CAD 도구를 개발할 줄 아는 사람도 있어야 했다.

전반적인 상황 파악력, 조직력, 일부 구체적인 지식(예를 들어 나는 초기 컴파일러 전문가였다)과 판단력을 갖춘 나를 포함한 몇몇 동료 교수들이 팀에 참여했다. 나머지 팀원은 모두 대학원생이었는데 우리는 그들이 대부분의 핵심 아이디어를 제공해 주리라 기대했다. 대학원생들은 참신한 학제간 접근법으로 사고하고, 필요한 역량이 하드웨어나 소프트웨어 어디에 투여될지 서로 의견을 주고받았다. 이들이야말로 우리에게 필요했던 젊고 똑똑한 사람들, 틀에 박힌 사고를 다시 생각하고 재구성할 의지가 있는 인재들이었다. 동시에 독립적이고 비판적인 사고를 하는 사람들이었다.

교수들은 연구 과정을 수립하는 일을 담당했다. 먼저 이 문제에 대해 브레인스토밍을 하기로 했다. 팀원 전체가 관련된 책이나 논문을 읽은 뒤 생각해 봐야 할 문제들에 대해 아이디어를 제시하기로 했다. 새로운 사고방식을 권장하기는 했지만 이런 아이디어들이 기존의 굴레에서 완전히 벗어날 수는 없었다. 만약 그랬다면 그 과정은 결코 끝나지 않을 테니 말이다. 현실이라는 경계가 정해져 있었고, 기존의 통찰 중에서도 이치에 닿을 법한 것들이 함께 다루어졌다. 그런 경계를 정하는 것은 우리 '고참들' 즉 교수들의 몫이었다(사실 나도 당시 스물여덟 살에 불과했지만 말이다).

아마존 설립자 제프 베이조스가 피자 두 판 규칙(모든 회의는 피자 두 판으로 모두의 배를 채울 수 있을 만큼 소규모로 이루어져야 한다)으로 잘 요약했듯이 규모가 작고 효과적인 팀이 더욱 효율적이다. 우리는 바로 그런 팀을 갖추고 있었다. 최고 수준의 사고력을 지닌 사람들로 이루어진 유대가 강한 그룹 말이다. 게다가 연구 결과에 따르면 생산적인 팀은 보유 기술과 시각, 개성 면에서 최대한의 다양성을 가진다고 한다. 그렇다면 어떻게 하면 팀원들을 한데 모으는 동시에 팀내 비균질성을 최대화할 수 있을까? 이것은 어느 팀이든 리더에게 주어진 궁극의 도전 과제다.

우리 팀의 학제간 특성은 나름대로 해결해야 할 과제를 안고 있었다. 서로 다른 시각을 지닌 인재들을 한곳에 모을 경우 각 팀원에게 동등한 권한을 부여해야 한다. 그렇지 않으면 보통 같은 기술적 언어를 공유하는 사람들끼리 파벌이 생겨 팀이 갈라지기 쉽다. 게다가 학과마다 팀원들의 지위나 자격이 서로 다르기 때문에 학과에 따라 계층이 생길 수도 있고, 한 그룹이 다른 그룹보다 자신들이 기여한 바가 더 가치 있거나 필요하다고 여길 수도 있다.

특정한 기본 규칙은 팀 간의 라이벌 관계를 줄일 수 있다. 나는 가장 먼저 모두에게 우리의 공동 목표를 상기시켰다. 우리는 훌륭한 무언가를 이루고 싶어 한다. 그것을 훌륭하게 만들려면 모든 구성원이 뛰어나야 한다. 이 규칙은 모든 팀원에게 서로의 전문성을 기본적으로 존중하는 마음을 갖게 해 주었다.

또한 혁신적이고 학제간적인 사고를 뒷받침하기 위해 두 번째 기본 규칙을 정했다. 처음 시작할 때는 아이디어를 비판하지 않는다. 대신 우리는 아이디어의 출처에 대한 판단이나 편견 없이 아이디어를 충분히 검토하고 평가한다.

그리고 여기에 세 번째 기본 규칙을 더했다. 곤란한 질문을 허용할 뿐 아니라 적극 권장한다. 대신 존중하는 마음으로 질문하고 열린 마음으로 받아들인다. 그래야만 평가가 가능할 것이다. 하나의 팀이 되어 중요한 무언가를 이루어 내려면 아이디어에 활발히, 심지어는 가차 없이 이의를 제기해야 한다. 단 이의 제기는 아이디어 자체에 초점이 맞춰져야지 그것을 제안한 팀원을 겨냥해서는 안 된다.

이로부터 나의 마지막 기본 규칙이 도출되었다. 팀원들은 반드시 최대한 상호 존중하는 자세로 서로를 대해야 한다. 사실 팀원 개인의 실력이 뛰어나지 않다면 우리 팀에 절대 초청받지 못했을 것이다. 특히 알파 지위의 개인들로 구성된 팀에서 리더는 목소리가 가장 큰 사람이 이긴다는 생각을 버려야 한다. 개인적인 비판이나 분노의 표출을 자제하는 한편 사려 깊은 논쟁을 권장하는 업무 환경을 조성해야 한다. 밉스 프로젝트에서 교수 팀원들은 이 같은 행동을 정확히 시행해 모두의 본보기가 되었다.

밉스 프로젝트에 참여하고 이후 실리콘 밸리에서 활동하며 배운 교훈들은 스탠퍼드 총장이라는 리더의 자리에서도 중요한 규범이 되었다. 특히 동일한 기본 규칙을 팀워크에 적용하기 위해 노력했다. 나는 새로운 아이디어와 곤란한 질문을 적극 독려했다. 문제점을 덮으려는 사람들을 맹비난했으면 했지, 관심을 기울일 필요가 있는 문제점을 거론하는 사람들은 결코 공격하지 않았다. 나는 팀원들이 "존, 이거 알아요? 당신이 실수를 저지른 것 같아요"라고 언제든 편안하게 이야기하기를 바랐다. 입을 열기 두려워하지 않는 팀원들이 필요했다.

함께 일할 때 자신의 역할을 숙지하라

나는 커리어를 통틀어 수많은 팀과 무수한 협업 관계를 나누어 왔다. 그중 가장 중요한 두 번의 경험은 서로 너무 다른 점이 많았다. 거기에서 효과적인 협업을 위한 또 다른 교훈을 배웠다. 바로 자신의 역할을 찾아 그것을 수행해야 한다는 것이다.

내가 아직 교수이자 연구자로 일하고 있을 때 짐 클라크(실리콘 그래픽스의 설립자)와 인연이 시작되었다. 그와 나눈 파트너십이 그토록 매끄러웠던 것은 그 덕분이다. 나는 짐과 처음 만난 순간부터 그가 세상을 바꾸기 위해 나선 사람임을 분명히 알 수 있었다. 타고난 모험가인 그는 실수하는 것도, 자신의 의견에 동의하지 않는 사람들의 심기를 거스르는 것도 두려워하지 않았다. 그는 소심한 생각은 하지 못하는 사람처럼 보였고, 남들의 조언에 별로 귀를 기울이지도 않았다. 어떤 사람은 짐과 함께 일하기 힘들어 했지만(그는 똑똑하고 카리스마 넘치는 만큼 너무 치열하고 요구 사항이 많았다) 나와는 아무 문제가 없었다. 아니, 우리는 함께 일을 잘했다. 왜일까? 두 가지 이유가 있다. 첫째, 나는 짐이 보여 준 큰일을 향한 전념과 성공을 향한 집념을 높이 평가했다. 그는 성공을 위해 그 일을 하는 것이었고 나역시 마찬가지였다. 둘째, 나는 바로 내 역할을 찾고 그것을 고수했다. 짐에게는 컴퓨터 생성 그래픽을 가능케 할 큰 비전과 핵심 아이디어가 있었고, 나는 그가 비전을 실현할 수 있게 도와줄 도구를 만들었다. 그 과정에서 많은 것을 배웠고 이는 다시 몇 년 후 밉스의 기초를 다지게 했다.

그로부터 15년 뒤 나는 총장으로서 존 에치멘디John Etchemendy와 새롭고도 전혀 다른 파트너십을 맺었다. 그는 짐 클라크와 성격이 정반대다. 두 사람 모두 매우 뛰어난 지식인이지만 에치(존 에치멘디의 애칭)는 외교적 수완이 있고 신중하며 지금까지 내가 만난 사람 중 가장 인내심 강한 사람이다.

에치는 스탠퍼드의 철학 교수였다. 논리학자인 그는 컴퓨팅에도 상당한 전문 지식이 있었다. 나는 학교로부터 강의에 적용할 수 있는 기술 개발 의뢰를 받고 에치와 함께 짧게 일한 적이 있었는데, 그가 우리 학교의 미래에 큰 관심을 가지고 깊이 생각하는 사람임을 알았다. 에치는 나를 총장으로 선출한 채용심사위원회의 공동

의장이기도 했다. 나는 그에게 우리 학교의 최고운영책임자인 부총 장이 되어 달라고 요청했다.

부총장 자리를 총장으로 가는 디딤돌 정도로 여기고 수락하는 사람도 많다. 그러다가 막상 일을 맡은 뒤에는 대규모 대학 행정 업무가 자신과 맞지 않는다는 사실을 깨닫는 사람도 일부 있다. 또 교수진을 임명하고 예산(학계의 법정 화폐와도 같다)을 관리하는 일을 하다 보면 너무 많은 적이 생긴다고 생각하는 사람도 있다. 그 결과 부총장 재임 기간은 평균 4, 5년 정도다. 그런 자리에서 에치는 16년 넘게 머물렀다. 스탠퍼드의 어떤 부총장보다 긴 기간을 일한 것이다. 무엇이 그의 오랜 임기를 가능케 했을까? 일단 그는 대학교 총장이 될 마음이 없었다. 그리고 무엇보다 자신이 하는 일에서 뛰어났다. 그는 일하는 동안 최소한으로 적을 만들면서도 50억 달러에 달하는 어마어마한 자산의 복잡한 운영 기술을 빠르게 습득했다.

우리의 파트너십은 여러 이유로 매우 훌륭했다. 우리는 각자의 역할을 잘 알고 수행했다. 나는 외부 일 담당, 에치는 내부 일 담당이었다. 내가 대외적으로 나아갈 길을 공표하는 선장이라면 에치는 그 길을 따라 배를 운항하는 항해사였다. 서로 상대방 영역을 침범하지 않기 위해 조심해야 했던 짐과는 달리 에치와 나는 경계선 같은 것이 거의 없었다. 우리는 많은 상황에서 서로 역할을 바꾸어 수행할 수 있었다. 어떤 대학교의 모임, 연회, 행사든 나 대신 그를 보내는 것이 꺼려진 적이 단 한 번도 없었다. 그라면 나만큼 스탠퍼드를 잘 대표할 수 있으리라 믿었고, 그가 어떤 입장을 취하거나 어떤 메시지를 전하든 내 의견을 정확히 반영하리라 자신했다. 에치와 나는 서로를 온전히 믿었다.2 그는 복잡한 문제를 해결하고 내가 알아야 할 것은 무엇이든 알려 줄 터였다. 내가 스탠퍼드 총장으로 16년 동안 일할 수 있었던 것은 에치와 파트너십을 나눈 공이 매우 크다.

특별한 파트너십이 놀라운 성과를 거둔다

에치와 나는 임기 초반에 총장과 부총장으로서 커다란 문제에 부딪쳤다. 1927년에 지어져 상당히 낡은 미식축구 경기장을 새로 지어야 했다. 돈이 많이 드는 이 프로젝트에 필요한 자금을 대는 일은 우리가 막 시작하려던 주요 학문 프로젝트들과 충돌을 일으킬 수 있었다. 우리는 이 프로젝트에 어떻게 접근하면 좋을지 몰라 다른 사람의 도움이 필요했다. 그래서 스탠퍼드 농구팀 선수이자 졸업생으로 오랜 세월 스탠퍼드의 운동선수들을 지원해 온 존 아릴라가 John Arrillaga에게 도움을 청했다. 존은 비용 대비 신속하고 효율적으로 건물을 짓는 기술을 보유한, 실리콘 밸리에서 성공한 상업용 부동산 개발업자 중 한 사람이기도 했다.

존이 한 가지 해결책을 제시했다. 자신이 기부금도 내고 새 경기장 건설에 필요한 기금 모금 행사도 돕겠다는 것이었다. 그러면서도 그는 경기장의 최종 디자인을 자신이 결정하고 건설 과정을 이끌고 싶어 했다. 일반적인 상황에서는 어떤 조직도 그렇게 중요한 자산 통제권을 일개 자원봉사자에게 넘기지 않을 것이다. 특히 예산이 무려 1억 달러 이상에 달하는 경우라면 말이다. 우리 직원들은 물론 몇몇 이사회 임원도 우려를 표명했다. 하지만 과거에 존과 좋은 협업 관계를 다져 놓았던 에치와 나는 그가 스탠퍼드를 위해 옳은 일을 해 주리라고 믿었다. 그렇다고 완전히 우려가 해소된 것은 물론 아니었다. 하지만 우리는 여기에 따르는 리스크가 정당화할 만한 수준이라고 결론 내렸고, 그렇게 우리의 협업 프로젝트가 시작되었다.

2005년 추수 감사절 주말, 노터데임대학교와 마지막 미식축구 경기를 치른 뒤 새 경기장을 짓기 시작했다. 그리고 그로부터 10개월도 채 지나지 않은 2006년 9월 16일, 스탠퍼드는 새 경기장에서 해군사관학교 팀과 경기를 치렀다. 존 아릴라가의 설계는 우리가 기대한 것 이상이었고 다른 대학교의 경기장과는 확연히 달랐다. 이 건설 프로젝트는 큰 채무를 남기지 않고 성공리에 마무리되었다.

미스터 에이Mr. A라는 애칭을 얻은 존은 그로부터 10년 동안 학생 기숙사, 피트니스 시설 세 곳, 농구장 증축, 새로운 운동장과 연습장, 입학처의 새 사무실을 포함해 스탠퍼드를 위해 다양한 프로젝트를 맡아 진행했다. 그는 내가 총장으로 지내는 동안 수십 가지 주요 건설 프로젝트에 기여하고 감독했다. 기부자가 프로젝트 설계와 건설에 깊이 관여하는 이 독특한 형태의 협업은 대학의 전형적인 프로젝트 진행 방식과는 거리가 멀었지만 분명 스탠퍼드에는 큰 성과를 가져다주었다. 이러한 파트너십은 오늘날에도 계속되고 있다. 내가 총장 자리를 떠난 뒤 미스터 에이는 사상 최대 규모의 학생 기숙사 건설 프로젝트에 기부금을 내고 자신이 직접 짓기로 에치멘디 부총장과 합의했다. 샌프란시스코 베이에어리어의 급등하는 임대료를 감안할 때 절실히 필요한 시설이었다.

한편 앤더슨 가족Anderson family(남편은 헝크Hunk, 아내는 무Moo, 딸은 퍼터Putter라는 별명으로 더 잘 알려져 있다)과는 스탠퍼드의 예술적 측면을 더욱 강화하기 위해 조금 다른 유형의 협업을 추구했다. 앤더슨 가족은 오랜 세월 개인 소장품으로는 최고 수준이라고 할 수 있을 미국 현대 미술 작품들을 수집해 왔다. 나에게 예술 공부를 시키려고 무던히 애쓴 아내 덕분에 나는 잭슨 폴록, 마크 로스코, 리처드 디벤콘, 필립 거스턴, 샘 프랜시스, 웨인 티보, 빌럼 데 쿠닝, 네이선 올리베이라, 로버트 머더웰 같은 화가들의 작품에 대해 잘 알고 있었다. 과거에 전임 총장들이 앤더슨 가족의 컬렉션 중 일부를 스탠퍼드에 기증해 달라고 요청한 적이 있었지만 소용이 없었다. 나는 다시 한 번 요청해 볼 때가 되었다고 생각했다. 하지만 이번에는 새로운 스탠퍼드 팀원들과 함께였다. 앤더슨 일가의 수집품을 스탠퍼드로 가져온다면 우리 예술품 컬렉션의 수준을 완전히 바꾸어 놓는 것은 물론 예술계에서 스탠퍼드의 위상을 한층 높일 수 있을 터였다.

스탠퍼드 팀이 앤더슨 가족과 미팅을 시작했다. 우리는 앤더슨 가족이 평생 동안 재산을 바쳐 이제 수억 달러 상당의 가치를 자랑하는 컬렉션을 갖추었다는 사실을 잘 알고 있었다. 그들은 기증한 작품들을 한곳에 모아 전시하고 세심히 보살펴 주기를 바랐다. 스탠퍼드 캠퍼스에 좋은 전시장을 지을 수 있을까? 건물을 짓고 유지하고 관리하는 데 들어갈 비용이 걱정되었다. 게다가 그 비용은 학교의 핵심 예산에서 상당 부분을 가져다 쓸 수밖에 없어 보였다. 그럼에도 우리는 논의를 계속했다. 정말로 스탠퍼드에 컬렉션을 가져올 수 있다는 사실이 확실해지자 우리는 예술의 중요성을 알고 이 컬렉션의 추가가 학교를 어떻게 변모시킬 것인지 이해해 줄 가까운 친구들을 찾기 시작했다. 감사하게도 그들은 너그러이 기부금을 내어 건물 짓는 일을 도와주었다. 오늘날 스탠퍼드대학교 앤더슨컬렉션Anderson Collection은 캠퍼스 구성원들과 전 세계 방문객들이 함께 공유하고 즐길 수 있는 문화 자산으로 자리 잡았다.

이 같은 프로젝트들이 보여 주듯 협업은 단순히 몇몇 사람이 서로 잘 어울릴 수 있기를 바라며 팀을 구성해 함께 일하는 데서 그치지 않는다. 비유하자면 협업은 결혼과도 같다. 공동의 목표를 향해 나아가기 위해 절충하고 수정하는 것은 물론 의구심이 생길 때면 함께 해결해야 한다. 이 협업 프로젝트 중 어떤 것도 전형적인 학문적 스타일이 아니었다. 모두 큰 기업을 이룬 강인한 사업가들과 함께했고, 또 일반적인 대학교 협업 사업이었다면 해낼 수 없는 일을 성취해 냈다. 일반적인 관계 구도에서 벗어나 진정으로 협력하는 팀을 꾸림으로써, 그리고 서로 이해관계의 방향을 맞춤으로써 놀라운 일들을 해낼 수 있었던 것이다.

윗사람과 협력하는 법을 배워라

지금까지는 주로 리더가 직원들과 함께 협업하는 것과 자기 조직의 경계에서 벗어나 다른 분야로 확장해 협업하는 것에 대해 이야기했다. 하지만 우리는 대부분 상사를 둔 사람들이 마련이므로 윗사람과 하는 협업에 대해 배울 필요가 있다.

나도 학과장, 학장, 부총장을 지내면서 직속 상사가 있었다. 그들과 협력하는 법을 배우는 것은 내가 맡은 직책을 수행하며 성공을 거두는 데서 매우 중요했다. 또한 목표 달성을 위해 스스로를 한층 더 발전시키라며 나를 격려하고 자극했던 상사들을 만나며 나또한 더 능숙한 멘토가 되는 법을 배우기도 했다.

총장 자리에 오르자 공식적으로 이사회가 내 상사가 되었다. 이사회는 의장을 필두로 대략 30~35명의 사람들로 구성되어 있다. 나는 아이작 스타인, 버트 맥머트리Burt McMurtry, 레슬리 흄, 스티브 데닝Steve Denning이라는 훌륭한 이사회 의장들과 함께 일했다. 그들은 이사회 업무에 동료 이사들을 참여시키고 이사회에서 총장의 핵심 파트너로 일하는 두 가지 역할을 수행했다. 그들은 의장 임기 4년 동안 수많은 시간을 할애했을 뿐 아니라 다양한 기금 마련 행사와 졸업생 지원 활동 등을 위해 출장을 다니기도 했다.

일반 기업 이사회도 대학교 이사회와 꽤 비슷한 방식(대학교 이사회는 자원봉사라는 점을 제외하고)으로 운영된다.3 물론 이사회는 신탁 관리 역할을 하거나 리더가 조직에 제대로 이바지하지 못한다고 판단될 때 개입할 수도 있다. 그러나 대부분의 경우 이사회와 리더는 협업 관계를 갖는다. 이사회는 그들의 지식과 기술을 이용해 경영진의 업무를 돕고 고문 역할을 수행하며 최고경영자를 보조한다. 마찬가지로 최고경영자는 이사회와 주요 정보를 공유하고(흔히 '갑자기 놀라게 하지 않기'라고 한다) 이사회의 관점에서 지혜를 얻어 주요 의사 결정과 전략적 방향에 대해 함께 논의한다.

이사회와 성공적으로 협업하는 비결에는 두 가지 원칙이 있다. 첫째는 서로의 역할을 알고 존중하기, 둘째는 상호 신뢰하기다. 이 사회는 자신들의 역할이 대학을 관리하거나 운영하는 것이 아님을 이해하고 있다. 그것은 리더가 할 일이다. 마찬가지로 대학교의 리더는 이사회가 총장을 선임하고 평가하며, 학교의 명성을 지키고(공동 책임이다), 학교의 장기적인 재정 건전성을 확보하는 궁극의 책임을 져야 한다는 사실을 잘 알고 있다. 이사회 임원들은 미래 세대의 이익을 지키는 수호자들이다. 우리는 이러한 역할을 잘 이해한 덕분에 신뢰 관계를 쌓을 수 있었다. 나는 이사회에 늘 솔직했다. 사실 거의 모든 주요 의사 결정에 이사회가 관여했지만 그들이 리더가 이끄는 팀의 말을 경청하고 우리 팀의 의사 결정을 지지해 줄 것이라고 믿었다.

스탠퍼드 같은 비영리 조직에서 이사회는 또 다른 중요한 역할을 한다. 이사회는 학교가 번영할 수 있도록 스스로 선물을 주고 또 다른 이들로부터도 선물을 얻어 내는 자선 활동과 기금 마련의 원천이기도 하다. 이러한 노력에서 이사회와 학교 전체 리더의 협업은 무엇보다 중요하다. 다음 장에서는 학교 리더와 전현직 이사회 임원들 간의 중대한 공동 노력이 스탠퍼드의 10개년 전략 프로젝트를 어떻게 창출해 내고, 필요한 기금을 모으고, 실행시켰는지 살펴볼 것이다.

리더십을 어떻게 위임할 것인가

리더는 자신이 만든 팀에 참여할 뿐 아니라 궁극적으로 팀의 리더십을 다른 사람에게 위임하게 된다. 이것은 완전히 새로운 차원의 과제들을 제기하는데, 아마 그중 가장 중요한 것은 팀의 리더를 선정하고 그 사람이 성공하도록 돕는 일일 것이다. 어떻게 하면 사람을 잘 선택할 수 있을까? 누가 재능 있고 올바른 인간관계를 맺는 팀원들을 모으고, 서로 존중하고 생산적인 팀 문화를 확립하고, 전체 목표에 도달하기 위해 각 팀원들로부터 최고의 성과를 이끌어 낼 적임자라고 믿을 수 있는가?

처음에는 이러한 변화가 위험하게 느껴질 수 있다. 당신이 좋은 팀의 리더이자 팀원이기 때문에 지금의 리더 자리에 올랐다고 가정하자. 그런데 이제는 그 일을 다른 누군가에게 맡겨야 한다. 그 사람이 무거운 책무를 잘 이행할 수 있을 것이라고 어떻게 장담할 수 있겠는가? 뛰어난 야구선수가 나중에 감독이나 코치되면 어려움을 겪는 일이 많다고 한다. 이는 자기 선수들의 기량을 한때 자신이 지녔던 기술과 투지에 자꾸 비교하게 되기 때문이다. 마찬가지로 팀의 리더를 선출할 때는 자신이 끌어올렸던 수준까지 성과를 올릴 수 있을지 의심스럽다는 이유로 몇몇 후보를 탈락시키는 일이 있다. 때로 그런 평가가 정확할 수도 있지만 사람은 장밋빛 렌즈를 끼고 자신의 과거를 돌아보는 경우가 많다. 명심하라. 당신도 지금 가진 기술을 얻기 위해 많은 시간이 걸렸고 아마 지금까지 꽤 여러 번 넘어지고 좌절했을 것이다. 그리고 당신이 한 방식대로 그 일을 해낼 사람을 찾지 말고 긍정적으로 협업한 경험이 있는 사람, 목표 달성에 필요한 리더십의 자질을 보이는 사람을 택해야 한다.

자신의 뒤를 이을 팀 리더를 정한 다음에는 한 걸음 물러서서 그 사람이 자기 일을 수행하도록 해 주어야 한다. 물론 그 리더의 성적이 B+ 또는 A라며 자꾸 그 사람을 평가하고 싶어질 수도 있다. 하지만 당신 역시 결코 A+를 받지는 못했을 것이다. 리더의 일에 개입하고 싶은 충동이 들거나 능히 피할 수 있는 실수로부터 구해 주고 싶은 마음이 솟구치기도 할 것이다. 하지만 당신뿐만 아니라 주변의 다른 사람들, 특히 해당 팀원들이 보기에도 팀이 잘못 돌아가고 있는 경우가 아니라면 그러한 충동을 이겨 내야 한다. 팀의 리더는 실수를 저지르게 되어 있다. 그래야만 더 발전할 수 있다. 당신이 기억하든 기억하지 못하든 당신도 아마 그런 과정을 겪으며 지금의 수준까지 성장했을 것이다.4

자신이 뽑은 팀의 리더를 믿고 자신의 판단력을 믿어라. 중역의 역할을 수행하다 보면 자신이 임명한 리더의 일거수일투족을 사사건건 참견할 시간이나 여력이 없다. 물론 진행 중인 프로젝트가 경로에서 벗어나는 것이 보인다면(또는 다른 사람이 당신에게 귀띔한다면) 개입할 필요가 있다.

때때로 개입은 고군분투하고 있는 리더를 코치한다는 의미를 지닌다. 흔히 상황을 꿰뚫어 보는 이런 질문을 던지는 것만으로 팀의 리더가 고려해야 할 핵심 문제들을 조명해 줄 수 있다. 팀이 공동 목표 아래 잘 모이는가? 명확한 기회 요인과 문제점을 잘 파악했는가? 더 많은 사람으로부터 도움받을 계획을 세웠는가? 실제로 팀의 리더와 팀원들이 명확한 비전은 있으나 성공에 반드시 필요한 도움을 줄 사람들을 참여시키지 못해 고생하는 경우도 서너 번 본 적이 있다. 사람을 제대로 뽑았고 제대로 된 질문을 던진다면 팀 리더는 당신의 메시지를 잘 이해하고 문제를 해결해 낼 것이다.

코칭으로 경로를 올바르게 수정할 수 없다면 리더 교체라는 선택지를 생각해 볼 필요가 있다. 대체할 사람을 찾고 그 사람을 준비시키는 동안 당신이 임시로 팀 리더 역할을 할 시간이 있는가? 거기에 시간과 노력을 투여할 수 없다면 리더 교체는 현상 유지보다 팀에 더 해악을 끼칠 수 있으니 주의해야 한다.

리더의 능력이 부족하다는 의심이 들면서도 어쩔 수 없이 새로운 프로젝트를 시작한 적이 몇 번 있었다. 때로는 조직에 즉각 도움이 필요하거나 신속한 행동이 필요할 경우에는 다른 방법이 없을 수도 있다. 이런 상황에서는 당장 뽑을 수 있는 사람 중 최고의 사람을 선택했다. 그런데 결과적으로 팀의 손발이 맞지 않거나 일이 너무 느리게 진척되거나 리더가 팀원들을 이끌거나 고무하는 데 실패하고 말았다. 리더 자리를 맡길 더 나은 사람이 없다면 힘든 결정을 내려야 한다. 하던 일을 중단하고 다음 일로 넘어가는 것이다. 이럴 경우 나는 조금이라도 성공을 거둔 것을 치하하고 팀원들에게 공을 일부 돌리면서 프로젝트를 최대한 품위 있게 중단시키려고 애썼다. 그렇게 해서 지킨 자원은 더 강력한 팀이 추진하는, 더 성공할 가능성이 큰 프로젝트로 넘겼다. 지금부터는 협업 실패에 대처하는 방법에 대해 살펴보겠다.

잘 풀리지 않는 협업 프로젝트에 어떻게 대처할 것인가

팀 협업 프로젝트는 때로 팀 리더로서는 선택의 여지가 없는 다양한 이유로 실패할 수 있다. 프로젝트를 처음 제안한 사람이 조직으로부터 필요한 도움을 얻지 못하거나, 프로젝트의 근거가 처음에 생각한 것만큼 강력하지 않을 수도 있다. 최대한 노력을 기울인 일이 실패로 돌아가면 어떤 일이 벌어질까? 그때는 겸손을 명심하면 된다.

2007년 내가 학부생 규모를 늘리자고 제안했을 때 이 같은 상황에 처한 적이 있다. 국가적인 추세에서 나는 공립과 사립을 통틀어 최상위권 대학에 대한 수요가 급증했다는 사실을 발견했다. 2007년 스탠퍼드 신입생 모집에는 1650명 정원에 2만 5000명 이상이 지원했다. 2000년 이후로 약 50퍼센트 가까이 늘어난 수치였다. 지난 25년 동안 사립대학의 성장세는 매우 낮아서 대부분 5퍼센트 미만이었는데 지원자 수는 두 배가 넘게 늘었다. 공립대학은 성장했지만 주정부의 투자 삭감으로 인해 대부분 재정난을 겪었으며 더 이상 늘어나는 학생들의 수요를 감당할 수 없었다.

나는 학부생 수를 늘리는 것이 우리의 도덕적 의무처럼 느껴졌다. 스탠퍼드는 성장에 필요한 자금을 댈 수 있었으며 또 훌륭한 지원자 풀을 갖추고 있었다. 따라서 우리에게는 더 우수한 학생들의 요구를 충족시켜야 할 책임이 있었다. 나는 교수진을 중심으로 태스크포스 팀을 꾸렸다. 나의 확대 정책을 지지하고 우리의 프로젝트에 각자의 아이디어를 제시할 수 있는 사람들로 구성했다. 또한 이사회에 이 일에 대해 이야기하기 시작했다.

학부생 수를 확대하는 것이 도덕적으로 우리가 해야 할 일이라는 주장은 많은 이의 공감을 얻지 못했다. 그들은 1년에 몇 백 명의 신입생을 더 모집하는 것으로는 문제를 해결할 수 없다고 생각했다. 일부 이사회 임원들과 다수의 태스크포스 팀원들로부터 또 다른 우려가 불거져 나왔다. 학부 과정 중 일부, 특히 전공 선택 전 진학 지도와 기숙사 프로그램을 수정해야 할 필요가 있다는 것이었다. 그들은 학부 과정 확대에 투자하기보다 기존 과정을 '완벽하게' 만드는 데 자원을 투자해야 한다고 생각했다.

부총장과 나는 그들과 의견이 달랐다. 우리는 우리의 학부 과정이 이미 충분히 훌륭하다고 생각했다. 거기에 더 많은 돈을 쓰는 것은 특히 비용 대비 효과 면에서도 더 나아진다는 보장이 없었다. 하지만 반대파는 확고했다. 그렇다면 부총장과 내가 반대파의 의견을 무시하고 강압적으로 우리 뜻을 밀고 나갈 수도 있지 않았을까? 물론 가능했을 것이다. 하지만 그럴 경우 우리의 신뢰 관계를 무너뜨리고 향후 교수진의 도움이 필요한 프로젝트들을 진행하기 힘들 것이었다.

결과적으로 마지막 태스크포스 팀 보고서가 완성될 즈음 막 시작된 금융 위기가 손쉬운 출구 전략을 마련해 주었다. 우리는 학부생 수 확대 계획을 5년 뒤로 미루었다. 이후 다시 그 의견을 제안했을 때는 아무도 반대하지 않았고 학부 과정 확대와 진학 지도 및 기숙사 프로그램 개선을 동시에 진행하기에 충분한 기부금도 마련할 수 있었다.

돌이켜 생각해 보면 처음 시도했을 때 실패한 이유는 부분적으로 나에게 있다. 부총장과 내가 태스크포스 팀원들을 뽑았고, 프로젝트의 뼈대를 설계했으며, 그들에게 일을 시작하게 했으니 말이다. 그럼에도 확대 계획을 몇 년 뒤로 미룬 것은 적절한 조치였으며 금융 위기 덕분에 모두의 체면에 최소한의 손상만을 남긴 채 완수할 수 있었다. 뉴욕시와 벌인 협상에서 경험한 것처럼 때로는 품위 있게 일을 중단할 수 있는 방법이 보이지 않을 때도 있다(5장 참조). 이처럼 뚜렷한 지지가 없는 상황에서 계속 밀고 나가는 것이 중요한 관계, 미래의 프로젝트, 조직의 안녕에 해를 끼칠 경우에는 자신의 실수를 인정하고 다른 기회를 찾아 나서는 용기를 내야 할 필요가 있다.

함께 이루어 낸 일의 가치와 의미를 기리자

협업이 잘될 때, 팀이 목표에 도달하거나 심지어 목표를 초과했을 때 팀원들은 그 상황이 끝나기를 원치 않는 경우가 이따금씩 있다. 그런데 사실 어떤 일을 끝내는 방식은 시작하는 방식만큼이나 중요하다.

어떤 팀을 꾸린 뒤 서로 간의 차이점에도 불구하고 잘 협업할 수 있는 방법을 찾고 주어진 목표 달성을 위해 열심히 노력해 목표를 성취한 덕분에 팀이 조직 전체에 중요한 기여를 했다고 가정하자. 이 성공적인 팀이라는 자산은 황금과도 같아 해당 팀을 계속 보존하고 최대한 확장시키고 싶을 것이다. 그들의 긍정적인 기운을 다른 팀에 전파하는 것은 물론 해당 팀원들과 다시 일하고 싶어질 수도 있다. 또한 팀원들 중 가장 유능한 몇 명을 각자 팀을 이끄는 리더로 승진시키고 싶을 것이다. 어떻게 하면 가능할 수 있을까?

빠르게 돌아가는 업무 환경에서는 간단히 고맙다는 인사만으로 성공적인 팀을 해체하거나 더 심하게는 그 팀원들을 홀로 또는 작은 그룹으로 서서히 흩어지도록 그냥 내버려 두기 쉽다. 하지만 인류 문화의 훌륭한 교훈이 알려 주듯 성공적인 팀의 노력은 격식을 차린 축하와 함께 마무리해야 한다. 개별 팀원의 공헌을 인정하고 팀으로서 이룬 업적을 기려야 한다는 말이다.

이런 행사를 단순한 은퇴 기념식 치르듯 해치우기 쉽지만 사실이는 매우 의미 있는 기회다. 그 팀을 관리하고 감독해 온 사람으로서 이와 같은 행사를 지휘하는 것은 팀의 스토리를 만들어 나가는데서 당신이 해야 할 가장 중요한 공헌이다. 당신은 이를 통해 팀리더부터 최하위 팀원에 이르기까지 그들 모두가 하나같이 중요하며, 그들이 이룬 업적은 참으로 가치 있다는 메시지를 분명히 전해야 한다.

총장으로 지내는 동안 나와 아내는 매년 교수진과 행정직 리더들을 위해 감사 행사부터 주요 기부를 축하하는 자리까지 많은 저녁 만찬을 우리 집에서 개최했다. 임기 마지막 해에는 16년 동안 나와 함께 성공에 결정적인 공헌을 한 자원봉사자들과 지지자들을 위해 무언가 특별한 일을 하고 싶었다. 그래서 전직 이사회 임원들, 일부 주요 자원봉사자들과 자문들, 우리의 가장 중요한 프로젝트를 시작하고 지지해 주었던 사람들을 초청해 여러 차례 감사의 식사를 대접하기로 했다. 이 행사는 "우리가 지난 16년 동안 스탠퍼드에서 해낸 일은 우리 모두가 힘을 합쳐 거둔 성과였습니다. 여러분은 학생들과 교수들을 위해 스탠퍼드가 더 나은 곳이 되도록 도우며 중요한 기여를 해 주었습니다. 여러분이 없었다면 이런 일들은 불가능했을 것입니다"라는 감사의 인사를 하는 자리였다.

나는 행사 동안 방 안을 돌아다니며 한 사람 한 사람에게 우리의 성공을 위해 특별히 도왔던 일들을 구체적으로 이야기하며 감사의 말을 전했다. 나는 모든 사람이 자신의 어떤 행동이 우리 학교를 더 나은 곳으로 만들었는지 알기를 바랐다. 이들의 행동이 우리에게 중요했고, 내가 이를 정말로 마음 깊이 감사하고 있다는 사실을 들려주고 싶었다.

진정한 감사 인사와 함께 나눈 호의가 우리 모두의 마음을 더욱 따뜻하게 만들어 준 정말이지 뜻깊은 자리였다. 이런 것이 바로 협업 아닐까? 팀을 이루어 혼자 가능한 것 이상의 존재가 되는 것? 중요한 사람들(당신의 팀원들)이 당신 곁을 떠날 때까지 왜 기다리려고 하는가? 아직 같은 팀일 때 함께한 시간을 축하해야 마땅하지 않겠는가?

7

Innovation

변화를
이용할 줄 안다

성공하려면 계획을 세우는 것만으로는 부족하다.

순간순간 즉각적인 대처도 해 나가야만 한다.

아이작 아시모프Isaac Asimov

21세기 생존의 길을 찾아서

세상에서 변하지 않는 것은 변화뿐이라는 옛말을 들어 보았을 것이다. 혁신과 디지털 혁명 덕분에 변화의 속도는 더욱 빨라졌다. 실리콘 밸리에서는 이미 반세기 동안 이 같은 사실을 절감했다. 이제 다른 세상도 그것을 느끼고 있고, 변화의 속도가 느려질 기미는 전혀 보이지 않는다.

우리 모두가 변화의 영향을 실감하고 있기는 하지만 사람마다 변화의 본질을 다르게 느낀다. 예를 들어 학계와 업계가 받아들이는 변화의 본질은 다르다. 나는 스탠퍼드와 IT 산업에서 모두 일해 보았기에 그 차이를 직접 경험할 수 있었다. 커리어 전반에 걸쳐 알록달록한 색으로 꽉 찬 팔레트를 본 기분이다. 업계에서는 회사를 설립하고 투자자에게 멋진 아이디어를 판매하고 회사 주식 상장을 도왔으며, IT 업계의 판도를 바꾸어 놓은 몇몇 조직의 이사회에서 일했고, 투자자로서 스타트업을 지원했다. 그리고 학계에서는 대학 교수로서 강의와 연구라는 일상 업무를 수행했으며, 학교 리더로서 수천 명의 교수진과 수만 명의 학생들 그리고 수십억 달러 규모의 예산(대학교와 부속 병원들의 총수익을 합치면 포춘 500대 기업에 들 것이다)과 수백억 달러 규모의 기금(총자산은 대략 코스트코와 비슷하다)을 자랑하는 조직을 이끌었다.

혁신과 혁신을 기반으로 한 변화가 학계와 업계에서 모두 핵심적인 역할을 한다는 점은 동일하지만 이 두 세상은 매우 다르게 움직인다. 이러한 차이를 인지하지 못하면 위험할 수 있다. 기업을 대학처럼 운영한다면 소비자로부터 잊힐 위험이 있고, 대학을 기업처럼 운영한다면 아마 교수진의 반란을 피하지 못할 것이다. 그럼에도 두 유형의 조직 모두 살아남기 위해 반드시 혁신을 추구해야 한다.

학계와 업계의 혁신은 어떻게 다른가

학계와 업계의 차이점 중 상당 부분은 '시간 지평time horizon'(미래에 어떤 일이 마무리되거나 평가되는 시점—옮긴이) 그리고 리스크 감수와 관련이 있다. 내 경험상 대학교에서는 순전히 호기심이나 우연에서 기인한 '파격적인' 혁신들이 더 자주 일어난다. 왜일까? 일반적으로 학계는 경쟁사보다 먼저 시장에 제품을 출시해야 한다는 압박이나 마감 기한 등이 거의 없으며 그러지 못한다고 고객을 잃을 우려도 없기 때문이다. 사실 대학은 완벽한 해법을 설계하거나 만들기 위해 노력하는 것이 아니라 어떤 분야를 발전시키거나 새로운 아이디어를 선보이기 위해 노력한다. 그래서 호기심을 따를 여유가 있고 심지어 우연한 일이 일어나도록 한다. 또한 다음 분기 손익 계산서나 다음 해에 출시할 신제품 등에 압박받는 대신 학계의 시간 지평은 더 근본적인 연구 즉 세상을 바꿀 수 있는 연구를 향해 열려 있다. 실제로 미래를 위해 혁명적으로 기여하는 것은 오늘날을 위해 점진적으로 기여하는 것보다 훨씬 더 높이 평가받는다.

30년 전 스탠퍼드에서 밉스 프로젝트를 시작했을 때 반도체와 무어의 법칙Moore's Law(마이크로칩의 성능이 2년마다 두 배로 증가한다는 법칙—옮긴이) 덕분에 소형화의 시대가 새롭게 열렸고, 그로 인해 기회의 문이 상당히 커질 것이라는 사실을 알고 있었다. 인텔과 모토로라 두 회사에서 기존의 미니컴퓨터 시스템 구성을 한두 개의 칩으로 줄일 수 있다는 사실도 입증했다. 이 새로운 칩(마이크로프로세서)은 이미 IT 세상을 바꾸어 놓고 있었다.

스탠퍼드에서는 마이크로프로세서라는 것이 대단히 혁명적이기는 하지만 초기 버전은 어딘가 부자연스러운 해법에 불과하다는 것을 알고 있었다. 인텔과 모토로라 모두 성급히 시장에 진출하는 바람에(인텔의 경우 일본 파트너 회사와 맺은 계약을 이행해야만 했다) 완벽을 기하지 못하고 절충안을 내놓아야 했기 때문이다. 상대적으로 우리는 그럴 필요가 없었고 호환성에 대해 걱정할 필요도 없이 거의 백지 상태에서 시작할 수 있었다. 이것이 바로 대학 연구실에서 일할 때 누릴 수 있는 특권 하나다. 우리는 이론적이고 상징적인 질문 등을 할 수 있는 여유가 있었다. 예를 들면 미니컴퓨터나 메인프레임의 설계 방식이 마이크로프로세서에 적합하지 않다면 어떻게 해야 할까?

그렇게 탄생한 것이 바로 축소 명령 집합 컴퓨터 아키텍처였다. 이것은 곧 컴퓨터와 컴퓨터 게임 콘솔 업계에 지대한 영향력을 끼쳤다. 어느 정도인가 하면 여러분의 나이가 스물다섯 살 이상이라면 지금까지 밉스 기반 칩이 들어간 전자기기를 한 번도 사용해 보지 않았을 가능성은 매우 낮다.

일반 기업에서 밉스 같은 것을 만들 수 있었을까? 물론 결국 언젠가는 가능했을 것이다. 하지만 우리는 처음부터 더 혁신적이고 완벽한 솔루션을 설계할 수 있었고, 이는 이후 많은 전자기기에 채택되는 데 매우 중요한 역할을 했다.

두말할 필요도 없이 우리가 원하는 대로 자유롭게 할 수 있다는 것은 곧 밉스 설계가 완전히 실패작이 되거나 실생활에서 사용하기에 너무 비실용적이 될 가능성이 높다는 뜻이기도 했다. 실제로 업계의 많은 엔지니어가 우리 학교의 프로토타입은 절대 '진짜 컴퓨터'로 만들어질 수 없을 것이라고 생각했다. 그런데 바로 여기에 내가 말하고자 하는 핵심이 있다. 대학에서는 이런 리스크를 감수하며 지식의 기본적인 발전을 이루고 별다른 불이익 없이 리스크에 대해 보상받을 수 있다. 반면 점진적인 개선에 그치고 마는 연구는 별다른 주목을 받지 못한다.

혁신 없이 스타트업을 논하지 마라

학생들과 얼마나 많이 이런 대화를 나누었는지 모른다. 학생들은 "스타트업 기업을 창업하고 싶습니다"라는 말로 대화를 시작한다. 그러면 나는 어떤 기술이 있느냐고 묻는다. 학생들은 "음, 아직은 없어요. 하지만 꼭 스타트업을 하고 싶습니다!"라고 대답한다. 나는 이런 학생들에게 뛰어난 스타트업은 훌륭한 기술적 발견(또는 이베이나 에어비앤비, 우버처럼 최소한 참신한 아이디어)에서부터 시작한다는 사실을 상기시킨다. 똑똑한 기업가에게 혁신이 좋은 기회를 주는 것이지, 그 반대가 아니다.

대학에서는 혁신을 위해 연구 환경에 상당한 자유를 허용한다. 그 점에서 학자들은 많은 현실적인 고려 사항으로부터 대체로 자유로운 편이다. 아직 답을 찾지 못한 의문들, 예를 들면 "빅뱅 이후 처음 마이크로초(100만 분의 1초) 동안 무슨 일이 있었나?" 등에 답하기 위해 연구하는 분야가 무수히 많다. 이런 의문들은 주목할 수밖에 없을 정도로 매력적이기는 하지만 이와 관련된 연구 프로젝트 중 일부는 단순히 흥미로운 것으로 오랫동안 남아 있는 반면, 어떤 것은 중요한 점을 발견하고 실생활에 적용하는 것으로 이어진다. 경험하지 않은 것을 예측하기는 쉽지 않다. 실제로 이런 연구 기회 중 오직 소수만이 지식에서 중요한 발전을 이루거나 새로운 제품과 기술 창조에 즉시 적용할 수 있다.

그런데 기업 세계에서 사람들의 기대치는 매우 다르다. 시장은 오직 좁은 범위의 선택지만을 강요하며 실패했을 때 치르는 대가는 훨씬 더 크다. 아주 미미한 발전에 불과한 발명품으로도 보상받을 수 있다. 그렇지만 팔리지 않는다면 그 어떤 발전도 소용이 없다. 이런 세계에서 혁신은 앞으로 사람들이 원할 무언가를 만드는 것을 의미한다. 설사 그들이 원하는지조차 아직 모른다 하더라도 말이다.

스티브 잡스의 핵심 철학 하나는 소비자에게 무엇을 원하는지 묻지 않는 것이었다. 미래를 새롭게 발명하는 것이 그들이 할 일이고 그의 일이었다. 우리는 이러한 그의 철학이 아이폰에 분명히 드러났음을 알 수 있다. 자기 손으로 스마트폰이라는 것을 잡아 보기 전까지 자신이 그런 제품을 원하고 있었다는 것을 안 사람이 얼마나 되었을까? 명심하라. 휴대전화와 PDA라는 것이 둘 다 존재했음을, 그리고 많은 사람이 그중 하나 또는 둘을 모두 가지고 있었음을 말이다. 잡스는 이 두 가지를 하나의 기기에 집어넣었고 갑자기 모든 사람이 아이폰을 필요로 했다.

이것이 혁신의 전형적인 특징이다. 나는 운 좋게도 야후와 구글의 처음 시범 모델 일부를 직접 볼 수 있었다. 둘 다 나에게 "아하!"라는 진정한 깨달음의 순간을 경험하게 했다. 야후는 월드 와이드 웹이 단순히 과학자와 기술자의 소통을 돕는 것이 아니라 우리 삶을 완전히 변모시킬 수 있음을 보여 주었고, 구글은 시장에 나온 그 어떤 것보다 뛰어난 알고리즘을 갖춘 훨씬 발전된 검색 엔진을 선보였다. 이러한 것이 바로 성공하는 제품과 서비스다. 실제로 갖기 전까지 필요하다는 사실조차 몰랐던 것 말이다. 그런데 이제 우리는 이런 것 없이는 살 수 없게 되었다.

학계와 업계 간 인터페이스가 진정한 혁신을 낳는다

학계와 업계의 공생이 지닌 진정한 힘은 아이디어와 그것을 실행하는 것 사이의 인터페이스에 있다. 대학원생과 교수는 마음껏 자유롭게 탐구할 수 있기 때문에 근본적으로 새로운 개념과 우연한 아이디어는 주로 대학에서 나온다. 이런 아이디어는 이용되지 않다가 누군가 그것이 실생활에 적용될 수 있고 수익을 가져다줄 가능성이 있음을 알아차렸을 때 현실에서 구현된다. 벤처 투자자, 정부기관, 야심 찬 기업가의 역할은 이런 아이디어를 인터페이스로 가져다가 인류에게 도움이 될 진짜 제품과 서비스로 만드는 것이다.

이 점에서 구글을 완벽한 사례로 꼽을 수 있다. 구글 전에는 알타비스타라는 검색 엔진이 있었다. 이것도 꽤 좋은 기능을 했고 그전에 나왔던 것보다는 분명 훨씬 더 우수했다. 알타비스타를 젊은 눈으로 바라본 스탠퍼드 학생 세르게이 브린Sergey Brin과 래리 페이지Larry Page는 기회를 잡았다. 세르게이와 래리는 새로운 알고리즘과 제대로 된 결과를 얻겠다는 집착에 가까운 결의로 훨씬 더 개선된 해법을 개발했다. 그들과 합류한 구글의 최고경영자 에릭 슈밋Eric Schmidt은 사용자 신뢰의 중요성을 이해하고 있었다. 그리고 이것이 구글 검색 엔진을 다른 것들과 차별화할 것이라고 믿었다.

특히 구글은 광고주의 이익이 아니라 사용자의 관심을 바탕으로 검색 결과를 보여 주기로 결정했다. 검색이 광고를 주도하는 것이지 그 반대가 되지 않도록 말이다. 널리 알려진 대로 구글 홈페이지에도 이와 똑같은 투명성과 신뢰도가 잘 반영되어 있다. 홈페이지를 광고주에게 내어 주었다면 큰돈을 벌었겠지만, 그러는 대신 단순히 사용자가 검색어를 입력할 수 있는 기본 요소만 남기고 나머지 잡다한 것은 모두 없앴다. 이러한 결정은 더 뛰어난 검색 알고리즘과 더불어 구글이 검색 산업에서 독보적인 자리를 차지할 수 있게 했다.

혁신은 업계 역사상 가장 성공적인 기업으로 자리 잡은 회사들의 바탕이 되었다. 학교에서 싹트기는 했지만 기업 리더들이 선택하지 않았다면 학교 밖으로 나올 수 없었다. 다시 말해 어떤 발견이나 새로운 기술을 시장에 출시할 수 있는 전문성은 학교 연구의 범위 밖에 있지만 두 가지 측면에서 제품이 성공하는 데 중요한 역할을 한다. 첫째, 우리는 어떤 아이디어를 시장에 출시하기 전까지는 앞으로 다가올 모든 문제를 제대로 파악할 수 없다. 둘째, 그 과정에서 우리가 내리는 선택(복잡다단한 의사 결정)은 최초로 아이디어를 떠올리는 영향력만큼이나 최종 결과에 중대한 영향을 미칠 수 있다. 한마디로 학계와 업계는 서로가 필요하다.

스탠퍼드는 왜 스타트업 성공의 대명사가 되었나

이상적인 세상이라면 학계와 업계가 서로 차이점을 인지하고 서로를 보완하기 위해 노력할 것이다. 하지만 현실에서 그 간극을 좁히기는 무척 어렵다.

대학은 어떤 새로운 아이디어가 진정한 상업적 가치를 지니는지 판단하는 것부터 그 과정을 매끄럽게 진행하는 것에 이르기까지 기술을 이전하는 데 어려움을 겪고 있다. 대학은 갈등에 휩싸여 있다. 기술 이전을 중요한 임무 중 하나라고 생각하지만 동시에 그것이 학교 수익을 올릴 기회라는 점도 알고 있다. 그래서 점점 늘어나고 있는 대학 기반 벤처 자금이나 창업 육성 프로그램, 연구 상업화 프로젝트 등이 모두 기업가를 돕는 동시에 대학의 지분을 확보하는 것을 목표로 한다. 실제로 몇몇 대학은 수익을 올리려는 욕심에 자신들이 소유한 특허의 사용 허가를 받지 않았다며 기업에 소송을 제기하기까지 했다.

기업도 힘든 처지에 놓여 있다. 많은 기업이 더 이상 기초 연구를 지원하지 않는다. 투자한 만큼 수익을 올리기 힘들고 너무 요원하기 때문이다. 한편 대기업들은 발 빠른 스타트업 경쟁자들이 앞서가는 가운데 자신들의 혁신성을 유지할 수 없어서 갈수록 좌절하고 있다.

그 결과 학계와 업계 사이에 겹치는 부분이 점점 커지고 있다. 아마 경제적으로 필요한 일일 것이다. 아이러니한 점은 두 문화가 거의 양립 불가능하다는 것이다. 대학과 같은 연구실을 만들고자 하는 기업은 뚜렷한 목표 없이 시간만 보내는 듯한 연구원들을 보며 점점 초조해진다. 그래서 오래지 않아 수익을 창출할 수 있는 무언가를 생산해 내라고 연구원들을 독촉하기 시작한다. 반면 대학은 연구원들이 상업적인 마인드를 갖추는 데 너무 신경 쓰다 보니 근본적으로 더 이상 새로운 발견을 하지 못하고 있다는 사실을 금세 깨닫게 된다.

대학 총장으로서 나는 이 둘 사이의 균형을 잡기 위해 노력했다. 계속해서 열린 연구를 보장하고, 연구가 공익에 이바지하게 했으며, 경제적 수익이 있다면 향후 연구에 투자할 목적으로 이를 공정하게 나누도록 했다. 아마 학계 활동 커리어와 실리콘 밸리 경험이 합쳐져 이 같은 결정을 내리게 되었으리라 생각한다. 다른 사람들은 어떻게 했는지 모르겠지만 내가 한 일은 다음과 같았다.

나는 실리콘 밸리 경험을 바탕으로 내가 스탠퍼드에서 주로 해야 할 일이 새로운 발견이나 발명을 장려하고 기업가로서 성공할 수 있는 방법을 가르치는 것이라고 결론 내렸다. 우리 학교는 법률 조언부터 스타트업 투자에 이르기까지 주변에 풍부한 자원을 갖추고 있었다. 따라서 적어도 IT 분야에서는 스탠퍼드가 창업 육성 프로그램이나 기술 이전에 대한 선제적인 개입 등을 통해 힘을 보탤 일이 거의 없었다(상대적으로 자금 확보가 어렵고 전문적이고 값비싼 실험 도구가 필요한 생명공학 분야에는 기회가 있을지도 모른다).

그렇기는 하지만 흔히 대학은 기업가가 될 가능성이 있는 교수와 학생의 능력을 제한하거나 절차나 비용 면에서 지적재산권 사용 허가를 받기 어렵게 만들어 새로운 벤처 기업의 탄생을 가로막기도 한다. 많은 대학이 창업 육성 프로그램에 거액을 투자하면서도 여전히 스타트업의 참여를 제한한다거나 과도한 특허권 사용료와 지분을 요구한다는 사실은 놀랍기만 하다. 스탠퍼드는 대학의 역할이 새로운 아이디어가 탄생할 수 있는 환경을 조성하는 것이며, 기술 이전의 기능은 말 그대로 기술을 전달하는 것이지 투자 대상 기업으로부터 최대한 많은 피를 빨아먹는 것이 아니라는 입장을 오래 고수하고 있다.

게다가 나는 개인적으로 대부분의 대학 연구가 최소한 일부나마 정부 자금 지원을 받으므로 사람들의 삶에 유용한 무언가를 발명했다면 그것이 실제로 상용화되도록 하는 것이 대학의 의무라고 믿는다. 이것이야말로 경제적 보상과는 별개인 우리의 도덕적 의무다. 물론 그 과정에서 보상이 따를 수도 있을 것이다.

그런데 이런 윤리적 태도가 우리에게 정말로 이익을 안겨주었다. 스탠퍼드는 항상 학생들과 교수들이 상업적으로 성과를 거두거나 기업가가 되는 꿈을 추구하도록 허용해 왔기 때문에 스타트업 성공의 대명사, 대학 기반 기업가의 메카가 되었다. 이러한 성공은 더 많은 성공을 낳아 왔는데, 우리가 그것을 가로막는 걸림돌을 의식적으로 제거하고 있기 때문이다.

실패에 굴하지 말고 일어서라

혁신적인 환경을 어떻게 오래도록 유지할 것인가? 21세기에 이는 업계부터 교육계, 정부에 이르기까지 우리 사회 모든 분야의 모든 리더가 끊임없이 던져야 하는 가장 중요한 질문이다.

내가 생각하기에 혁신적인 환경은 기꺼이 리스크를 감수하고 급진적이며 새로운 일을 시도하는 창의적 사고를 지닌 놀라운 사람들로부터 시작된다. 이런 사람들을 찾은 다음 당신이 리더로서 해야 할 일은 그들의 앞길에서 비켜 주는 것이다. 훌륭한 기업과 훌륭한 대학은 혁신의 온상이지만, 이는 창의적으로 사고하는 사람들이 다음 기회가 어디에 있을지 스스로 결정하게 해 줄 때만 가능하다.

리더가 전략적으로 중요한 분야를 파악하고 우선순위를 정할 수도 있다. 이를테면 유전체학genomics, 머신 러닝, 새로운 에너지 기술처럼 뚜렷한 연구 기회가 있으면서도 사회에 큰 혜택을 가져다줄 가능성이 엿보이는 것들 말이다. 그러나 리더는 이렇게 전략적으로 집중하는 연구에 과도하게 개입하는 것을 삼가야 한다. 지나치게 상세한 로드맵을 미리 정해 제시하고 사람들에게 이를 따르게 하는 일을 피해야 한다. 그러는 대신 우연한 행운과 발견이 일어날 여지를 허용해야 한다. 따지고 보면 그 분야에서 전문가는 당신이 아니라 그 사람들 아닌가?

물론 통제하고자 하는 욕구는 자연스러운 것이다. 당신은 새로운 투자가 성공하기를, 커다란 돌파구가 생기기를 바란다. 그런데 통제하려고 들면 혁신을 억압할 가능성이 높아진다. 당신이 얼마나 똑똑한 사람이든 함께 일하는 다른 사람들은 최소한 그들의 전문 분야에서만큼은 당신보다 더 똑똑할 것이다. 설사 각 개인은 그렇지 못하더라도 10명이 머리를 맞대면 분명히 당신보다 더 똑똑하다. 이는 래리 페이지와 세르게이 브린이 2004년 구글 기업 공개를 앞두고 작성한 '20퍼센트 시간' 지침에 잘 드러나 있다. "우리는 직원들이 자기 업무 시간의 20퍼센트를 할애해 공식 프로젝트 외에도 구글에 가장 도움이 되리라 생각되는 일에 투자하라고 권장합니다. 이는 그들을 더욱 창의적이고 혁신적으로 만들어 줍니다."

직원들의 근무 시간 중 20퍼센트를 창의성에 할애하게 하는 것은 시간과 자원을 엄청나게 낭비하는 것처럼 보일 수 있다. 특히 수만 명의 직원 중 상당수가 IT와 관계없는 일을 하는 직원을 보유한 기업의 경우라면 말이다. 하지만 사실 이것은 IT 업계가 직면한 "규모가 더 커지고 더 큰 성공을 거둘 때 어떻게 혁신성을 유지할 것인가?"라는 최대 과제를 해결하기 위해 노력해 보는 것이다.

많은 조직이 처음 만들어졌을 때는 꽤 창의적이다. 사실 그들이 존재하는 이유는 혁신 덕 아닌가? 그런데 어느 시점에서는, 대개 기업이 상장하고 특정 규모에 도달하고 나면 리더는 자산을 보호하고, 기존 제품을 시장에 더 깊이 침투시키고, 투자자들의 단기 이익을 보장하는 데 초점을 맞추기 시작한다. 그런 날이 찾아오면 많은 기업, 심지어 실리콘 밸리처럼 역동적인 곳의 기업조차 덜 혁신적인 경로를 택하는 경우가 너무 흔하다. 설사 단기적 요구를 충족시켜 줌으로써 장기적 침체나 쇠퇴를 대가로 치른다 해도 말이다.

이런 지위에 있는 리더들에게도 해결책은 있다. 그러나 여간해서는 너무 위험하고 부담스러워서 시도하려는 기업은 거의 없다. 그들은 단기 투자자본수익률ROI을 향상시키고, 현재 주가 상승과 수익 보상을 누리고(사실 그것이 그들이 애초에 채용된 이유다), 후임자들이 경쟁력 상실과 성장세 하락에 대처하도록 놔두는 편이 낫다고 생각한다.

이와 다른 길을 택한 리더가 바로 스티브 잡스였다. 실제로 그는 애플을 더욱 혁신적으로 만들었는데, 몇 가지 이점(그것을 이점이라고 부를 수 있다면)과 함께 시작했다. 첫째, 21세기의 시작과 더불어 그가 다시 리더의 자리로 돌아왔을 때 애플 컴퓨터는 심각한 위기에 처해 있었다. 이미 수년간 기술 혁신 부진으로 쇠퇴하고 있었기에 주주들과 고객들은 기꺼이 위험을 감수할 용의가 있었다. 둘째, 잡스는 이미 오랜 기간에 걸쳐 헌신적인 혁신가 이미지를 세웠기에 직원들과 투자자들, 고객들은 더욱더 그에게 똑같은 혁신을 기대했다. 마지막으로, 잡스는 회사에 돌아온 그날부터 애플의 이미지를 세상에 다시 알리기 시작했다. 제품 혁신뿐 아니라 카테고리 자체의 혁신에, 그것도 거의 유례없는 창의성으로 헌신하는 기업이라는 이미지로 말이다. 그럼에도 그가 돌아오고 아이폰이 최초로 공개되기까지 10년이란 시간이 필요했다.

다른 기업의 최고경영자들이 스티브 잡스의 선례를 따라갈 수 있을까? 스티브 잡스는 거의 유일무이한 존재였으므로 아마 그러지 못할 것이다. 하지만 그의 성공 전략을 빌릴 수는 있다. 기업에서 혁신을 권장하고, 그에 대해 보상하고, 주주들이 거기에 대비하도록 교육하는 캠페인을 시작하면 된다. 무엇보다 현 상태로는 충분하지 않다고 고위 임원진과 이사회를 설득할 필요가 있다.

물론 전략의 일환으로서 혁신을 채택한다는 것은 여러 차례 실패를 맛보고 극복해야 한다는 뜻이기도 하다. 스티브 잡스의 경우

맥Mac이 성공을 거두기 전에 리사Lisa라는 실패작이 있었고 넥스트 NeXT는 퍼스널 컴퓨터로서 성공작이라고 할 수 없었다. 나는 개인적으로 밉스를 기업으로 만드는 데서 몇 차례 심각한 차질을 겪었다. 또 뉴욕에 캠퍼스를 건설하려던 일이나 차터 스쿨을 확장하려던 일도 계획대로 진행되지 않았다. 혁신을 받아들인다는 것은 실패를 받아들이고 그로부터 회복한다는 뜻이기도 하다. 중요한 것은 가능한 한 많은 실패를 피하고, 피하지 못한 실패로부터는 최대한 빨리 몸을 추스르고 일어서는 것이다.

전략 계획에서는 '외부인'의 시각이 중요하다

지금까지 협업과 혁신에 관한 우리의 논의는 대부분 단일한 프로젝트나 계획에 초점이 맞춰져 있었다. 어떻게 하면 새로운 일련의 활동 개발을 기획하고 조직을 변화시켜 줄 전략 계획을 세우는 데 혁신을 이용할 수 있을까? 업계에서는 IBM 360, 애플 맥, 구글의 유튜브처럼 완전히 새로운 제품군이 개발될 때 이러한 변모가 일어난다. 대학에서는 흔히 전략 계획과 거기에 수반되는 기금 모금 캠페인이라는 연속적 활동의 일환으로 이루어진다. 스탠퍼드의 경우는 '스탠퍼드 챌린지'와 이를 통해 성공적으로 기금을 마련하는 형태로 재탄생되었다. 우리 학교를 미래로 도약시키기 위해 수년에 걸쳐 계획을 수립한 결과물이었다.

앞에서 성공적인 팀은 직급이 가장 낮거나 자격증, 학벌 등이 부족한 팀원의 아이디어와 판단에도 동일한 무게를 둔다고 이야기한 바 있다. 이러한 포용성은 지식과 경험, 개성의 다양성에서도 마찬가지다. 이것은 본질적으로 여러 학문이나 분야에 걸쳐 전략을 개발할 때 특히 그렇다.

여러 측면에서 다양한 전문 분야를 모두 포용하는 것은 조금 더 까다롭다. 자신과 같은 분야인 후배의 말을 듣는 것과, 완전히 다른 분야를 전공해 당면한 주제와 공통점이 거의 없는 사람을 존중하는 것은 별개의 문제기 때문이다. 하지만 지금까지 내가 얻은 중요한 통찰 하나는 '외부인'의 관점을 지닌 사람들에게서 나왔다. 지금부터 그 이야기를 하고자 한다.

2002년, 우리는 앞으로 20년 넘게 진행될 우리의 발전과 전략 계획이라고 할 수 있는 스탠퍼드 챌린지의 골조가 될 논의를 시작했다. 우리 학교 역사에서 지난 50년은 전 세계의 비슷한 다른 어떤 학교와도 비교할 수 없었다. 스탠퍼드는 미국의 상위 20개 학교 명단에서 곧잘 빠졌던 것에서 상위 5개 학교에 꾸준히 이름을 올리는 수준으로 올라섰다. 거기에서 더 발전하는 것은 차치하고 어떻게 하면 그 업적에 버금가는 일을 해낼 수 있을까?

우리는 가장 먼저 어떻게 그런 성장이 가능했는지 자문하는 일을 해야 했다. 그것은 단순한 우연이 아니었다. 무언가가 그런 변화를 이끌었다. 과연 무엇이었을까?

법학대학원 원장 캐슬린 설리번Kathleen Sullivan이 답을 주었다. "일련의 좋은 투자가 많이 이루어진 덕분입니다. 공학과 과학을 성장시키고, 의과대학을 샌프란시스코에서 본 캠퍼스로 옮기고 생명과학의 기초 연구를 확대할 수 있었지요. 당시 세계에서 가장 큰 원자 파괴 장치인 스탠퍼드 선형 가속기를 설치하고 그것이 지닌 능력을 활용해 몇 번이나 노벨상을 수상했습니다. 전략적 베팅을 크게 했던 이 모든 것이 학교의 미래 전체를 바꾸어 놓았습니다."

사실 법학대학원 원장에게서 기대할 수 있는 대답이 아니었다. 그럼에도 스탠퍼드가 과학에 투자한 것을 바라보는 외부인의 관점과 믿을 수 없을 정도로 명료한 캐슬린의 말솜씨 덕분에 그는 모두가 바로 이해할 수 있는 방식으로 상황을 인식하고 명확히 설명했다.

설리번 원장의 발언은 단순히 우리의 눈만 뜨게 한 것이 아니라 우리가 도전 과제를 새롭게 바라볼 수 있도록 방법을 제시해 주었다. 전임자들이 이루어 놓은 엄청난 베팅 덕분에 우리는 크고 자유롭게 생각할 수 있었다. 우리는 이제 더 야심 찬 전략의 개요를 대략적으로 작성한 뒤 학교의 여러 분야에서 뽑은 사람들로 위원회를 조직하기 시작했다. 물론 우리가 처음 해야 할 일은 위원회에서 훌륭한 리더, 즉 새로운 방향이 좋은 결실을 맺을 수 있도록 하고, 목적 없이 헤매기보다는 견고한 계획을 세울 수 있게 해 줄 사람을 찾는 것이었다.

여러 학문을 협력적으로 연구하고 강의하도록 하는 것이 전반적인 목표였지만 기획위원회는 잠재성이 보이는 특정 분야를 파악함으로써 계획에 살을 붙여야 했다. 그래서 우리는 환경적 지속 가능성, 생체의학과 인류의 건강, 국제 관계와 방위, 그리고 발전 분야에서 기회를 탐색할 그룹을 만들었다. 스탠퍼드는 해당 분야의 훌륭한 리더 몇 사람을 보유하고 있었는데 이들은 더 큰 노력을 위해 기반을 닦아 주었다.

부총장과 나는 주력 분야를 정한 뒤 그 밖에도 겉보기에 연관성이 적은 학문 분야를 포함시킬 방법을 찾기 시작했다. 그중에서 교수진으로 구성된 기획위원회가 찾아낸 분야가 바로 예술이었다. 역사가 더 깊은 동부의 경쟁 학교들에 비해 스탠퍼드는 예술 분야에서 그리 두각을 나타내지 못하고 있었다. 시설 좋은 공연장도 부족했고 미술관은 상대적으로 뒤떨어졌으며 학과들의 예술 훈련과 연습 비중은 낮았다. 다행히 세계적 수준의 다큐멘터리 영화와 창작 글쓰기 프로그램이 있어서 그것을 기반으로 할 수는 있었다.

부총장과 나는 예술 면에서 글쓰기와 시각 예술을 공부한 아내들의 영향을 많이 받았다. 하지만 다른 학장들은 예술 프로젝트를 시작하자는 의견에 대해 어떻게 생각할까? 우리가 어떻게 그들을 설득할 수 있을까?

이번에 우리를 놀라게 한 사람은 경영대학원 원장 밥 조스Bob Joss였다. "예술은 훌륭한 교육과 한데 얽힌 분야입니다. 우리 경영학 석사MBA 과정 학생들의 삶에서도 중요한 역할을 하고 있지요"라는 말이 경영대학원 학장 입에서 나오리라 누가 생각이나 했겠는가? 대학 공동체 전반에서 예술이 하는 역할에 대한 통찰은 곧 예술 분야의 중대한 프로젝트로 이어졌다.

설리번 원장과 조스 원장의 발언은 그 자체로 중요할 뿐 아니라 다른 모든 사람에게도 본보기가 되었다. 그들은 "눈을 떠라. 자기 분야만 중요하다고 떠들지 말고 우리 학교 전체의 요구와 다음 세대 학생들을 생각하라"라고 말하고 있었다. 이 학제간 협업에 맞취진 계획의 초점을 명확히 전달하기 위해 모든 학장들은 스탠퍼드 챌린지를 위한 기금 마련 행사에서 자신의 단과 대학이 아닌 학교 전체 차원에서 학제간 연구의 중요성에 대해 목소리를 높였다.

비전을 개발하고 전하라

학문적 기획 그룹들과 학장들이 전략 계획으로 뜻을 모은 뒤 다음 단계에서 할 일은 외부에 제시할 비전을 개발하고 전달하는 것이었다. 과정 전반을 감독하고 조언하기 위해 전현직 이사회 임원 몇 명이 소집되었다. 이 그룹은 기업 이사회가 회사의 장기 계획을 검토하고, 객관적인 시각을 제시하고, 곤란한 질문을 던지고, 방향을 명확히 하는 것과 유사한 방식으로 활동했다. 이러한 노력은 디어밸리에서 열린 주말 워크숍에서 결실을 맺어 우리는 두 가지 핵심 주제를 정하는 데 성공했다. 하나는 세계에서 가장 큰 문제에 초점을 맞춘 학제간 연구, 다른 하나는 그러한 해결책을 실행에 옮길 수 있는 미래의 글로벌 리더 교육이었다. 예술 프로젝트는 창의적이고, 불확실성에 더 잘 대처하고, 좀 더 폭넓게 교차 문화를 이해하는 리더를 키우는 데 핵심적이었다.

그런 다음 이 그룹은 미국과 유럽의 여러 도시에서 열린 23회 캠페인 토론에 참여했다. 이러한 과정은 프로젝트의 내용과 비전을 더욱 정교하게 다듬어 주었다. 미국에서 열린 토론에서 한 가지 흥미로운 결과가 나왔다. 바로 K-12 교육을 중심으로 한 프로젝트가 추가된 것이다. 간단히 설명하면 국제적 시각을 지닌 많은 졸업생이 우리에게 촉구한 것으로, 자신들이 생각하는 미국에서 가장 큰 사회 문제의 해결에 나서라고 한 것이다. 그들이 옳았다. 그래서 우리는 그것을 본래 계획에 추가했다.

하지만 안타깝게도 K-12 프로젝트는 학문적 기획 과정에 도움 받지 못했다. 그 결과 여러 단과 대학이 광범위하게 참여하지 못했고, 전체 프로젝트에 일부 중요한 공헌을 하기는 했지만 본 프로젝트처럼 장기적으로 성공하지 못했다. 이 사례에서 나는 중요한 프로젝트를 시작할 때는 구상 과정을 서둘러서는 안 된다는 교훈을 얻었다. 확실히 스탠퍼드를 위해 필요한 프로젝트였지만 합의를 얻어내고 학교 전반에 걸쳐 여러 리더의 참여를 구하는 데는 시간이 걸리기 마련이었다.

이제 내부 지지를 광범위하게 확보하고, 이사회 임원들의 도움으로 개선되고, 이사회는 물론 더 많은 고문에게 후원을 받는 계획이 완성되었다. 대중 앞에 공개할 준비가 되었다. 어떤 전략이든 궁극적으로는 구성원들에게 공개할 필요가 있다. 기업의 경우는 고객들이고 비영리 단체의 경우는 졸업생들과 기부자들이다. 그들이 이 계획을 혁신적이고 원대하며 설득력 있다고 여길 것인가?

스탠퍼드의 미래를 위해 우리의 비전을 전하고자 우리는 3년에 걸쳐 미국, 유럽, 아시아의 19개 도시를 순회하며 수십 명의 교수와 100회가 넘는 세미나를 진행하고 1만 명이 넘는 졸업생들의 도움을 받았다. 나는 행사 하나를 마치고 유명 졸업생과 이야기 나눈 것이 기억난다. 그는 스탠퍼드에서 보낸 시간이 자신에게 얼마나 큰 의미가 있는지, 그 시간을 얼마나 소중히 여기는지 들려주었다. 그런데 그날 행사에서 우리의 발표를 들은 뒤 스탠퍼드의 일원이란 사실이 더 자랑스러워졌다고 했다. 그만하면 임무를 완수한 것 아닌가?

평생이
배움의 과정이다

Curiosity

중요한 것은 질문을 멈추지 않는 것,
경건한 호기심을 결코 잃지 않는 것이다.

알베르트 아인슈타인 Albert Einstein

리더에게 폭넓은 지식은 필수다

백악관 대통령 집무실 측근들이 한 말이 있다. 누구든 대통령으로 선출되고 나면 배움이 끝난다고 말이다. 해야 할 일이 너무 막중하고 외부의 영향이나 자극으로부터 차단되어 있어 대통령이 새로운 것을 배우기는 거의 불가능하다는 것이다. 대통령이라는 유일무이한 자리에서는 그 말이 옳을 수도 있다. 어떤 사람들은 대규모 조직을 이끄는 사람들 또한 그렇다고 생각한다. 물론 일부 기업의 최고경영자와 몇몇 대학교 총장을 비롯해 특정 리더들에게는 이 말이 맞을 수도 있다.

하지만 나는 그렇게 생각하지 않는다. 최고의 위치에서도 배울 수 있고(아니 배워야만 하고) 자신의 역할과 분야에 직접 연관된 주제뿐 아니라 자신을 더 다재다능하고 박학다식한 사람으로 만들어 줄 다양한 주제를 탐구해야 한다고 믿는다.

물론 리더라는 직책을 받아들이고 나면 특정한 지식 분야를 숙달할 시간이 부족할 수 있다. 기껏해야 아는 것 많은 아마추어가 될 것이다. 리더로 향하는 과정에서 수년간 교육과 훈련을 받은 뒤 어떤 분야를 마스터했다면 이러한 아마추어 상태가 불만스러울 수도 있다. 하지만 그럴 때는 자신의 상황을 받아들이는 것이 최고다. 이제 당신의 직업은 리더다. 리더십 기술을 갈고닦기 위한 공부 외에도 줄기세포, 인공지능, 신경과학처럼 조직에 영향을 미치거나 성장 가능성을 제시할 수 있는 분야의 새롭고 빠른 변화를 익히는 데 초점을 맞추어야 한다. 당신은 리더로서 새로운 분야의 사람들에게 지적인 질문을 할 수 있도록 충분히 배우고, 그들의 답이 당신의 세계관이나 조직관에 어떤 영향을 미칠지 이해하는 것을 목표로 삼아야 한다.

이와 같은 조언은 대학과 산업계 전반에 모두 유효하다. 예를 들어 나는 구글의 모회사 알파벳Alphabet의 이사회 일원이다. 인공지능과 머신 러닝 혁명을 지켜보며 (그리고 구글과 스탠퍼드의 여러 동료에게 많은 질문을 던지며) 나는 인류가 이 기술 분야에서 불연속적 변화와 엄청난 도약을 이루기 직전에 와 있음을 알 수 있었다. 알파고가 세계 최고의 바둑 기사 이세돌을 이긴 것만 봐도 이러한 것이 현실임을 알 수 있다. 나는 결코 인공지능 기술의 전문가라고 자부할 수 없지만 배경지식이 조금 있는 데다 몇 가지 핵심 질문을 던지고 다른 사람들의 질문에 귀 기울였다. 덕분에 구글의 인공지능에 대한 투자 확대를 주요 의제로 다룬 이사회 전략 회의에서 어느 정도 의견을 제시할 수 있었다.

대학 환경에서 새로운 기술을 배우는 것은 주요 투자를 둘러싼 의사 결정을 내리는 데서 반드시 필요하다. 예를 들어 예전에 어느 동료 교수가 광학을 이용해 두뇌의 뉴런 상태를 감지하고 변화시키는 광유전학 기술을 발명했다. 이 대담한 기술을 접했을 때 나는 그것이 신경과학계의 연구 방식을 바꿔 놓을 뿐 아니라 장차 다양한 뇌 질환 치료법의 발견으로 이어지리란 것을 알았다.

솔직히 이 기술에 대해 배우고 싶었던 건 내가 원래 호기심 많은 사람이기 때문이었다. 하지만 광유전학을 이해하고 있었던 덕분에 결과적으로 부총장과 나는 이 분야에 대규모 투자를 하기로 했다. 광유전학이 상당한 잠재력이 있다는 사실을 알아보는 데 그 분야의 전문가가 될 필요도 없었고 당연히 그럴 시간도 없었다. 그저 몇 가지 질문만 하면 되었는데, 그 후 나는 원생생물인 조류藻類에서 얻은 유전자를 얼마나 창의적으로 이용할 수 있는지 그리고 왜 그것이 중요한 발전인지, 그 기술이 어떤 방식으로 돌아가는지 일반인이 이해할 수 있는 용어로 설명할 수 있었다.

기업 임원에게 이런 폭넓은 지식이 유용하다면 대학 총장에게는 절대적으로 중요하다. 단 하루 동안에 학교 개혁을 위해 노력하는 누군가와 이야기를 나누고 관련 문제들을 이해할 수 있어야 한다. 그런 다음 기업 지배 구조를 연구하는 사람과 토론하려면 직원 보상과 이사회 구성을 둘러싼 문제들에 대해 어느 정도 알고 있어야 한다. 이어서 의과대학 연구원들과 암 치료를 위한 새로운 면역 요법에 대해 이야기할 필요가 있다. 그다음 할 일은 공과대학 사람들을 만나 새로운 배터리 기술 분야에서 무슨 일이 일어나고 있는지 알아봐야 한다. 매 단계마다 이해에 필요한 용어들을 알고 관련된 질문을 할 수 있어야 하며, 새로운 발전이 학교에 어떤 영향을 미칠 수 있는지 식별할 수 있어야 한다.

장담컨대 조직을 잘 이끌려면 배움은 계속되어야 한다.

책 읽기는 선물이다

아마 나는 평생 꽤 건전한 지적 호기심을 지녀왔던 것 같다. 어릴 때는 몇 시간씩 신나게 백과사전을 읽었다. 1950년대 내가 어린 소년이었을 때 항공우주공학자였던 아버지는 이따금씩 야간 근무를 했다. 그런 밤이면 어머니는 우리에게 책을 읽어 주셨는데 몇 년에 걸쳐 프랭크 바움의 《오즈의 마법사》 시리즈를 거의 다 읽어 주셨다. 어머니가 책 읽기를 좋아한 것은 우리에게 준 가장 위대한 선물이었지만 그 당시 나는 그것을 깨닫지 못했다.

그로부터 10년이 지나 대학에 들어갔을 때 나는 기숙사 친구 대부분을 포함해 많은 신입생이 시간을 보내는 사교 행사나 파티, 이런저런 별난 일들에 전혀 관심이 없었다. 그 대신 나의 지적 호기심을 충족시키는 데 더 집중했다.

친구를 많이 사귀지는 못했지만 나는 첫 학기에 좋은 성적을 올렸고, 학장을 찾아가 봄 학기에 추가 학점을 신청할 수 있게 해 달라고 설득했다. 봄 학기가 시작되고 몇 주가 지나 어머니로부터 매달 받는 생필품 꾸러미가 왔다. 평소와 달리 편지는 없고 짧은 메모만 담겨 있었다. 시력에 조금 문제가 생겼지만 걱정할 필요는 없고 곧 편지를 쓰겠다고 적혀 있었다. 그로부터 한 달 뒤 아버지에게서 전화가 왔다. 어머니가 암으로 죽어 가고 있으니 빨리 집으로 돌아오라는 것이었다. 그날 저녁 기차역으로 마중 나온 아버지는 어머니에게 단 며칠밖에 시간이 남지 않았다고 말했다. 바로 그날 밤 우리 여섯 형제자매가 이야기를 나누다가 병원에서 어머니가 돌아가셨다는 연락을 받았다. 우리는 큰 충격과 슬픔에 휩싸였다.

나는 일주일 뒤 학교로 돌아갔지만 정신을 집중할 수가 없었다. 공부에도 흥미를 잃어 결국 그 학기 성적은 좋지 못했다. 정신적으로 나를 도와줄 사람이 아무도 없었다. 6월에 학기가 끝나 집으로 가게 되자 기뻤다.

우리 가족과 나는 어떻게 그 비극을 이겨 냈을까? 사려 깊고 인내심 많고 온화하신 외할머니가 당신의 삶을 거의 포기하고 그때부터 몇 년 동안 우리 집을 오가며 어린 동생들을 돌봐 주셨다. 집으로 돌아와 가족과 친구들에게 둘러싸여 지내게 되자 삶의 균형을 되찾을 수 있었다. 그리고 돌아가신 어머니가 책에 대한 사랑, 세상에 대해 언제나 더 많이 배우고 싶은 욕구 등 나에게 얼마나 많은 것을 남겨 주었는지, 앞으로 살아가면서 그 선물을 어떻게 활용할 수 있을지 깨달았다. 그때부터 지금까지 어머니는 매 순간 나와 함께해 왔고, 나는 어머니가 자랑스러워할 삶을 살기 위해 노력해 왔다.

다른 사람의 경험으로부터 배워라

나는 오늘날까지도 책에 욕심이 많다. 배움이 삶을 더욱 흥미롭게 만들어 주기 때문이다. 월터 아이작슨은 《레오나르도 다빈치》에서 다빈치가 자신의 호기심을 자극하는 것들을 노트에 기록했는데 그것이 무려 7200여 장이나 된다고 썼다. 지식을 추구하고 실현 가능성을 깊이 탐구하는 일을 즐기는 사람의 명확한 징표라고 할 수 있다. 나 역시 그와 비슷하게 채울 수 없는 학습 욕구가 있다고 생각한다. 이런 평생에 걸친 호기심은 개인적인 즐거움을 넘어 내 커리어에 크게 도움을 주었다. 그 덕분에 나는 세상과 세상의 미래에 관한 의미 있는 대화에 참여할 수 있었다.

비교적 동질성이 강한 학문으로 구성된 공학대학 학장에서 훨씬 더 다채로운 분야를 포괄하는 대학교 총장으로 리더 임무가 확장되었을 때 문득 내가 얼마나 아는 것이 없는지 깊이 깨닫게 되었다. 대략 100개쯤 되는 스탠퍼드의 학과와 프로그램 중에는 내가 해당 학문을 전공하는 학부생보다 지식이 부족한 분야가 많았다.

나는 바로 독서량을 두 배로 늘렸다. 그리고 매우 중요해 보이지만 잘 모르는 분야를 공부했다. 과학자로서 가장 배우기 어려운 부문은 인문학이었다. 40년 넘게 함께한 예술가 집안 출신의 예술가 아내에게 시각 미술에 대해 배웠고 소설을 좋아해 문학사에도 조금 지식이 있었지만 나는 여전히 공부할 것이 많았다. 주로 문학과 역사학에서 중요한 책들을 다루는 잡지《뉴욕 리뷰 오브 북스The New York Review of Books》를 훑기 시작했다. 거기 소개된 책들 중 상당수는 내가 평소 읽는 책들보다 더 학문적이었지만 내가 맡은 임무에 대비하는 데는 도움이 컸다.

하지만 총장이라는 새로운 리더의 자리에 관련된 책에 집중하는 것이 무엇보다 중요했다. 나는 오랫동안 링컨을 연구해 왔지만 이제는 거기서 좀 더 나아가 무엇이 시어도어 루스벨트, 린든 존슨 같은 리더들을 위대하게 만들었는지 이해하고자 노력했다. 그중에서 특히 린든 존슨에게 관심이 갔다. 베트남 전쟁 탓에 평판이 안 좋아지기는 했지만 국내 정책에서만큼은 그처럼 훌륭한 유산을 남긴 인물이 별로 없다(아마 현대사에서는 프랭클린 루스벨트 다음으로 뛰어날 것이다). 존슨이 어떻게 그런 일을 해 냈는지 알고 싶었는데 로버트 캐로Robert Caro의《상원의 지배자Master of the Senate》에서 설득력 있는 답을 찾을 수 있었다.

나는 역사책과 전기를 읽으며 위대한 도시와 국가, 문명의 궤적에 대해 이해하기를 늘 좋아했는데 이제는 리더십, 역사적 발견, 역사적 재난(특히 피할 수 있었던 재난) 등을 다룬 책을 집중적으로 읽었다. 위대한 리더들의 스토리를 읽으며 그들의 습관을 살피고, 어떤 특성이 그들의 성공을 도왔는지 파악하고, 그들이 위기의 순간에 어떻게 대비했는지 확인하고, 그들이 성공하거나 실패(어떤 면에서 성공보다 더 중요하다)했을 때 어떻게 처신했는지 이해하기 위해서였다.1

나는 리더십 문제에 관해 이야기할 비슷한 처지의 동료가 별로 없었다. 그랬기에 나보다 훨씬 더 큰 어려움에 직면하고도 이겨낸 과거의 인물들과 '대화'를 나누는 데서 위로와 도움을 얻었다. 물론 1785년의 문제들은 21세기에 맞추어 새롭게 해석해야 했다. 그렇지만 인간적 요소라는 것이 세기를 넘어서도 얼마나 일관되게(동기 부여, 행동, 의사 결정 등에서) 유지되는지를 깨닫고 놀라곤 했다.

예를 들어 조지 위싱턴은 어떻게 온갖 어려움 속에서 물자와 훈련 모두 부족한 군대를 이끌고 준비가 훨씬 잘 갖추어진 영국군을 무찌를 수 있었을까? 나는 여기서 위싱턴이 지닌 리더십 특징이 그의 전략만큼이나 중요하게 작용했음을 배웠다.

영국의 군 체계에서 장교는 신사인 반면 사병은 그 아래 계급이었다. 부유한 지주였던 위싱턴은 자신의 군대를 이와 비슷한 방식으로 조직할 수도 있었다. 하지만 그는 미국군 사병들을 신분이 낮은 사람이 아니라 동등한 동료로 대하는 길을 택했다.2 물론 그가 책임자가 되어 다른 사람들에게 명령을 내리기는 했지만(모두가 그것을 이해했다) 그렇다고 사병들을 자신과 다른 부류처럼 대했을까? 그들과 같은 식탁에 앉기를 거부했을까? 그렇지 않았다. 이것이 바로 병사들이 불굴의 충성심으로 그를 도와 싸웠던 이유다.

문학, 전기, 역사는 직접 어려움을 경험할 필요 없이 중요한 교훈을 주고 배울 수 있는 실험실과도 같다. 다른 사람들의 실패담을 읽으며 나는 실수를 피하는 법과 실패로부터 회복하는 법을 모두 배울 수 있었다. 최고의 리더는 단순히 실패를 받아들이기만 하는 것이 아니라 책임을 인정하고 실패를 성공으로 바꾸기 위해 노력한다는 것도 배웠다.

워싱턴은 롱아일랜드와 맨해튼 전투에서 거의 패할 뻔했으나 전열을 정비해 다시 일어섰다. 링컨은 조지 매클렐런 장군을 다른 사람으로 교체하기까지 너무 오랜 시간이 걸렸다. 그래서 전쟁을 초기에 끝낼 수 있는 많은 기회를 놓친 뒤에야 제대로 총사령관이 되는 법을 배웠다. 존 F. 케네디는 피그스 만 침공 작전 실패를 견뎌야 했고, 존슨은 베트남에서 고전했다. 어떤 리더들은 실패를 이겨 냈지만 어떤 리더들은 그러지 못했다. 나는 각각의 경우에서 배움을 얻었다.

성공의 월계관을 받아들이기는 쉽다. 물론 이때 함께 일한 다른 사람들이 리더인 당신만큼, 또는 당신보다 더 월계관을 받을 자격이 있다고 인정하면 더할 나위 없을 것이다. 하지만 자신이 틀렸음을 인정하고 실수에 대해 책임을 받아들이기란 쉽지 않다. 바로 이 점에서 많은 리더가 길을 잃는다. 실패를 부하 직원 탓으로 돌리는 것이다. 실패했을 때 다른 사람을 비난하는 것은 도덕적으로 잘못일 뿐 아니라 현실적으로도 리더인 당신의 신뢰도를 실추시킬 것이다.

훌륭한 리더는 어려운 순간을 맞았을 때 자신의 진정한 성품을 드러낸다. 율리시스 S. 그랜트 장군은 콜드하버 전투에서 그 마지막 재앙과도 같았던 돌격 감행 명령이 자신의 인생 최대의 실수였음을 인정했다. 수천 명의 목숨을 빼앗기고 참담하게 패배당했다. 드와이트 아이젠하워는 노르망디 상륙 작전의 실패(가능성)에 대한 비난을 받아들이겠다는 편지를 미리 써 놓았다. 그들의 스토리는 실패에 대해 비난을 받아들일 수 없다면 그 일 자체를 맡아서는 안 된다는 사실을 가르쳐 주었다.

또한 나는 훌륭한 리더는 똑같은 실수를 두 번 저지르지 않는 다는 것을 책을 통해 배웠다. 오히려 비슷한 상황과 다시 마주쳤을 때 훌륭한 리더라면 이미 이전의 실패에 대해 장기간에 걸쳐 곰곰이 생각하고 성공을 위해 오래전에 새로운 전략을 세워 놓았을 것이다. 리더는 모든 각도에서 자신의 실패를 분석한다. 많은 이가 자신의 성공에 대해 아는 것보다 자신의 실패에 대해 더 자세히 알게 될 때 까지 말이다. 이는 죄책감이나 자기 비난의 문제가 아니다. 중요한 것은 다음에 더 잘할 수 있는 법을 배우는 것이다. 나는 이러한 리 더들이 실패를 분석하는 것에서 하나의 패턴을 발견했다. 그들은 체 계적인 사고에 기초하여 왕성한 호기심으로 경험적인 접근법을 따 랐다. 무엇이 잘못되었는가? 무엇을 바꿀 수 있는가? 성공하기 위 해 학습 곡선을 따라 얼마나 더 나아갈 수 있는가? 대통령과 장군 뿐 아니라 과학자, 최고경영자, 기업가까지 모든 리더는 겸손과 용 기, 지성으로 실패와 마주할 필요가 있다.

한번은 월터 아이작슨에게 알베르트 아인슈타인, 스티브 잡스, 벤저민 프랭클린을 비롯해 여러 리더의 단점을 왜 그리 책에 담아 내려고 애썼는지 물어보았다. 그는 "누구나 단점과 실패에도 불구 하고 큰 성공을 거둘 수 있다는 사실을 보여 주고 싶었습니다"라고 답했다. 그렇다. 우리는 모두 성격이나 자질 면에서 단점이 있으며 모두 실수를 저지른다. 중요한 것은 할 수 있는 한 실수를 피하고, 실패했을 때는 그것을 받아들이고 회복해 다시 나아가는 것이다.

뉴욕 캠퍼스 계약에서 나 역시 실패를 맛보았다(5장 참조). 성공 적인 해결을 바라는 욕심이 너무 커지기 전에 현실을 직시하고 계약을 포기함으로써 겨우 스탠퍼드를 구해 냈다. 또한 학부 과정을 확대하려던 첫 번째 계획을 실패하고 말았다(6장 참조). 이 경우에는 내가 설득력 있는 근거를 내세우지 못했음을 깨달았다. 그렇게 나는 교훈을 얻었고 다음번에는 완전히 다른 접근법으로 다시 시도했다.

위대한 리더들의 성공과 실패를 탐구한 뒤였기에 그런 실패를 더 큰 맥락에서 이해할 수 있었다. 나는 실패를 내 개인 문제로 만들지 않았다. 그러기보다는 리더십 여정 중 겪기 마련인 과정 하나로 받아들였고 그 덕분에 빠르게 회복할 수 있었다.

나의 실수를 다른 사람을 가르치는 데 활용하기도 했다. 나는 밉스에 관한 스토리를 학생들에게 들려줄 때면 미숙한 기업가로서 내가 가장 크게 실수했던 경험을 반드시 알려 주었다. 신기술을 향한 우리의 비전은 성공했지만 우리 설립자들, 사업 경험이라고는 전무한 3명의 젊은 박사들은 의사 결정 능력을 적절히 갖추는 데는 실패했다. 그리고 이사회에 나가 충실하고 헌신적인 설립자 역할을 하기를 포기했다. 그 결과 이사회는 우리의 의견 없이 중요한 결정을 내렸다. 그런 결정이 회사를 망하게 하지는 않았지만 회사의 발전 속도를 늦추었고 주식 상장에 필요한 비용(2000만 달러 정도)을 높였다. 이는 내가 지금까지도 가장 안타깝게 여기는 점이다. 우리의 실수가 회사 소유권을 더욱 약화시켰고 회사를 성공시키기 위해 물심양면으로 일한 직원들에게 금전적 손해를 끼치게 되었다. 회사 공동 설립자 중 어느 누구도 같은 실수를 다시는 저지르지 않았다. 나는 다른 사람들이 그런 실수를 피할 수 있기를 바라면서 기회가 있을 때마다 그 실패담을 들려준다.

요컨대 당신이 어떤 산업이나 연구 분야, 어떤 자리의 리더든 계속 호기심을 두고 다른 사람들의 경험에서 배우려고 한다면 당신은 성공에 그리고 실패에 대비할 수 있다.

자신만의 서재를 갖추어라

나는 평생 이어 온 독서 습관(특히 성공한 리더들의 스토리를 읽은 것)이 나를 일구어 냈다고 믿는다. 훌륭한 역사와 전기의 힘에 대한 믿음은 나이트-헤네시 장학 사업의 커리큘럼에도 똑같이 반영될 것이다. 만약 우리 장학생들이 미래를 이끌게 된다면 과거의 리더들로부터 배우는 것보다 더 좋은 준비 과정이 어디 있겠는가?

이 책 마지막 부분에 실은 '나에게 가르침을 준 책들'에서 내게 리더십을 알려 주고, 힘든 시기에 나를 위로해 주고, 좋은 시기에는 객관적인 시각을 제시해 준 책들의 목록을 볼 수 있을 것이다. 정치가들의 전기, 혁신과 과학적 발견에 관한 책, 미국과 세계 역사에 관한 도서 목록이 수록되어 있다. 대부분 비소설을 소개했지만 나는 열렬한 소설 독자이기도 해서 목록 맨 끝에 내가 가장 좋아하는 소설가 목록을 일부 추가했다.

겸손한 마음으로 이 책들을 당신과 나누고자 한다. 물론 나에게 좋은 책이었다고 하더라도 당신에게는 그렇지 않을 수도 있을 것이다. 최소한 이 목록을 보고 당신도 비슷한 자신만의 서재를 만들고 싶다는 마음이 든다면 나는 더 바랄 것이 없겠다.

비전을 스토리에 담아
전달한다

아니, 아니! 모험이 먼저야.

설명하는 데 걸리는 시간은 끔찍하니까.

루이스 캐럴 Lewis Carroll, 《이상한 나라의 앨리스》

스토리는 힘이 세다

"스토리를 하나 들려드리죠."

캘리포니아 페블비치에서 열린 워크숍에서 스탠퍼드 이사회와 좌담을 나눌 때 나는 이렇게 이야기를 시작했다. 그때 우리는 17마일 드라이브 해안 도로의 관광 명소 중 하나인 포인트조 전망대 근처에서 바다가 내려다보이는 작은 집에 둘러앉아 저녁식사를 하고 있었다. 당시 학교의 평판은 좋았고 모두 기분이 매우 좋은 상태였다.

그때 나는 총장 임기가 거의 끝나가고 있어 유종의 미를 거두기 위해 마지막으로 해야 할 '큰 일'이 무엇일지 고심하고 있었다. 지난 몇 달 동안 어떤 아이디어가 계속 머릿속에서 맴돌았다. 학교의 몇몇 리더와 당시 이사회 의장이던 스티브 데닝에게는 한번 이야기한 적이 있었다. 이제 이사회 임원들의 생각을 들어 볼 차례였다. 나는 위험 부담이 있다는 것을 알고 있었고, 새로운 아이디어를 제시하는 가장 좋은 방법은 스토리를 통해서라는 것도 알고 있었다.

그래서 나는 스토리텔링을 시작했다. "115년 전 저명한 영국의 사업가가 전 세계의 유망한 젊은이들을 위해 장학 사업을 시작했습니다. 시간이 흐르면서 이 사업은 아주 크게 성공을 거두어 세실 로즈Cecil Rhodes의 이름을 모르던 사람들도 로즈재단과 로즈 장학금에 대해서는 알게 되었지요. 그가 우수한 학생들을 세계적인 리더로 만들기 위해 투자한 일은 이후 엄청난 결과를 가져다주었습니다. 로즈 장학금을 수혜한 학자들은 이름만 들어도 알 수 있지요." 그러면서 나는 몇 명의 이름을 언급했다. 러시아 대사 마이클 맥폴, 미국 상원의원 코리 부커와 빌 브래들리, CIA(중앙정보국) 국장 제임스 울지, 국가안보보좌관 수전 라이스, 노벨상 수상자이자 전 스탠퍼드 경영대학원 원장 마이클 스펜스, 오리건대학교 전 총장 데이비드 프로메이어, 전 애스펀연구소 최고경영자이자 작가인 월터 아이작슨, 하버드 의학대학원의 아툴 가완디, 컬럼비아의학대학원의 싯다르타 무케르지 등이었다. 이들은 세실 로즈가 남긴 참으로 훌륭한 유산이었다.

이사회 임원들을 사로잡은 나는 다시 말을 이었다. "저는 우리 스탠퍼드에서도 21세기를 위해 비슷한 사업을 만들어야 한다고 생각합니다. 남성뿐 아니라 여성에게도 열려 있고, 백인뿐 아니라 유색인에게도 열려 있으며, 영국 식민지였던 국가 출신뿐 아니라 전 세계 사람에게 열려 있는 프로그램 말입니다." 로즈 장학 사업은 이러한 변화를 서서히 이루어 냈지만 스탠퍼드는 19세기 말이 아니라 21세기에 새롭게 시작한다는 이점을 누릴 것이다.

마지막으로 더 생각할 수 있도록 비전을 제시했다. "스탠퍼드의 서부 해안 입지, 다양성, 학문적 우수성, 기업가 문화를 고려할 때 이런 프로그램이 앞으로 20년, 30년 뒤에 얼마나 훌륭한 리더들을 육성할 수 있을지 생각해 보세요." 그런 다음 이사회 임원들을 나의 비전 속으로 끌어들였다. "이런 사업을 확립해 미래에 투자한다면 우리 모두 얼마나 크나큰 자부심을 느낄지 생각해 보십시오."

시도할 가치가 있었다. 이사회 임원들은 열정적으로 반응했고 나는 이제부터 누구를 설득해야 할지 알고 있었다. 바로 나이키의 창립자이자 전설적인 자선사업가 필 나이트였다.

나는 필이 정부뿐 아니라 사회 모든 부문에서 나만큼 리더십에 관심과 우려가 있다는 것을 알고 있었다. 또한 현대의 많은 리더들이 현명하지 못한 결정을 내리고 있다고 우려하는 바도 알고 있었다. 왜 이런 일이 벌어지고 있을까? 아마 그들에게 관련 지식과 경험 또는 올바른 가치관이 부족하기 때문일 것이다. 마지막으로 필이 여전히 혁신과 기업가적 사고의 힘을 굳게 믿는다는 것을 알고 있었다. 그러므로 그가 창의적 사고를 지닌 이들에게 혁신적 리더십을 심어주는 일에 관심이 있을 것이라 생각했다.

나는 오리건에서 필과 만났을 때 로즈 장학 제도를 토대로 이야기했지만 그전에 먼저 기초 작업을 해 두고 싶었다. 그래서 필에게 그가 이미 알고 있는 내용에 대해 이야기했다. 지금 세상에는 정부뿐 아니라 업계(폭스바겐이나 웰스 파고 사태를 모두 지켜보았을 것이다)와 비영리 세계(미국대학체육협회가 추문으로 표류하고 있는 것도 알고 있을 것이다)에서도 리더십 문제가 매우 심각하다는 사실을 상기시켰다. 나는 세실 로즈가 한 세기 전에 이룬 일에 대해 이야기한 뒤 미래를 향해 눈을 돌렸다. 대단히 까다로운 선별 과정을 거쳐 전 세계의 인재들을 스탠퍼드와 스탠퍼드의 기업가 문화로 불러 모을, 전공에 관계없이 학제간 사고와 협력을 권장하는 사업이 어떻게 진정한 차이를 만들 수 있을지 설명했다. 나는 "우리가 잘만 해낸다면, 그리고 세심한 주의를 기울이고, 우리 자신을 제대로 평가하고, 스스로 책임을 진다면 훌륭한 결과를 얻을 수 있을 것입니다"라고 이야기했다. 필이 대답했다. "생각할 시간을 좀 주십시오."

이 정도 규모의 프로젝트에 바로 좋다고 대답할 사람은 아무도 없다. 이런 아이디어는 한동안 사람의 머릿속을 계속 맴돌아야 한다. 필 역시 이 사업이 자신에게 어울릴지 결정하기 전에 한동안 곰곰이 생각할 필요가 있었다. 한편 나는 스탠퍼드로 돌아와 원래 하던 일을 다시 시작했다. 그로부터 한 달 뒤 필에게 전화를 받았다. "이제 그 일에 대해 이야기할 준비가 되었습니다."

내가 비행기를 타고 포틀랜드로 가겠다고 하자 그는 "아니, 제가 그쪽으로 가겠습니다"라고 대답했다. 정말이지 잊을 수 없는 미팅이었다. 필은 만나자마자 바로 본론으로 들어가 두 가지 조건이 충족되면 4억 달러를 기부하겠다고 약속했다. 첫째는 내가 그와 함께 비용을 부담하는 것, 둘째는 내가 이 프로그램의 초대 이사장을 맡는 것이었다.

나는 그의 제안을 칭찬으로 받아들였다. 그리고 이 조건에 더 심오한 동기가 있음을 알고 있었다. 필은 내가 헌신적으로 임할지 아니면 단순히 관여만 할지를 확실히 하고 싶었던 것이다. 차이가 무엇이냐고? 베이컨에 달걀을 곁들인 아침 식사를 생각해 보자. 이때 닭은 관여만 했지만 돼지는 완전히 몸을 바친 것이다.

총장 자리에서 물러난 뒤 다른 사람들이라면 여행사로 전화를 걸어 골프 일정을 짜기 시작할 시점에 나는 나이트-헤네시 장학 사업을 성공시키는 데 모든 시간과 에너지를 투여하기로 마음을 다졌다. 설사 몇 년이 걸리더라도? 당연한 일이었다.

이러한 일련의 사건들은 하나의 스토리를 통해 시작되었다. 실제로 처음 내가 그 아이디어를 들려준 스티브 데닝은 나이트-헤네시 장학 사업의 중요한 지지자 중 한 사람이 되었다. 스티브와 로버타 데닝 부부는 이 사업을 위해 따로 기부금을 모으는 활동에 발 벗고 나섰을 뿐 아니라 나이트-헤네시 장학 사업의 본거지인 데닝관 Denning House을 짓는 데도 아낌없이 도움을 주었다.

어떻게 사람들의 마음을 끌어당길 것인가

사회 운동부터 IT 혁신까지 수많은 훌륭한 노력이 하나의 스토리에서 시작되었다. 우리는 스스로를 이성적인 존재라고 생각하기 좋아한다. 그래서 어떤 개념이나 아이디어, 프로그램의 정량적 평가를 전달하기만 하면 논리와 이성이 원하는 결과를 가져다줄 것이라고 생각한다. 그러나 사실은 그렇지 않다.

물론 사실과 수치는 우리 두뇌를 사로잡을 수 있다. 하지만 우리 마음을 사로잡는 일은 잘 하지 못한다. 논리상 흠잡을 데 없다는 이유로 어떤 제안에 동의하거나 따를 수도 있지만 그 논리가 우리에게 힘을 줄까? 그런 일은 매우 드물다. 반면에 밈meme(어떤 지식이나 문화가 모방과 복제를 통해 보존, 전파되는 것—옮긴이)이나 조직적인 움직임은 우리를 흥분시키고, 참여시키고, 귀중한 사람처럼 느끼게 하여 논리고 뭐고 다 집어치우고 당장 그 일에 뛰어들게 만든다.

이러한 이유로 팀원들을 고무시키고 어떤 행동을 하게끔 만들고 싶다면 스토리로 그들의 마음을 사로잡는 것이 가장 좋다. 그들이 스토리를 받아들이고 나면, 즉 당신의 비전 속에서 함께하고 있는 자신의 모습을 상상할 수 있게 되면 그때 사실과 수치로 그 논리를 뒷받침하면 된다.

물론 팀을 새로운 방향으로 이끌 때 가진 것이라고는 계획밖에 없을 수도 있다. 참신한 신제품을 만들려고 하든, 새로운 교육 시스템을 구축하려고 하든, 어떤 연구 프로그램을 도입하려고 하든 사람들에게 보여 줄 정량적 데이터가 없는 경우가 있다.

하지만 당신에게는 꿈이 있다. 그 꿈을 생생한 스토리로, 너무나 매력적이고 현실적인 스토리로 바꾼다면 사람들이 당신과 그 스토리를 공유하고 싶게 할 수 있다. 그들은 실제로 실패할 가능성이 있으며, 열심히 일해도 거의 보상받지 못할 것이며(적어도 처음에는), 다른 곳에서 더 쉬운 일을 찾을 수 있다는 것을 알지만 그래도 그러한 움직임의 일부가 되고 싶어 할 것이다. 그들은 개인보다 더 거대하고 더 중요한 무언가에 속하고 싶어 할 것이다. 그리고 그들이 당신을 믿는다면 당신을 따라 새로운 곳으로 나아갈 것이다.1

원그래프와 파워포인트 슬라이드만으로 그런 열정을 이끌어 낸 사람은 지금껏 아무도 없었다. 사람들의 마음과 상상력을 사로잡을 수 있어야 한다. 당신의 비전을 도저히 거부할 수 없게끔 매력적인 것으로 만들어 사람들과 나누어야 한다.

스토리가 비전을 이끈다

스탠퍼드 동료들과 함께 학교를 위해 전략 계획을 세울 때(7장 참조) 세계의 주요 문제들에 초점을 맞춘 학제간 연구와 교육을 주요 테마로 삼았다. 그리고 이러한 계획은 '스탠퍼드 챌린지'라는 기금 마련 캠페인의 기반이 되어 주었다. 잠재적 기부자들에게 우리가 계획한 대로 사명을 완수할 수 있다는 것을 납득시키려면 스토리가 필요했다. 서로 다른 학문 분야의 팀들이 힘을 합칠 수 있으며(물론 학계에서는 흔치 않은 일이다) 우리가 그러한 재능을 중대하고 현실적인 문제 해결에 적용할 수 있다는 것을 보여 주어야 했다. 다행히 넷스케이프로 크게 성공한 짐 클라크가 거액을 후원해 바이오-엑스 프로젝트가 만들어져 그런 학제간 연구의 프로토타입으로 훌륭한 스토리를 제공해 주었다.

그때 우리는 바이오-엑스 프로젝트를 확립하고 클라크의 기부금을 활용하기 위한 일환으로 서로 다른 분야 교수들이 협력해 참신한 연구를 할 때 초기 연구 자금을 지원하는 '벤처 기금 종잣돈'을 마련했다. 초창기 자금 지원 신청 사례 중에 화학공학과와 안과학 공동 연구팀이 내놓은 인공 각막 개발 계획이 있었다. 서구권에서는 주로 시신에서 적출한 각막으로 이식 수술을 하는데 이는 개발도상국이나 전쟁 중인 국가에서는 별로 효과적이지 않다. 눈 부상을 당한 사람 수가 기증자 수보다 훨씬 많기 때문이다.

이 공동 연구팀은 인공 각막이라는 참신한 해결책을 내놓은 뒤 상당한 추가 지원금을 받아 인체에 적용하기 전에 동물 이식 실험을 시작했다. 이들은 학문 간 협업이 놀라운 성과를 거둘 수 있다는 것을 입증해 보였다. 부상으로 앞을 볼 수 없는 사람에게 시력을 되찾아 준 것이다. 이 스토리는 스탠퍼드 챌린지를 위한 기부금 모금 행사에서 우리가 들려주는 레퍼토리의 일부가 되었다.

스탠퍼드에는 죽은 아들을 생각하며 학교를 세운 캘리포니아 철도 재벌과 그의 아내, 1906년 샌프란시스코 대지진 후 학교 재건과 구호 활동 그리고 지진 연구, 42년 연속 최소 한 종목 이상 미국 대학체육협회 선수권 우승 등 역사적으로 흥미로운 스토리가 가득하다. 그런데 그중에서도 가장 유명한 스토리는 우리 학교에서 그 뿌리를 흔히 찾을 수 있는 실리콘 밸리와 관련된 것들이다.

1930년대 초 스탠퍼드대 교수의 아들이자 본인 또한 교수였던 프레드 터먼Fred Terman은 미시시피강 서쪽 지역에서 진행된 최초의 전자공학 프로그램 중 하나를 시작했다. 그는 스탠퍼드 광장 뒤편 건물들 사이에 있는 자신의 연구소로 미국 최고의 전기공학 전문가들을 끌어 모았다. 여러 세대로 구성된 공학자들과 고체 물리학자들 그리고 나중에는 컴퓨터과학자들이 합류했다. 그들은 스탠퍼드 산업단지Stanford Industrial Park(이것도 터먼이 만들었다)를 비롯해 주변의 여러 공동체로 퍼져 나가며 디지털 혁명을 주도했다. 오늘날 세계를 선도하는 벤처 캐피털 공동체 또한 스탠퍼드 캠퍼스와 인접해 있는데 이것은 결코 우연이 아니다.

이러한 사건들로부터 수백 가지의 스토리가 탄생했다. 매년 신입생들이 캠퍼스에 도착하면 마치 성지 순례자처럼 휼렛패커드의 공동 창립자인 빌 휼렛Bill Hewlett과 데이비드 패커드David Packard가 실험했던 장소, 베어리언Varian 형제가 클라이스트론klystron(레이더)을 만든 장소, 제리 양Jerry Yang과 데이비드 필로David Filo가 야후 개발을 도운 장소, 세르게이 브린과 래리 페이지가 구글을 처음 시작했던 장소 등을 찾아다니는 광경을 볼 수 있다. 수많은 학생이 이런 스토리를 알고 이제는 기업가의 아이콘이 된 그들을 본보기로 삼고자 스탠퍼드에 들어온다. 뮤지컬 〈해밀턴〉에 나온 대사를 빌려 말하자면, 학생들은 그런 일이 일어난 캠퍼스에 있고 싶은 것이다.

새로운 세대의 발명가와 기업가의 상상력 속에 계속 살아 있는 이런 스토리들은 과학이나 공학의 새 지평을 열고자 할 때 우리의 비전을 인도한다. 나의 주요 목표는 바이오-엑스 프로젝트와 클라크센터의 성공을 기반으로 삼아 나노과학부터 생명과학, 환경과학과 환경공학, 기업가 정신 프로그램까지 진보적 사고와 활동의 본거지가 되는 새로운 학제간 공학관과 과학관 네 곳을 세우는 것이었다. 나는 이 비전에서 영감을 얻은, 더 구체적으로 말하면 이 건물 네 곳에 자신의 이름을 붙여 줄 기업가 기부자를 찾고 싶었다.

기쁘게도 우리는 목표를 이루었다. 이 건물들을 세우도록 도와준 젠슨 황Jensen Huang(엔비디아 창립자), 짐 스필커Jim Spilker(스탠퍼드 텔레커뮤니케이션스 창립자), 제리 양(야후 창립자), 램 슈리램Ram Shriram(구글 창립 이사회 멤버)은 모두 스탠퍼드와 관련이 있는 성공한 기업가다. 이제 건물 네 곳은 10개 학과와 프로그램의 교수들 일터를 제공하는 것은 물론 학생들의 협업과 프로젝트 수립에 사용되는 공간까지 포함하고 있다. 거기서 그치지 않고 스탠퍼드의 역사를 반영한다. 공대 본부가 속해 있는 건물 지하층에는 휴렛패커드의 첫 제품이 놓인 실험실 벤치를 비롯해 그들의 역사가 시작된 아주 작은 차고가 그대로 재현되어 있다. 스탠퍼드 재학생들과 미래의 학생들은 이 네 건물로 둘러싸인 공간을 지나다니며 오래전 휴렛과 패커드가 남긴 유산을 바탕으로 공부하고 일하는 신세대 혁신가들의 스토리를 듣는다. 이처럼 우리의 스토리들은 계속해서 다음 세대 위대한 기업가들의 마음을 사로잡고 영감을 불어넣는다.

물론 이런 시도들이 모두 성공한 것은 아니었다. 예를 들면 여러 차례 좋은 조짐이 있었지만 또 다른 과학관 설립을 후원할 기부자를 찾는 데는 실패했다. 이런 경우에는 힘든 선택을 해야 했다. 기부금 없이 신규 계획을 추진하기로 결정하면 추가 부채와 30년에 걸친 채무 상환을 감수해야 하기 때문이다. 새로운 시설을 포기해야 하는 상황이든 채무 상환으로 인해 예산에 제약을 받아야 하는 상황이든 나는 둘 다 동료 교수들을 실망시키는 일이라는 것을 깨달았다.

업계에서도 스토리는 통한다

베스트셀러 《성공하는 기업들의 8가지 습관》에서 공저자인 짐 콜린스와 제리 포라스는 사업에서 스토리텔링의 힘이 얼마나 중요한지 일깨워 준다. 콜린스와 포라스는 꾸준한 성공과 지속적인 혁신으로 잘 알려진 19개 기업을 연구하여 각각의 기업에 다양하고 풍부한 스토리와 신화가 있었다는 사실을 알아냈다. 예를 들어 데이비드 패커드가 신제품 프로젝트를 포기하라는 자신의 지시를 무시한 제품 관리자에게 상을 준 일 같은 스토리는 기업에 지속성, 독창성, 공동 방향성을 부여하고 신규 직원이 기업 문화에 적응하는 것을 돕는다. 콜린스와 포라스는 이런 기업들이 변화에 대처할 때 빠르고 효율적으로 움직인다는 사실을 알아냈다. 전 직원이 이미 회사의 정체성을 잘 이해하고 있어서 직접적인 코칭 없이도 어떻게 대응할지 알고 있기 때문이다.

스토리는 스타트업 기업에서도 중요한 역할을 한다. 따지고 보면 투자자와 미래의 직원, 미래의 고객에게 자기 회사의 스토리를 사 달라고 설득하는 기업가가 곧 스타트업이 아닌가? 일반적으로 스타트업은 아직 출시한 제품이 없고, 때로는 그들이 제안하는 제품(예를 들면 소셜 네트워크나 스마트폰 앱)이 절대 실물로 구현되지 않는 경우도 있다. 창립자가 가진 것은 가능성과 꿈뿐이다. 이 꿈을 주주가 될 가능성이 있는 이들에게 무엇으로 전달할 수 있을까? 바로 스토리다. 가장 풍성하고 믿을 만한, 그 자체로 하나의 스토리인 사업

계획으로 뒷받침되는 스토리를 들려주는 기업이 그 꿈을 실현시켜 줄 자금을 얻는다.

내 말이 과장처럼 들릴지 모르겠다. 어떻게 스토리에 그토록 큰 힘이 담겨 있겠느냐며 의심하는 사람도 있을 것이다. 하지만 내 경험에 따르면 꿈에는 때때로 자기실현의 힘이 있다. 충분한 수의 사람들이 어떤 꿈을 믿는다면 그것은 현실이 된다. 스티브 잡스는 우리에게 적당한 가격의 퍼스널 컴퓨터를 만들어 주겠다고 선언했다 (그다음에는 손에 들고 다니는 주크박스, 전자 태블릿, 스마트폰을 약속했다). 우리는 그의 말을 믿었고 그는 약속을 지켰다. 그것도 매번 다음 꿈의 자본을 조달하기에 충분한 돈을 벌면서 말이다. 래리 페이지와 세르게이 브린은 "세상의 정보를 체계화해 어느 누구나 접근 가능하고 유용하게 사용할 수 있게 만든다"라는 목표를 세웠다. 테슬라의 최고경영자 일론 머스크Elon Musk는 실용적인 전기 자동차를 만들겠다고 했다. 우리는 믿었고 그들은 약속을 지켰다.

모든 직업과 커리어를 불문하고 점점 더 높은 리더 자리에 오를수록 사실과 데이터를 활용할 일이 줄어든다. 물론 사실은 우리가 고려해야 할 범위를 규정해 준다. 하지만 리더의 임무는 사실과 수치의 제한에도 불구하고 복잡한 문제의 해법을 찾는 것이다. 리더는 시간이 지날수록 새로운 가능성을 찾고 이런 가능성을 현실로 만들 비전을 창조하는 일에 깊이 연루된다. 그렇다. 사실과 데이터는 늘 우리가 하는 일의 구조를 만들어 주지만 비전을 창조해 줄 수는 없다.

학문 연구, 마케팅, 세일즈 등 커리어를 쌓은 전문 분야를 떠나 리더 직책을 맡게 되면 기술적 재능은 덜 중요해지고 데이터는 그저 또 다른 도구가 될 뿐이다. 이제는 사람들을 한데 모으고, 그들에게 영감을 주고, 멘토가 되고, 자신의 비전이 가리키는 방향으로 그들을 이끄는 능력을 개발해야만 한다. 커리어의 이 단계에서 당신에게 가장 중요한 능력은 적절하고 설득력 있고 영감 넘치는 스토리를 들려주는 능력임을 알게 될 것이다.

스토리는 어디서 어떻게 얻는가

이런 스토리들은 어디에서 나올까? 이에 대해 쉬운 답을 찾기는 어렵다. 유서 깊은 조직에서 일한다면 아마 조직의 역사가 어느 상황에서든 적절하게 이용할 수 있는 방대한 양의 스토리를 줄 것이다.

스타트업이나 신생 기업은 다른 조직에서 이 같은 스토리를 가져다 인용할 수 있다. 실리콘 밸리에서는 처음에 애플을 포함해 수많은 기업이 휼렛패커드의 스토리를 인용했다. 반도체 회사들은 인텔의 의욕 넘치는 최고경영자 앤디 그로브Andy Grove, 창립자들인 머리 좋은 고든 무어Gordon Moore와 영감 넘치는 밥 노이스Bob Noyce 같은 인물의 스토리를 주로 들려준다. 최근의 유명한 스타트업 중 테슬라와 링크드인을 비롯한 많은 회사가 자체 역사에서, 페이팔은 창립자들에게서 스토리를 끌어낸다. 한편 역사책에는 이용하기 좋은 무수한 스토리가 담겨 있다. 경쟁자들도 유용하기는 마찬가지다. 그래서 나는 스탠퍼드에도 훌륭한 스토리가 많지만 하버드대학교의 어느 목사의 스토리를 자주 인용한다.

하버드의 메모리얼교회 목사를 오랫동안 지낸 피터 고메스Peter Gomes가 스탠퍼드 졸업식 개막 연설을 했다. 그는 졸업생들에게 이렇게 조언했다. "여러분의 목표는 돈을 벌고 생계를 이어 나가는 것이 아니라 살 가치가 있는 삶을 이어 나가는 것입니다." 그런 다음 자기 앞에 앉은 학생들과 그 뒤에 앉은 부모들을 보며 전 하버드대 총장 A. 로런스 로웰A. Lawrence Lowell의 말을 인용했다. "진정한 성공은 우리가 하고자 나선 일들, 우리가 하고 싶었던 일들, 심지어 하기 위해 고군분투했던 일들로 이루어지는 것이 아니라, 할 가치가 있는 일들로 이루어지는 것입니다." 나는 그가 남긴 말이 앞에 앉은 스물두 살짜리 학생들이 아닌 그들 뒤에 앉아 있는 부모들에게 가 닿는 것을 지켜보았다. 그들은 이미 삶에서 많은 것을 경험하여 그 말에 담긴 진실을 이해하고 고개를 끄덕이고 있었다. 하지만 학생들은 대부분 똑똑하기는 해도 아직 그 말을 이해하기에는 너무 어렸다.

나는 그 스토리를 학교에 기부금을 내야 할지 고민하고 있는 스탠퍼드 졸업생들에게 들려주었다. 그들은 모교인 스탠퍼드와 개인적으로 관계가 깊지만 그것만으로 기부를 끌어내기에는 충분하지 않았다. 사실 어느 정도 재력을 지닌 사람은 개인 지출이나 사업 투자, 자선 사업 등 여러 방면으로 지출할 일이 많지 않겠는가? 그런데 이미 상당한 기부금을 재원으로 가지고 있는 스탠퍼드에 굳이 기부를 해야 할까?

이 사람들에게 차트와 그래프, 온갖 수상 내역과 업적을 얼마든지 보여 줄 수 있지만 그래 봤자 그들이 이미 알고 있는 사실, 스탠퍼드가 세계 명문 대학교 중 하나라는 것을 강조할 뿐이다. 결국 그들의 결정을 좌우하는 것은 스토리다. 예를 들면 학생들을 위한 새로운 장학금 모금 행사를 할 때는 재학생들을 초청해 우리 학교에 입학하게 된 스토리를 들려 달라고 한다. 가정 형편이 어렵거나 집안에 대학 나온 사람이 아무도 없거나 한부모 가정에서 자랐거나 하는 스토리 말이다. 20년 전만 해도 그럴 경우 입학은 감히 꿈도 꾸지 못할 일이었다. 학부생 학자금 지원에 관한 발표회에서 스토리텔러 역할을 맡은 사람은 우리 이사회 임원 중 한 사람이었다. 그는 시카고에서 가정부의 딸로 태어나 신발 밑창에 난 구멍을 비닐봉지로 틀어막아 신고 학교에 다녔던 어린 시절 이야기를 들려주었다. 성공한 사람의 입에서 나온 그런 이야기는 사람의 인생을 탈바꿈시키는 고등 교육의 힘을 아무리 많은 차트보다 더 잘 설명할 수 있다.

일상적인 캠퍼스 생활에서 쉽게 찾을 수 있는 날것 그대로의 스토리에는 어김없이 변혁의 이미지가 담겨 있다. 그것이 노숙자였다가 스탠퍼드에 들어오게 된 학생의 스토리든, 새로운 미래 지향적 연구와 그것의 현실 적용 가능성에 관한 이야기든 상관없이 말이다. 귀를 기울이면 하루에도 몇 번씩 이런 스토리들이 당신 앞에 모습을 드러낼 것이다.

총장 취임 후 얼마 지나지 않아 세계적인 바이올리니스트 이츠하크 펄먼Itzhak Perlman이 스탠퍼드에 공연을 하러 왔는데 그때 나는 그에게 보석 같은 스토리를 들었다. 펄먼은 메모리얼강당(이름에서 알 수 있듯이 공연장이 아니라 강당이었다)의 출연자 대기실에서 나에게 인사하며 이렇게 말했다. "총장님, 스탠퍼드는 훌륭한 대학교지만 공연 시설은 끔찍하군요!"

그의 말이 옳았다. 그래서 스탠퍼드의 야심 찬 예술 프로젝트를 추진하는 과정에서 그 스토리를 수시로 들려주었다. 그러던 중 스탠퍼드에서 가장 오래 활동하고 있는 이사회 임원이자 전 이사회 의장인 피터 빙Peter Bing이 새 콘서트홀의 핵심 기부자가 되겠다고 나서 주었다. 피터는 그 공연장을 빙콘서트홀이라고 이름 지을 수 있는 기부금을 내놓은 데 더해 공연장이 음향과 미학 면에서 뛰어날 뿐 아니라 안락함까지 갖출 수 있도록 상당한 시간을 투자했다. 2008년 금융 위기가 닥치자 공연장 건설을 뒤로 미루거나 아예 취소해야 할 상황에 처했지만 예술의 힘을 믿는, 그리고 훌륭한 설계를 위해 혼신을 다하는 피터의 모습에 감동받은 많은 이사회 임원이 나서서 프로젝트를 완수하도록 도와주었다. 오늘날 빙콘서트홀은 중급 규모로는 어떤 캠퍼스의 콘서트홀보다 훌륭한 면모를 자랑한다.

물론 과거의 스토리를 자꾸 들려주는 것에는 단점이 있다. 이미 많은 사람이 그 스토리를 들은 데다 스토리 자체도 이제 신선하지 않아 변화하는 세상에서 힘을 잃을 수 있다. 그래서 항상 새로운 스토리를 찾아 귀를 기울이는 것이 중요하다.

학계에서는 캠퍼스 언론사와 졸업생을 위한 동문 잡지가 시의적절한 새 스토리의 훌륭한 원천이 되어 준다. 이보다 더 효과적인 것은 단순히 캠퍼스를 돌아다니는 것이다. 집무실에서 벗어나 학생들과 이야기를 나누고 교수들과 잡담을 즐기다 보면 좋은 스토리가 들려올 수밖에 없다. 업계에서는 회사 소식지, 웹 사이트, 잡지 등이 귀중한 원천이다. 박람회나 그 밖의 업계 모임도 좋지만 학계와 마찬가지로 최고의 스토리는 직원들과 편한 분위기에서 이야기 나누는 자리에서 나온다.

지금 당장 달려가서 귀에 들어오는 스토리를 모두 받아 적으라는 말이 아니다. 그보다는 흥미로운 일화, 지혜로운 교훈, 깨달음을 주는 스토리를 잘 선별할 줄 아는 '귀'를 발달시킬 필요가 있다. 기회가 된다면 메모를 하고, 메모가 어려우면 나중에 다시 자세히 물어볼 수 있도록 그 스토리를 들려준 사람이 누구인지 잘 기억해 두면 된다. 대학 총장이나 기업 최고경영자는 어떤 상황에서든, 특히 즉석연설을 할 때를 대비해 마치 화살통에 든 화살처럼 적절한 스토리를 꺼내 쓸 수 있도록 꼬박꼬박 비축해 놓아야 한다.

아직은 존재하지 않는 무언가에 대한 자신의 비전을 청중에게 전달하고 납득시킬 필요가 있는 순간을 위해 스토리텔링 기술을 연마하자. 스토리를 최대한 진정성 있는 내용으로 채우고 청중이 그것을 직접 체험한 것처럼 느끼게 만들자. 그러면 당신이 세상을 바꾸는 일에 그들을 동참시킬 수 있을 것이다.

나이트-헤네시 장학 사업은 2018년 이 책이 출간될 즈음 첫 수혜 대상자들을 맞이했다. 이 책을 쓰면서도 1기 모집 인원 50명에 3600개가 넘는 지원서를 검토했다. 이 프로젝트 역시 삶을 바꾸는 다른 많은 시도들처럼 하나의 스토리에서 시작되었다는 사실을 기억해 주기 바란다.

마지막에 가장
소중한 것을 남긴다

가장 훌륭한 인생 사용법은 삶이 끝나도

오래도록 남아 있을 무언가를 위해 인생을 바치는 것이다.

윌리엄 제임스 William James**로 추정**

'무엇을 남길 것인가'라는 질문에 어떻게 답할 것인가

누군가 내게 무엇을 유산으로 남길 것인지 처음 물었던 때를 기억한다. 2015년 여름, 다음 학기 말 총장직에서 사임하겠다는 의사를 밝힌 뒤 얼마 지나지 않았을 때였다. 지난 16년 동안 우리가 이룬 업적을 기리고 축하하는 환송 행사와 기사에 관해 논의를 하고 있었다.

솔직히 말하면 나는 16년 동안 총장으로서도, 그전에 리더 역할을 하면서도 내가 후세에 남길 유산에 대해서는 한 번도 생각해 본 적이 없었다. 그보다는 스탠퍼드 공동체와 신뢰를 쌓기 위해 진심을 다하고 윤리적으로 이끄는 것만을 생각했다. 임기가 끝난 뒤에도 오래도록 스탠퍼드가 발전할 수 있도록 말이다.

이 공동 목표를 달성하기 위해 우리는 적합한 시책을 강구하고 투자할 필요가 있었다. 그래서 미래 세대에게 더 많은 재정 지원을 할 수 있도록 학자금 지원 사업 기부금을 늘리는 데 초점을 맞추었다. 마찬가지로 학제간 노력을 어느 쪽으로 확장할지 결정하는 일에서 환경적 지속 가능성, 국제 관계, 인류 건강처럼 앞으로 10년이 아니라 50년 뒤까지 중대한 문제가 될 분야를 목표로 삼았다.

요컨대 내가 무엇을 남길 것인지에 대해서는 별로 생각하지 않았다. 먼 미래까지 오래 지속될 수 있는 무언가를 만드느라 바빴기 때문이다. 그래서 2015년에 사람들이 나에게 유산에 대해 물었을 때 대답하기 조금 망설여졌다. 하지만 내가 말하고 싶었던 것, 내가 본능적으로 느끼고 있었던 것은 바로 '겸손해지는 것, 남들이 자신을 칭찬하게 두는 것'이었다. 솔직히 말해 나는 그때까지 우리가 이룬 것보다 이루지 못한 것에 대해 더 많이 생각하고 있었던 것 같다.

유산이란 남들을 계속 이롭게 하는 것이다

짐작건대 커리어를 시작하는 첫날부터 자신이 남길 유산에 대해 생각할 수도 있을 것이다. 자신의 행동과 결정이 장기적으로 어떤 영향을 미칠지 의식하면서 일한다면 확실히 유익한 결과를 만들어 낼 수 있다. 또는 최소한 비도덕적인 행위는 막아 줄 수 있다. 그게 아니라면 윤리적으로 늘 정도를 지키며 살 수 있을 만큼 양심 있는 사람이어야 한다.

그런데 유산 자체에 지나치게 신경 쓰다 보면 오히려 어느 한계 이상으로 커리어를 발전시키지 못하거나 명성에 먹칠을 할 수 있다. 최종 점수판에만 집착하는 사람은 리스크를 회피하기 쉽다. 예를 들어 남북 전쟁 당시 매클렐런 장군처럼 말이다. 그는 병사들 사이에서 인기가 좋았지만 전투에서 패하는 것을 두려워해 링컨에게 해임되고 말았다. 실제로 그는 어떻게든 전투를 피하려고 기를 썼다. 또한 다른 사람의 행복에 깊이 관심이 있는 것이 아니라 그런 이미지를 과시하려는 생각 탓에 이타주의라는 유산을 만들고 싶어 하는 사람이라면 도리어 정반대의 결과를 낳을 수 있다. 평생 헌신적으로 봉사하는 습관이 있는 리더야말로 유산을 만들어 낸다. 그저 사진을 찍기 위해 모습을 드러내는 리더는 가식적이라는 평판을 만들어 낼 뿐이다.

커리어 초기에는 유산을 만들려 하기보다 기술을 개발하고 경험을 쌓으며 한 사람의 개인이자 팀원으로서 자리 잡고 선택한 분야에서 최선을 다해야 한다. 거기에서 어떤 기회가 올지 아무도 모르는 법이다. 나는 공학도로 공부하던 시절에 그저 컴퓨터 엔지니어가 되고 싶었을 뿐이었다. 그러다가 교수가 되었고 그보다 더 행복한 일은 없었다. 기업가로서 일할 기회가 찾아왔을 때는 그 기회를 붙잡았고, 학장이 된 뒤에는 나에게 리더의 소질이 있음을 깨달았다. 이는 다시 부총장과 총장이라는 커리어 여정으로 이어졌다. 60대에 접어든 지금은 나이트-헤네시 장학 사업을 지휘하는 새로운 역할을 맡았다.

스물다섯 살, 마흔 살 또는 쉰 살에 내가 명성을 관리하고 리스크를 피하는 데 주력했다면 어떻게 되었을까? 실리콘 밸리에서 스타트업 회사를 세울 기회를 놓쳤을 것이다. 부총장 자리를 거절했을 것이다. 스탠퍼드 총장으로서 누리는 명성에 안주한 채 전혀 새로운 모험에 뛰어들지 않았을 것이다. 나는 내가 남길 유산을 너무 일찍부터 많이 걱정하는 대신 의미 있는 공헌을 하는 길을 따르기 위해 늘 그래 왔듯이 현재를 선택했다. 세상을 변화시키는 일에 평생을 바치는 것이 젊었을 때 자신의 이미지를 관리하는 일에 집착하거나 나이 들어 명성을 조금이나마 개선해 보려고 안간힘을 쓰는 것보다 훨씬 더 나아 보이지 않는가?

내 행동을 이끌어 온 원칙은 유산 만들기가 아니라 나의 제한된 시간, 에너지, 자원을 감독하는 것이었다. 나는 이것이 기회비용의 딜레마라고 생각한다. 기회비용이란 중요한 무언가를 하기 위해 자신의 자리를 이용하는 능력, 즉 자신의 시간, 에너지, 위상을 말한다. 최선의 일을 하기 위해서는 끊임없이 스스로에게 물어야 한다. 어떻게 하면 나의 시간과 지위를 가장 효과적으로 쓸 수 있을까?

물론 당신이 최고 리더 자리에 있을 때는 당신의 통제 밖에서 많은 요소가 작용해 엄청난 책임을 져야 한다. 어떤 추문이 불거지거나 중대한 프로젝트가 실패한다면 리더인 당신이 책임을 져야 할 것이다. 그런 혼란 상태를 두려워하면 리더로서 행동에 제약이 생길 수 있으므로 앞으로 나아가는 것에 초점을 둘 필요가 있다. 어떻게 하면 조직을 개선할 수 있을까? 어떻게 하면 세상에 긍정적인 영향을 주는 차별화된 방향으로 조직을 이끌 수 있을까?

내 경우는 스탠퍼드 챌린지 캠페인이 방향을 잡아 주었다. 세계적인 주요 문제들을 다룰 학제간 프로그램을 지원하기 위해 연구와 교육을 변화시키는 것이 이 캠페인의 목표였다. 계획을 세우고 실행에 옮기는 데 10년이 걸렸지만 정말로 중요한 일, 학교를 내가 처음 맡았을 때보다 더 좋아지게 만드는 일에 주의를 기울이게 해 주었다.

내가 볼 때 유산이란 자기가 하는 일이 다른 사람들을 계속 이롭게 하는 것이라고 생각한다. 만약 조직을 이끌고 있다면, 유산은 자신이 봉사하는 조직이 구체적이고 명확하게 발전하는 것을 뜻한다. 또한 자신이 처음 조직을 맡았을 때보다 사람들에게 더 잘 봉사하는 조직이 되는 것을 뜻한다. 이와 같은 유산의 정의는 모든 유형의 조직과 거기 속한 모든 사람, 모든 차원의 리더십에 적용된다.

역할이 유산을 만든다

어떤 시점에서든 조직 내에서 당신이 하는 역할이 대개 당신이 남기는 유산의 범위를 규정할 것이다. 교수라면 당신이 남기는 유산은 연구 결과다. 적어도 그것이 세상에 또는 다른 학자들에게 영향을 미치는 범위에서는 말이다. 그러나 이 역할이 규정하는 유산의 중심에는 당신을 거쳐간 학생들이 있다. 학계에서 우리가 가르친 학생들을 학문적 '아들'이나 '딸', 그들이 이후 교수가 되어 배출한 학생들을 학문적 '손녀'나 '손자'라고 부르는 것은 이 때문이다.

이 유산은 교수의 은퇴 시기가 다가올 때 기념 논문집을 출간하고 발표하는 행사에서 잘 나타난다. 일반적으로 이 행사에는 일련의 세미나와 때로는 하루 종일 열리는 회의, 저녁 만찬이 포함된다. 이 행사의 하이라이트는 해당 교수의 제자나 동료가 그의 연구에 대해 또는 그의 지도 아래 자신의 연구가 어떻게 발전했는지에 대해 이야기하는 순간이다.

스탠퍼드에서는 프레더릭 에먼스 터먼 공학 학업 우수상Frederick Emmons Terman Engineering Scholastic Award을 통해 학생들의 발전을 도운 고교 교사들의 유산을 기리기도 한다. 매년 공대에서는 졸업을 앞둔 4학년 학생 중 상위 5퍼센트에게 이 상을 수여한다. 그러면 상을 받는 학생들은 고등학교에서 자신에게 가장 큰 영향을 준 선생님을 초대하고 스탠퍼드에서 모든 비용을 부담한다. 나는 수상자의 지도 교수로서 또는 학장으로서 이 행사에 대여섯 번 참여했는데 지금껏 내가 본 행사 중에 가장 감동적이었다. 한번은 행사에 참석한 어느 선생님이 나에게 학교에서 찍은 사진을 보여 주었다. 수상식 초대장을 받아 교사 휴게실 게시판에 붙여 놓고 찍은 것이었다. 제자가 상 받는 것과 자신이 초청된 것과 스탠퍼드에서 행사 참석 비용까지 부담한다는 것을 뿌듯한 마음으로 자랑한 것이었다.

교사들은 제자에 대해 이야기해 달라고 요청받으면 학생들의 성과가 그들이 지닌 특별한 자질 덕분이지 결코 자신들의 공이 아니라고 겸손하게 말한다. 반면에 학생들은 선생님이 자신에게 큰 영감을 주었다고 대답한다. 짐작하겠지만 교사들의 전공과 담당 과목은 매우 다양하다. 물리학, 컴퓨터과학, 수학 교사는 물론 외국어(라턴어인 경우가 많다), 영어 교사에다 토론 코치까지 있다. 과학·기술·공학·수학Science, Technology, Engineering, Mathematics, STEM 분야에서도 인문학 교사들이 지대한 영향력을 발휘한다.

이 행사는 학생들의 삶에 큰 변화와 발전을 가져다준 교사들에게 다음과 같은 메시지를 보낸다. "여기 당신이 남긴 유산이 있습니다. 당신이 영감을 준 학생들이 앞으로 더욱 훌륭한 일을 해낼 것입니다." 이 상 이름의 주인이자 기금을 댄 프레더릭 터먼은 전설적인 교수이자 학장이자 부총장으로 자신이 저술한 교재의 인세를 대학에 기부해 이 놀라운 전통을 만들었다.

물론 스탠퍼드도 하나의 유산으로부터 성장했다. 매년 창립자의 날이 되면 우리는 학교를 탄생시킨 릴런드와 제인 스탠퍼드 부부의 선물을 기린다. 전통적으로 학생들에게 에세이를 부탁해 한 편은 학부생 중에서, 한 편은 대학원생 중에서 선정해 행사장에서 낭독한다.

어떤 해에는 스탠퍼드 최초로 몽골에서 온 유학생이 낭독자로 선정되었다. 국제 정책 연구 분야 대학원생인 그는 후에 몽골로 돌아가 자기 나라의 민주주의를 발전시키기 위해 어떻게 민주주의가 만들어지는지 연구하고 있었다. 그는 연단에 올라 자신이 살아온 스토리를 간단히 들려준 뒤 말했다. "지금 이곳에 서 있으니 이런 생각이 듭니다. '제인과 릴런드 스탠퍼드 부부가 지금 객석에 앉아 있다면 어떨까?' 그들이 뭐라고 할까요? 자기 나라에 민주주의를 확립시키겠다는 야심을 가지고 누군가가 지구 반대편에서 이곳까지 올 것이라고 상상이나 했을까요?" 그 학생은 우리 모두를 일깨워 주었다. 우리가 남기는 유산은 우리가 하는 행위들이 장기적으로 영향력을 발휘하는 것이며, 그것은 우리가 상상한 것보다 훨씬 더 멀리까지 뻗어 나갈 수 있다는 것이었다.

걸출하고 오래가는 유산을 만들어라

커리어를 시작할 때는 앞으로 어디로 갈지 잘 알 수도 없고 자신이 남길 유산에 대해 생각하기도 힘들다. 그러나 자신의 평판에 대해서는 생각할 수 있다. 학계 커리어를 예로 들어 보자. 커리어 초기에 교수는 논문을 발표하거나 출간해야 하는 중요성을 잘 알고 있다. 그래서 편집자나 평론가가 받아들일 만한 것을 발견하면 아무리 소소하더라도 논문으로 쓰고자 노력할 것이다. 그런데 어느 정도 신뢰할 만한 평판을 쌓은 다음에는 논문 주제를 선정할 때 스스로 조금 더 까다로워진다. 이 단계에 이르면 이런 생각을 하게 된다. '아마 이것도 발표는 할 수 있을 거야. 내 이름이 실려 있고 형식과 내용에서 최소한의 요건은 갖췄으니까. 하지만 내 평판을 높여 줄 만한 수준은 아니야.' 교수는 깨달은 것이다. 좋든 나쁘든 제한된 수의 실적만으로 자신이 기억된다면 모든 논문을 걸출한 것으로 만들어야 한다는 것을 말이다.

에이브러햄 링컨 같은 사람을 생각해 보자. 그는 남북 전쟁에서 승리를 거두고 노예 제도를 폐지한 인물로 기억된다. 그러나 우리는 그가 자영농지법, 모릴법Morill Act 또는 대학무상토지불하법Land

Grant College Act, 대륙횡단철도법 등을 비준했으며 이 세 가지 법이 모두 미국 서부 개발에 불을 지폈다는 사실을 잘 모른다. 이런 것이 우리의 기억에서 사라진 것은 링컨의 더 훌륭한 다른 업적들 때문이다. 이는 자신이 남길 유산을 고려할 때 걸출하고 오래가는 계획과 행위에 초점을 맞추어야 함을 일깨워 준다.

우리는 흔히 조직에서 가장 높은 지위의 리더만 이런 걸출한 활동을 할 수 있다고 생각하는데, 사실 직급을 막론하고 조직 내 모든 사람이 활동에 기여할 수 있다. 링컨의 참모로 전쟁을 지휘했던 에드윈 스탠턴과 율리시스 S. 그랜트 장군은 남북 전쟁을 북군의 승리로 이끄는 데 중요한 역할을 했다. 찰스 모릴은 링컨의 전임자에게 거부당한 모릴법을 지지하고 법안 통과를 위해 싸웠다. 이런 업적은 링컨의 유산일 뿐 아니라 역사책에 주인공으로 이름이 실리든 실리지 않든 그들의 유산이기도 하다.

우리의 행위 중 어떤 것이 가장 오래, 가장 크게 영향을 미칠지 미리 예측하기는 어렵다. 10년이든 20년이든 재직하는 동안 대부분의 리더가 자신의 여정이 어디로 가는지 모른다. 내가 스탠퍼드 총장으로 일을 시작했을 때 학자금 지원의 중요성은 분명 이해하고 있었지만, 우리 학교 역사를 통틀어 가장 큰 폭으로 학부생 학자금 지원을 늘리는 데 헌신하게 될 줄은 전혀 예상하지 못했던 것처럼 말이다. 또한 스탠퍼드의 예술 분야를 확대하고 강화하기 위해 프로젝트를 시작해 완성하게 될 줄도 몰랐다. 앞으로 펼쳐질 뿐 아니라 다른 사람들이 자신의 공헌과 노력을 어떻게 바라볼지도 예측할 수 없다. 게다가 어떤 사람의 유산에 대한 해석은 세월이 흐르고 사회가 변하면서 바뀔 수 있다. 우드로 윌슨 대통령을 생각해 보자. 1차 세계대전 동안 보여 준 리더십과 국제연맹 창설에 기울인 노력으로 그는 한때 칭송받았다. 그러나 오늘날에는 인종주의 시각으로 인해 비난받고 있다. 링컨의 게티즈버그 연설 중 한 대목이 떠오른다. "세상은 우리가 여기에서 하는 이야기를 거의 주목하지 않을 것이고, 오랫동안 기억하지도 않을 것입니다." 아니, 그렇지 않다. 사정이 이러니 미래를 예측하기란 정말 힘든 일이다.

다른 사람의 유산 창조를 도와라

당신이 조직 내 어떤 자리의 리더 역할을 수행하든 다른 사람들이 각자의 유산을 남길 수 있도록 도울 수 있다. 대학에서 교수들과 학생들에게 유산으로 남을 연구 기회를 제공하듯이 기업과 기업 내 리더 또한 직원들이 세상에 지속적으로 기여하도록 도울 수 있다.

학교 총장으로서 나는 스탠퍼드에서 오래 유지될 유산을 졸업생들이 남기도록 도울 수 있는 특별한 자리에 있었다. 각자의 커리어에서 남다른 자리에 오른 많은 졸업생이 적어도 자신이 이룬 성공 중 일부는 스탠퍼드에서 보낸 시간 덕분이라고 생각해 학교를 금전적으로 돕고 싶어 한다. 새로 지은 건물에 자기 이름을 붙이는 것을 유산이라고 생각하는 사람도 있을 것이다. 하지만 나와 함께한 졸업생들은 더 많은 것을 원했다. 다음 세대 교수진과 학생들에게 장기적으로 의미 있는 기회를 더 많이 주고 싶어 했다.

이 졸업생들은 각자 크게 성공하고도 왜 유산을 남기고 싶어 할까? 그들은 이미 유명한 기업을 운영하거나 자금을 투자해 엄청 난 부와 명성을 얻는 등 많은 것을 이루었다. 그런데 왜 무언가를 더 원하는가? 나는 여기에 두 가지 동기가 있다고 본다. 바로 사회 에 환원하고자 하는 욕구와 미래에 오랫동안 남을 유산에 대한 관 심이다. 오늘날의 업계, 특히 실리콘 밸리에서는 지금 당장 자산 규 모가 10억 달러에 달하는 기업(《포브스》에 최고경영자의 얼굴이 오르내리 는 기업)조차 내일이면 사라질 수 있다. 기업 리더로서 개인의 역할도 10년, 길어야 20년 이상 지속되지 못할 것이 분명하다. 사람들은 흔 히 화려한 경력을 쌓고 나면 '이제 남은 내 인생과 자산(돈, 인맥, 에너 지)으로 무슨 일을 하면 좋을까? 긍정적인 변화를 일으켜 세상을 더 나은 곳으로 바꾸면 어떨까?'라는 생각을 하곤 한다.

새 건물에 자신의 이름을 붙이는 것이 진정한 변화를 가져오는 일일까? 글쎄, 그럴지도 모르겠다. 아무튼 훌륭한 장비나 시설은 사 람들의 삶을 개선할 획기적인 연구를 가능하게 하니까. 스탠퍼드 같 은 대학에는 세계적인 수준의 교수진과 학생들이 포진해 있지만, 세 상에 변화를 가져다줄 연구를 하려면 특히 과학과 공학 분야에서는 최첨단 시설이 필요하다. 물론 건물이 영원히 서 있을 수는 없다. 하 지만 데닝 가족이 데닝관을 위해 한 것처럼 건물을 영구히 유지, 보 수하거나 낡은 뒤 새로 지을 수 있는 자금을 마련해 둔다면 이야기 는 달라지기도 한다.

총장이 된 뒤 알게 된 것처럼 많은 사람이 자신의 유산에 대해 생각하지만 그 방식은 각자 다르다. 휼렛과 패커드는 훌륭한 시설을 제공하고, 학생들을 돕고, 새로운 프로그램을 지원하는 일에 헌신했다. 하지만 건물에는 자신들의 교수이자 멘토인 프레더릭 터먼 주니어를 기리는 의미에서 그의 이름을 붙였다. 나중에 과학관과 공학관 건물 안뜰로 들어가는 곳에 있는 건물 두 채에 휼렛과 패커드의 이름을 각각 붙였는데, 이는 두 사람이 사망한 뒤 학교 측에서 제안하고 유가족들이 허락해 이루어진 일이다.

어떤 사람들은 휼렛과 패커드처럼 자신의 유산에 이름을 붙이지 않는 것을 선호한다. 전 시스코 최고경영자 존 모그리지John Morgridge와 그의 아내 타샤Tashia는 건물 건축, 석좌 교수 지원, 학생 장학금 등을 후원하기 위해 상당한 금액을 기부했다. 하지만 아직까지 우리 캠퍼스에 그들의 이름이 붙은 건물은 없다. 그렇다. 유산에 반드시 한 사람의 이름을 붙여야 할 필요는 없다. 나는 피렌체에 가면 대성당을 꼭 찾아 대리석에 장식된 아름다운 딱정벌레, 나비, 꽃, 무화과 잎 같은 온갖 정교한 이미지들을 자세히 살펴보곤 한다. 어떤 예술가는 수백 시간을 투자해 그런 작품을 만들고도 서명을 남기지 않았다. 예술가의 이름은 사라졌지만 작품은 남아 800년 이상이 지난 오늘날까지 많은 이의 사랑을 받고 있다.

비영리 단체 리더들처럼 총장으로서 내 역할 하나는 경제적으로 성공한 사람들이 자선 사업의 방향을 정하는 데 도움을 주는 것이었다. 나는 이 일에 두 가지 목표를 두고 접근했다. 하나는 그들에게 남을 돕는 기쁨을 알려 주는 것이고, 다른 하나는 그들이 남기고 싶어 하는 유산과 일치하는 일을 할 기회를 찾아 주는 것이었다.

이러한 노력은 빙콘서트홀(9장 참조)과 앤더슨컬렉션(6장 참조)이라는, 예술계에서 스탠퍼드의 위상을 높이기 위해 실행한 두 가지 주요 프로젝트로 이어졌다. 그런데 여전히 우리 예술대학 건물은 건축학적으로 평범하고 낡았으며, 아트 스튜디오 과정 학생들의 늘어나는 수요를 감당하기에는 건물이 비좁았다. 우리에게는 예술과 스탠퍼드에 깊은 애정이 있는, 그리고 시각 예술의 중요성을 더 잘 보여 주는 건물을 짓는 데 도움을 줄 기부자가 필요했다.

그래서 나는 버트 맥머트리와 디디 맥머트리Deedee McMurtry 부부와 5시간 동안 함께 캘리포니아로 비행하며 그들의 관심사를 탐색해 보기로 했다. 그들은 새로 지을 예술대학 건물이 캔터미술관Cantor Art Museum, 앤더슨컬렉션, 빙콘서트홀이 있는 스탠퍼드 '예술지구'의 핵심이 되리란 사실을 이해하고 있었다. 또한 그들은 새로운 시설이 창의적인 관심을 지닌 많은 학생에게 어떻게 탐구 범위를 넓혀 주고 상상력을 발전시켜 줄 수 있는지 잘 알고 있었다. 맥머트리 부부는 우리의 제안서를 마음에 들어 하며 건축학적으로 매우 뛰어난 건물을 짓는 데 동의했고, 건축사무소 딜러 스코피디오+렌프로Diller Scofidio+Renfro는 우리의 기대를 현실로 만들어 주었다. 오늘날 맥머트리예술관McMurtry Art Building은 캠퍼스에 생기를 더해 주며 스탠퍼드와 학생들과 예술을 향한 맥머트리 부부의 열정을 기리는 역할을 잘 수행하고 있다.

나는 학장, 부총장, 총장으로서 20년 동안 건물 기부 행사와, 석좌 교수 지원 행사, 새로운 연구와 교육 프로그램 지원 등으로 유산 창조를 기념하는 행사에 자주 참석했다. 그때마다 우리는 기부자들에게 그들의 선물로 큰 도움을 받게 된 현재 세대와 다음 세대 교수진과 학생들이야말로 그들의 진정한 유산이라는 사실을 일깨워 주었다. 이런 행사는 언제나 미소와 포옹, 감사 인사로 끝을 맺었다. 베푸는 일에서 얻는 기쁨이 그들에게서 생생히 느껴졌고, 나는 우리가 일을 제대로 해 왔음을 알았다.

언제 어떻게 물러나야 할지를 준비하라

기술과 명성이 퇴색한 뒤에도 너무 오래 자리를 지킨 체육인들이 많다. 나는 그러고 싶지 않았다. 총장으로서 유종의 미를 거두고 싶었다. 그래서 2012년 두 번째 기금 마련 캠페인을 마무리했을 때 사임의 뜻을 밝힐 수 있었다. 스탠퍼드 챌린지 캠페인은 성공을 거두었다. 일정대로 마쳤고 목표를 40퍼센트나 초과하는 모금액을 달성했다. 그리고 무엇보다 그들이 준 선물은 우리 학교를 바꾸어 놓았다. 더 많은 학부생과 대학원생이 학자금 지원을 받게 되었고, 되는대로 지어 놓은 일부 건물을 새 건물로 바꾸어 공학 지구를 아름답게 변모시켰으며, 새로운 미술관과 공연장 그리고 예술 작업 시설로 스탠퍼드의 예술 분야를 더욱 강화시켰다. 또한 거기에서 그치지 않고 의료 서비스와 환경적 지속 가능성 그리고 세계 평화와 안보, 발전과 같은 우리 사회가 직면한 다양한 문제에 초점을 맞춘 프로젝트를 수립했다.

이 시점이 되자 내가 충분한 업적을 이루었다고 생각한 많은 친구와 동료가 나의 남은 재임 기간 동안 일종의 추문이나 논란이 일어나 나의 유산을 손상시킬까 봐 걱정했다. 하지만 나는 이런 리스크에 대해서는 별로 걱정하지 않았다. 오히려 우리가 일군 변화가 장기적으로 번창할 수 있게 더욱 굳건히 확립시키는 것이 더 중요하다고 보았다. 몇몇 프로그램은 앞으로 몇 년 더 보살펴야 했다. 한편으로는 다음으로 무슨 일을 하면 좋을지 생각할 시간이 필요했다. 스탠퍼드에서 마지막으로 할 일이 있다면 무엇일까?

총장 자리에서 물러나는 것을 상상할 때면 내가 추구하고 싶은 뚜렷한 방향이 학문적으로는 보이지 않았다. 강의를 조금 하거나 이사회 몇 곳에 더 참여하거나 시간을 내어 여행을 해도 좋을 것 같았다. 조금 느린 삶을 사는 것과 책임감이 줄어드는 것은 그 나름대로 매력이 있었다. 그러던 중 세계적인 컨설팅 회사인 매킨지의 전 이사였던 친구 빌 미핸과 이야기를 나누게 되었다. 빌은 내가 그런 여러 자잘한 일에는 만족하지 못할 거라며 중요한 일 한 가지에 내 시간을 전적으로 투자할 것을 권했다. 그 중요한 일이 바로 나이트-헤네시 장학 사업이 되었다(9장 참조).

내가 총장 자리에서 물러나 나이트-헤네시재단의 창립 이사가 되겠다고 결정하자 몇 가지 흥미로운 질문이 생겼다. 무엇보다 총장에서 은퇴할 시점이라면 장학 사업을 새로 시작하기에 너무 나이가 많은 것 아닐까? 마흔다섯 살만 되었어도 '전혀 문제가 안 돼. 힘이 있고, 시간이 있고, 경험도 있으니까'라고 생각했을 것이다. 하지만 예순다섯 살의 나는 이런 걱정이 들었다. '내게 충분한 힘이 있을까? 건강이 버텨 줄까? 조직의 성공을 위해 필요한 곳이면 어디든 모든 구성원이 발 벗고 뛰어들어야 하는 스타트업 생활을 다시 시작해도 괜찮을까? 아니면 내가 전문성을 갖춘, 힘들게 얻은 지혜를 적용할 수 있는 분야에서 조언자 역할로 남는 것이 좋을까?'

이것은 이율배반적인 관계다. 젊을 때는 체력이 더 좋지만 나이가 들면 기술과 능력, 지혜가 더 생기기 마련이다. 거의 모든 일이 이미 경험해 본 것이므로 자신이 살아남으리란 걸 안다. 덕분에 젊은 날이었다면 낭비했을 시간과 돈, 에너지를 아낄 수 있다. 게다가 스타트업만큼 흥분되고 신나는 일은 어디에도 없다. 그 자체만으로 활기를 북돋워 준다.

나이트-헤네시 장학 사업을 일종의 스타트업 사업으로 바라보게 되자 또 다른 질문이 생겼다. '나는 리스크를 감수할 용의가 있는가?' 나이가 들수록 어떤 사람은 자신의 명성을 실패로부터 보호하려고 하는 반면 어떤 사람은 거기에 연연하지 않는다. 유망한 새로운 기회가 주어진다면 기꺼이 뛰어든다. 개인적으로 나는 실패를 그다지 크게 걱정하지 않는다. 과학자의 자세로 새로운 일에 임한다. 신뢰할 만한 성공 가능성이 있는지 판단하고자 노력하고 그 과정을 체계적으로 생각하며 스스로에게 묻는다. '이 아이디어는 어떻게 테스트할까?' 나이트-헤네시 장학 사업의 경우 먼저 우리 학교 학장들에게 설명하고 의견을 들었다. 이어서 이사회 의장 스티브 데닝, 그다음에는 외부인 몇 명과 더 많은 사람에게 자문을 구했다. 마지막으로 우리를 재정적으로 지원해 줄 수 있는 사람들에게 보여 주었다. 나는 의도적으로 다른 사람들이 이 아이디어를 더욱 다듬을 수 있는 기회를 주었다. 이것은 타인의 지혜와 전문성의 가치를 인정하는 것일 뿐 아니라 그들에게 미래의 성공에 지분을 나눠 주는 것이다. 그런 다음에야 나는 과감히 그 일에 몸을 던졌다.

한번은 총장으로서 《성경》이 나의 일에 어떤 영향을 주었느냐는 질문을 받은 적이 있었다. 이를 듣자마자 나는 달란트 우화가 떠올랐다. 이 우화에서 주인은 하인 3명에게 돈을 주고 투자를 하게 한다. 그러자 하인 하나는 돈을 그냥 땅에 묻고 돌아와 주인에게 꾸중을 들었다. 반면에 다른 하인 둘은 그 돈을 투자해 수익을 올렸다. 이것이 바로 이 스토리의 요점이다. 자원과 기회가 주어졌다. 그러면 당신은 그것으로 무엇을 하겠는가? '어떻게 하면 세상에 변화를 일으키는 삶을 살 수 있을까?'라는 질문에서부터 시작하면 당신의 행동으로부터 유산이 자연스럽게 창조될 것이다.

정말로 자신의 이름을 남기고 싶다면 당신이 세상을 떠난 뒤에도 오래도록 남을 수 있는 일을 하라. 총장으로 재임하는 동안 우리 팀원들은 스탠퍼드에 많은 건물을 세웠다. 물론 이 일은 긍정적인 영향을 주지만 건물은 영원히 존재하지 않는다. 운동화 회사가 만드는 운동화처럼 말이다. 필 나이트와 나는 그 점을 이해하고 있었다. 우리는 서로에게서, 그리고 공동의 비전에서 아주 오랜 세월 지속될, 미래의 리더들이 세상에 족적을 남길 수 있게 도와줄 무언가를 찾아냈다. 그래서 우리는 그들을 도울 팀을 구성했다.

이런 사업을 시작하는 것 자체가 커다란 리스크처럼 보일 수 있지만, 그런 리스크를 감수하는 것이 얼마나 중요한지 나에게 거듭 상기시켜 주는 일들이 생겼다. 예를 들면 2017년 가을, 첫 장학금 신청자들이 제출한 서류를 읽다가 우리의 비전을 몸소 보여 주는 듯한 학생 몇 명을 만났다. 이미 새로운 사회사업을 성공적으로 꾸려 온 학생들도 있었고 인권 향상이나 핵 확산 중단, 빈곤국의 경제 성장에 헌신하는 학생들도 있었다.

　그날 우연찮게 사무실을 찾은 필 나이트와 함께 몇몇 신청서를 읽는 동안 우리는 이 장학 사업이 앞으로 10년, 20년이 아니라 수 세기 동안 세상에 어떤 변화를 일으킬 수 있을지 깨달았다. 내가 그 유산에 기여한 사람으로 기억될 것인지는 중요하지 않다. 중요한 것은 그 과정에서 도움을 받는 사람들이다.

우리 모두가 주저하지 않고

지금 당장 하나씩 세상을 바꾸어 나간다면 얼마나 멋질까!

안네 프랑크 Anne Frank, 《**비밀 별채 이야기**Tales from the Secret Annex》

Conclusion

미래를 창조하라

    2018년 가을, 1기 장학생들이 나이트-헤네시 장학 사업 과정을 시작했다. 그들은 스탠퍼드에서 새로운 직원들이 관리하는 새로운 건물을 보게 될 것이며, 학내 여러 분야의 명망 높은 교수들에게 가르침을 받으며 혁신적 리더로 발전할 수 있는 완전히 새로운 기회를 얻을 것이다. 또한 이 프로그램에 관여하는 모든 사람에게도 여러 면에서 '최초'의 순간이 될 것이다.

    이 책의 맺음말을 쓰고 있는 12월, 스탠퍼드에는 가늘게 비가 내리고 낙엽들이 수북이 쌓였다. 아직 춥지는 않다. 나는 멋진 학생들과 함께 신입생 세미나에 참석하고 막 돌아왔다. 또다시 한 해가 지나가고 새로운 휴가 시즌이 다가옴을 느낀다.

스탠퍼드 총장 자리에서 내려온 뒤 1년이 지나자 내 삶에서 그토록 흥미진진했던 시기도 이제 과거로 접어들었다. 캠퍼스의 헐벗은 나무들처럼 나는 벌써부터 새로운 탄생을 준비하고 있다. 장학 사업 신청서를 읽고, 데닝관 건설을 지켜보고, 나이트-헤네시 장학 사업에 필요한 팀원들을 채용하고 있다.

우리가 수시로 느끼는 것처럼 삶이란 예측할 수 없다. 2년 전 총장 자리에서 물러난 뒤 내 삶을 상상할 때만 해도 절반은 학계에, 절반은 업계에 몸담은 일종의 비상근 생활을 꿈꾸었다. 명예 교수나 명예 임직원의 전형적인 삶 말이다. 많은 동료가 크루즈 여행을 예약하거나 삶의 규모를 줄이기 시작할 때 나는 완전히 새로운 도전 과제 앞에 섰다.

총장 자리에 있을 때 나는 그것이 내 커리어의 정점, 내가 지닌 모든 기술을 쏟아붓고 나를 더욱 성장시키는 마지막 활동이자 내가 사랑하는 학교에 긍정적인 영향을 미칠 마지막 기회일 거라고 생각했다. 총장으로 일한 16년은 실제로 그랬고 그 이상이기도 했다. 그런데 나는 그것이 내 정점이 아니라 또 다른 시작이 되리라곤 꿈에도 생각하지 못했다.

스탠퍼드를 이끈 일은 지금까지 내가 한 경험 중 가장 큰 도전 과제였다. 하지만 내게는 몇 가지 유리한 점이 있었다. 학교의 유서 깊은 역사와 올스타 팀 같은 동료들이 나와 함께해 준 것이었다. 내가 이룬 결과를 성공이라 평가할 수 있다면 그것은 우리 학교 창립자들과 9명의 전임 총장들의 성공을 기반으로 삼았기에 가능한 일이었다. 만약 내가 실패했다면 그 과정에서 학교는 많은 기회를 잃었겠지만, 스탠퍼드는 얼마든지 회복할 수 있는 힘이 있었다. 내가 성공했든 실패했든 아무튼 내게는 어떻게 나아가야 할지 모를 때면 기댈 수 있는 한 세기의 역사와 사명이 있었고 대학 운영 전반에 통달한 뛰어난 팀원들이 있었다.

반면에 나이트-헤네시 장학 사업은 기업가로 활동하던 젊은 시절 이후로 만나 보지 못한, 백지 상태에서 시작해야 하는 도전 과제다. 필 나이트와 나는 한 가지 아이디어에서 출발했고 이제 우리 팀과 나는 그 꿈을 현실로 만들어야 한다.

우리 사업을 어떻게 만들지, 어떤 학생들을 선발해야 할지, 어떤 방식으로 리더십의 잠재력을 육성할지 정확히 알려 줄 수 있는 사람은 없다. 우리는 우리의 사명 선언문을 써 나가고 있다. 아직까지 한 번도 이 개념이 실현 가능한지 검증해 보거나 프로토타입을 만들어 보지 못했다. 시험해 보지 않은 모델을 가지고 무작정 첫날부터 생산에 뛰어드는 셈이다.

사정이 이렇다 보니 밉스에서 스타트업 창립자로 보낸 짧은 기간이 스탠퍼드에서 보낸 시간만큼이나 무척 고맙게 느껴진다. 요즘은 하루하루 다른 역할(우리 프로그램의 지지자에서부터 홍보 대사, 재정 자문, 교수에 이르기까지)을 수행하며 기업가의 삶을 살고 있다. 마지막 선발 단계에 이르러 문의 전화가 빗발치는 상황에서 놀랍도록 재능 있는 직원들이 우리 프로젝트를 위해 헌신해 준 사실이 다시 한 번 얼마나 고마운지 모른다.

기업가로서 내가 배운 교훈은 성공이 실패만큼이나 위험할 수 있다는 것이다. 수요가 공급을 넘어설 때 특히 그렇다. 2017년 12월

전액 장학금 지급 대상자 모집 정원 50명에 3600건이 넘는 신청서가 쌓였다. 전 세계 100개 이상 국가 학생들이 신청해 정말이지 글로벌했으며 전공 분야 또한 스탠퍼드 대학원 프로그램 중 95퍼센트에 골고루 분산되어 있었다. 하지만 합격률은 스탠퍼드의 다른 사업 평균보다 낮아 1.5퍼센트 미만이 될 전망이다.

안타깝게도 많은 신청자(어떤 잣대를 들이대든 대단히 뛰어난 학생들이다)가 실망하게 될 것이다. 그러다 보니 또 다른 의문이 생겼다. '우리가 지나치게 배타적인가? 모집 정원을 더 빨리 100명까지 늘려야 하지 않을까? 그랬을 경우 우리 사업의 질에 어떤 영향을 미칠까? 학생들 심사 기준은 옳은가? 혹시 훌륭한 리더가 될 잠재력이 있는지 판단할 수 있는 X인자(분명하게 규정하기 힘들지만 성공에 필수적인 특별한 요소—옮긴이)를 놓치고 있지는 않은가? 우리 커리큘럼은 지금 하고자 하는 일에 적당한가, 아니면 엉뚱한 데 초점을 두고 있는가?'

내가 이 책을 쓴 이유는 좋은 리더가 되는 데 반드시 필요하다고 입증된 자질과 행동 습관을 탐색하기 위해서였다. 이는 내가 지금까지 존경받는 리더로부터, 때로는 고통스러웠던 나의 경험으로부터 배운 것이다. 이런 자질과 행동 습관 중에는 직관에 어긋나는 것도 있는 반면, 학교와 책에서 가르치는 일반적인 리더십의 시각에서 나온 것도 있다. 지금 우리 앞에 놓인 질문은 '이런 자질은 가르칠 수 있는 것인가? 그리고 그것이 가능하다면 어떻게 가르칠 것인가?'라고 할 수 있다. 나는 이 사업에 선발된 학생들이 세계에서 가장 똑똑하다고 자신 있게 말할 수 있다. 그런데 우리가 이들을 위해 고안해 낸 것들은 그들이 기술을 개발하고, 공감 능력을 키우고, 미래의 위기와 기회에 대비하는 데 도움이 될까?

이런 질문들에 대한 답은 아직 찾지 못했다. 물론 우리도 실수를 할 것이다. 다행히 지난 30년의 세월이 내게 가르쳐 준 것이 있다면 실수를 두려워하지 말고 거기서 배워 바꿀 것이 있다면 바꾸고 계속 열심히 헤쳐 나가라는 것이다. 더불어 마틴 루터 킹 주니어 목사의 말을 빌려 이야기하자면 첫발을 내딛기 위해 계단 전체를 볼 필요는 없다. 그래서 우리는 과거에서 얻은 지혜와 미래에 대한 호기심 아래 꿋꿋이 앞으로 나아갈 것이다.

이 책에서 말한 이들을 비롯해 지금까지 만난 많은 사람의 우정, 도움, 지혜로운 조언이 없었다면 이 모험이 본격적으로 시작되지 못했을 것이다. 그중에는 50여 년 전 롱아일랜드의 식료품점에서 함께 일한 뒤 쭉 내 곁을 지켜 온 사람, 바로 아내 앤드리아Andrea가 있었다. 그의 인내심, 공감력, 놀라운 인간관계에 도움받지 못했다면 나는 내가 한 일 대부분을 해내지 못했을 것이며 세상 무엇과도 견줄 수 없는 이 특별한 순간에 이르지 못했을 것이다. 어쩌면 아내는 40년 넘게 바쁘게 지낸 남편이 이제는 집으로 돌아와 정원을 가꾸거나 때로는 용감히(실력은 매우 어설프겠지만) 배관 공사에 뛰어들기를 바랐을지 모른다. 그런데 나는 앞으로 몇 년 더 바쁘게 일할 새로운 사업을 시작했다. 이것이야말로 여전히 매 순간 나를 지지해 주는 아내의 사랑과 이타심의 증거다. 물론 내가 20년 전처럼 빡빡하게 일정을 잡는다면 제대로 일을 해내지 못할 것이라고 상기시켜 주기도 한다.

우리가 함께 만들어 가는 이 사업을 믿어 주고 나를 믿어 준 필 나이트에게 진심으로 감사한다. 그 밖에 스티브 데닝, 밥 킹, 제리 양, 마이크 볼프, 수전 매코, 존 건, 램 슈리램을 비롯해 많은 사람이 힘을 합쳐 나이트-헤네시 장학 사업을 가능하게 해 주었다.

2018년 1월 주말, 나는 최종 심사 단계까지 오른 103명의 신청자들을 캠퍼스로 초대해 스탠퍼드를 소개하는 한편 직접 만나 볼 기회를 만들었다. 더 나은 세상을 만드는 데 헌신하고 있는 이들과 함께하는 신나고 유익하고 즐거운 멋진 주말이었다. 그런 다음 우리는 최종 신청자 중에서 1기생 51명을 추리는 힘든 작업을 시작했다. 2018년 2월 중순 나는 선정된 장학생 한 사람 한 사람에게 직접 전화를 걸었다. 21개 국가에서 온 38개 학부 과정 출신인 이 출중한 젊은이들은 우리 대학교의 7개 대학원 과정에 소속되었다.

생각이 깨어 있고, 공감으로 충만하며, 겸손하고, 놀랍도록 유능한 다음 세대 세계 리더들의 성장을 도울 수 있는 기회야말로 우리 팀과 나를 고무시킨다. 나는 우리의 존재로 인해 세상이 더 나은 곳으로 바뀌기를 희망한다. 우리가 평생토록 한 일 중 단 한 가지만 기억할 수 있다면 나는 이 사업이 바로 그것이기를 바란다.

책은 가장 조용하고 변함없는 친구다.

가장 다가가기 쉽고 가장 현명한 상담가며,

가장 인내심 많은 교사다.

찰스 W. 엘리엇(Charles W. Eliot(하버드대 최장수 총장)

나에게 가르침을 준 책들

　내가 지난 세월 동안 읽고 많은 것을 배운 책들을 여기 소개한다. 주제별로 논픽션 작품들을 분류하고 해당 주제 내에서도 소분류한 뒤 중요한 책을 한 권씩 선정해 내가 거기서 얻은 교훈들을 간략하게 적었다. 대체로 나는 리더십 분야보다는 전기나 역사 분야 책을 더 선호한다. 하지만 이 책의 주제와 직접 관련이 있는 책들을 일부 선정하기도 했다. 맨 마지막 부분에는 어떤 삶을 살 것인지에 관해 도움을 준 소설가들의 목록도 짧게 실었다.

워싱턴과 그의 시대

David Hackett Fischer, *Washington's Crossing*(New York: Oxford University Press, 2004)

　이 책은 미국 독립 전쟁의 역사를 이야기한다. 뉴욕에서 연전연패하던 조지 워싱턴이 공세로 전환한 중대한 분기점을 다룬다(여기에서 '워싱턴의 도하'란 개인적으로 새로운 전략으로 넘어갔다는 뜻인 동시에 델라웨어강을 실제로 넘은 것을 뜻한다). 데이비드 매컬러의 《1776》도 같은 시기를 다룬다. 두 책 모두 조지 워싱턴의 겸손함과 공정하고 능력 중심주의적인 시각을 강조한다.

Ron Chernow, *Washington: A Life*(New York: Penguin Press, 2010)

David McCullough, *1776*(New York: Simon & Schuster, 2005)

링컨과 그의 시대

Doris Kearns Goodwin, *Team of Rivals: The Political Genius of Abraham*

Lincoln(New York: Simon & Schuster, 2006) | 도리스 키언스 굿윈 지음, 이수연 옮김, 《권력의 조건》, 21세기북스, 2013

나는 이 분야에서 깊이 영향받은 책이 많다. 그중에서 몇 권만 골라야 했는데, 팀 빌딩 능력과 협업, 겸손, 도덕적 나침반을 유지하는 것 그리고 용기를 잘 설명한 《권력의 조건》을 가장 먼저 선정했다.

David Herbert Donald, *Lincoln*(New York: Simon & Schuster, 1996)

James McPherson, *Tried by War: Abraham Lincoln as Commander in Chief*(New York: Penguin Press, 2008)

William Lee Miller, *Lincoln's Virtues: An Ethical Biography*(New York: Vintage, 2003)

Ronald C. White Jr., *Lincoln's Greatest Speech: The Second Inaugural*(New York: Simon & Schuster, 2002)

프랭클린 루스벨트와 그의 시대

David Kennedy, Freedom from Fear: The American People in Depression and War, 1929-1945(New York: Oxford University Press, 1999)

이 책은 전기라기보다 역사서이지만 프랭클린 루스벨트의 이야기가 책 전반을 차지한다. 1932년 그가 대통령에 당선되었을 때부터 죽음에 이르기까지 삶을 담았다. 대공황 시대에 했던 그의 라디오 연설(노변환담), 대공황과 실업이라는 커다란 위기에 맞서기 위해 했던 행동들, 처칠과의 관계, 영국과의 연합, 전쟁을 승리로 이끌기 위한 갖은 노력 등은 그가 얼마나 단호하고 결의에 찬 리더인지 잘 보여 준다.

H. W. Brands, *Traitor to His Class: The Privileged Life and Radical Presidency of Franklin Delano Roosevelt*(New York: Anchor Books, 2008)

Doris Kearns Goodwin, *No Ordinary Time: Franklin and Eleanor Roosevelt: The Home Front in World War II*(New York: Simon & Schuster, 1994)

Jon Meacham, *Franklin and Winston: An Intimate Portrait of an Epic Friendship*(New York: Random House, 2003)

다른 대통령들과 그들의 시대

Edmund Morris, *The Rise of Theodore Roosevelt*(New York: Modern Library, 2001), Theodore Rex(New York: Modern Library, 2002), Colonel Roosevelt(New York: Random House, 2010)

시어도어 루스벨트는 대단히 훌륭한 사람이었다. 운동 능력이 뛰어나고 지적이고 독서광이었으며 역사가에 모험가, 개혁가, 농장주였다. 그는 세상에 없을 것 같은 대통령이었다. 건강 문제를 극복하고 행정 업무를 개혁했으며, 기업들의 독점과 싸우고 국립공원 체계를 만들고 러일 전쟁을 종식하는 데 기여했다. 60대에는 미지의 아마존 상류를 탐험하기도 했다. 대단한 삶 아닌가?

H. W. Brands, *Andrew Jackson: His Life and Times*(New York: Doubleday, 2005)

Robert Caro, *Master of the Senate: The Years of Lyndon Johnson*(New York: Alfred A. Knopf, 2002)

Timothy Egan, *The Big Burn: Teddy Roosevelt and the Fire That Saved America*(New York: Mariner Books, 2010)

Joseph Ellis, *American Sphinx: The Character of Thomas Jefferson*(New York: Alfred A. Knopf, 1997)

Ulysses S. Grant, *The Personal Memoirs of U. S. Grant, 3 volumes*(Cambridge, Mass.: The Belknap Press of Harvard University Press, 2017)

David McCullough, *John Adams*(New York: Simon & Schuster, 2001)

David McCullough, *Truman*(New York: Simon & Schuster, 1992)

Jack McLaughlin, *Jefferson and Monticello: The Biography of a Builder*(New York: Henry Holt, 1988)

미국 건국자들과 초기 지도자들, 그리고 그들의 시대

H. W. Brands, *The First American: The Life and Times of Benjamin Franklin* (New York: Doubleday, 2000)

과학자, 작가, 정치가였던 벤저민 프랭클린은 '미국 건국의 아버지들'이라 불리는 인물들 중에 여러 면에서 가장 놀라운 사람이었다. 그는 변변치 않은 환경에서 나고 자란 '르네상스적 교양인'이었다. 그의 비밀 결사는 지식인 클럽의 본보기가 되었고, 그가 발명한 물건들은 난로부터 유리 하모니카에 이르기까지 놀라웠다. 그는 매우 활발하게 글을 쓰는 통찰력 있는 작가이기도 했다. 무엇보다 외교관으로서 프랑스를 미국 독립 전쟁에 참전시키는 데 크게 기여했다. 프랑스 해군 덕에 요크타운 전투에서 승리해 사실상 독립 전쟁을 끝낼 수 있었다. 벤저민 프랭클린은 존경할 점도, 배울 점도 많은 사람이다.

Ron Chernow, *Alexander Hamilton*(New York: Penguin Press, 2004)

David Hackett Fischer, *Champlain's Dream*(New York: Simon & Schuster, 2008)

David Hackett Fischer, *Paul Revere's Ride*(New York: Oxford University Press, 1994)

Walter Isaacson, *Benjamin Franklin: An American Life*(New York: Simon &

Schuster, 2003) | 월터 아이작슨 지음, 윤미나 옮김, 《벤저민 프랭클린 인생의 발견》, 21세기북스, 2006

Jack Rakove, *Original Meanings: Politics and Ideas in the Making of the Constitution*(New York: Alfred A. Knopf, 1996)

Cokie Roberts, *Ladies of Liberty: The Women Who Shaped Our Nation*(New York: HarperCollins, 2016)

미국의 다른 지도자들

David Garrow, *Bearing the Cross: Martin Luther King, Jr., and the Southern Christian Leadership Conference*(New York: HarperCollins, 1986)

읽을 가치가 있는 책이 너무 많아 한 권을 꼽기 힘들었다. 그중에서 마틴 루터 킹의 전기를 고른 것은 그의 리더로서 여정을 이 책이 잘 보여 주기 때문이다. 그는 의도치 않게 리더가 된 뒤 무수한 걸림돌을 만났다. 결국 이 책은 자신 앞에 온갖 위험이 기다리고 있음을 알면서도 요청에 응해 리더의 자리에 오른 사람의 이야기를 담고 있다.

Sara Josephine Baker, *Fighting for Life*(New York: New York Review, 2013 [1939])

Kai Bird and Martin J. Sherwin, *American Prometheus: The Triumph and Tragedy of J. Robert Oppenheimer*(New York: Alfred J. Knopf, 2005) | 카이 버드·마틴 셔윈 지음, 최형섭 옮김, 《아메리칸 프로메테우스》, 사이언스북스, 2010

Elisabeth Bumiller, *Condoleezza Rice: An American Life: A Biography*(New York: Random House, 2007, 2009)

Robert Caro, *The Power Broker: Robert Moses and the Fall of New York*(New York: Alfred A. Knopf, 1974)

Ron Chernow, *Titan: The Life of John D. Rockefeller, Jr.*(New York: Random House, 1998) | 론 처노 지음, 안진환·박아람 옮김, 《부의 제국 록펠러》 1·2, 21세 기북스, 2010

Katharine Graham, *Personal History*(New York: Alfred A. Knopf, 1997) | 캐서린 그 레이엄 지음, 뉴스위크 한국판 편집팀 옮김, 《캐서린 그레이엄 자서전》, 랜덤하우 스코리아, 1997

Laura Hillenbrand, *Unbroken: A World War II Story of Survival, Resilience, and Redemption*(New York: Random House, 2010) | 로라 힐렌브랜드 지음, 신승미 옮 김, 《언브로큰》 1·2, 21세기북스, 2014

Walter Isaacson, *Kissinger: A Biography*(New York: Simon & Schuster, 1992, 2005)

Phil Knight, *Shoe Dog: A Memoir by the Creator of Nike*(New York: Scribner, 2016) | 필 나이트 지음, 안세민 옮김, 《슈독》, 사회평론, 2016

William Manchester, *American Caesar: Douglas MacArthur 1880 - 1964*(New York: Little, Brown, 1978) | 윌리엄 R. 맨체스터 지음, 박광호 옮김, 《맥아더》 1·2, 미래사, 2016

Lynne Olson, *Citizens of London: The Americans Who Stood with Britain in Its Darkest, Finest Hour*(New York: Random House, 2010)

Condoleezza Rice, *Extraordinary, Ordinary People: A Memoir of Family*(New York: Three Rivers Press, 2011)

William Tecumseh Sherman, *Memoirs of General W. T. Sherman*(New York: Penguin, 2000 [1875])

T. J. Stiles, *The First Tycoon: The Epic Life of Cornelius Vanderbilt*(New York: Alfred A. Knopf, 2009)

Booker T. Washington, *Up from Slavery: An Autobiography*(various editions; first published New York: Doubleday, 1901)

미국의 역사, 19세기

Daniel Walker Howe, *What Hath God Wrought: The Transformation of America, 1815–1848*(Oxford, UK; New York: Oxford University Press, 2007)
나는 옥스퍼드대학교출판부에서 출간한 미국 역사책은 빼놓지 않고 읽는다. '나에게 가르침을 준 책들' 목록 여기저기에 이 시리즈에 속한 책들을 추천했다. 이 책은 앤드루 잭슨 대통령이 등장하는 시기부터 멕시코-미국 전쟁 시기까지 미국의 급격한 성장과 다변화, 사회 발달에 미친 종교의 영향력, 그리고 노예 제도와 여성 인권과 멕시코 전쟁을 둘러싼 심각한 사회 분열을 다룬다.

Stephen Ambrose, *Nothing Like It in the World: The Men Who Built the Transcontinental Railroad, 1863–1869*(New York: Simon & Schuster, 2000) | 스테판 앰브로스 지음, 손원재 옮김, 《대륙횡단철도》, 청아출판사, 2003

Alexis de Tocqueville, *Democracy in America, Volumes I and II*(various editions; originally published 1835 and 1840) | 알렉시 드 토크빌 지음, 임효선·박지동 옮김, 《미국의 민주주의》 1·2, 한길사, 2002

James M. McPherson, *Battle Cry of Freedom: The Civil War Era*(Oxford, UK; New York: Oxford University Press, 1988)

Louis Menand, *The Metaphysical Club: A Story of Ideas in America*(New York: Farrar, Straus and Giroux, 2001) | 루이스 메넌스 지음, 정주연 옮김, 《메타피지컬 클럽》, 민음사, 2006

Mark Twain, *Life on the Mississippi*(various editions; first published 1883) | 마크 트웨인 지음, 태혜숙 옮김, 《미시시피 강의 추억》 상·하, 홍진북스, 1998

Richard White, *Railroaded: The Transcontinentals and the Making of Modern America*(New York: W.W. Norton, 2011)

Gordon S. Wood, *Empire of Liberty: A History of the Early Republic, 1789-1815*(Oxford, UK; New York: Oxford University Press, 2009)

Richard Zacks, *The Pirate Coast: Thomas Jefferson, The First Marines, and the Secret Mission of 1805*(New York: Hyperion, 2005)

미국의 역사, 20세기

David Halberstam, *The Coldest Winter: America and the Korean War*(New York: Hyperion, 2007) | 데이비드 핼버스탬 지음, 정윤미 옮김, 《콜디스트 윈터》, 살림, 2009

핼버스탬은 베트남 전쟁을 다룬 《최고의 인재들》(글항아리, 2014)의 저자로도 잘 알려져 있다. 그는 전쟁에서 승리할 것이라는 미국의 기만이 2차 세계대전 이후 한국 전쟁에서부터 시작되었음을 이 책에서 보여 준다. 미국은 한국 전쟁에서 막대한 실수들을 했다. 한국의 혹독한 겨울에 대비하지 못했고, 맥아더의 판단 착오로 중국의 개입을 생각지 못했으며, 그로 인해 엄청난 손실을 입고 궁극적으로 교착 상태에 빠졌다. 맥아더는 트루먼 대통령과 공공연하게 논쟁을 벌여 파면당하고 말았다. 물론 논란의 여지는 있겠지만 이는 미국이 선제적·정치적 이유로 시작했다가 패한 수많은 전쟁 중 첫 번째 사례라고 할 수 있다.

Rick Atkinson, *An Army at Dawn: The War in North Africa, 1942-1943*(New York: Henry Holt, 2002); *The Day of Battle: The War in Sicily and Italy, 1943-1944*(New York: Henry Holt, 2007); The *Guns at Last Light: The War in Western Europe, 1944-1945*(New York: Picador, 2013)

Jonathan R. Cole, *The Great American University: Its Rise to Preeminence, Its Indispensable National Role, Why It Must Be Protected*(New York: PublicAffairs, 2009, 2012)

David M. Kennedy, *The American People in World War II: Freedom from Fear, Part II*(Oxford, UK; New York: Oxford University Press, 1999)

Richard Rhodes, *The Making of the Atomic Bomb*(New York: Touchstone, 1988) | 리처드 로즈 지음, 문신행 옮김,《원자 폭탄 만들기》1·2, 살림, 2003

Ted Sorensen, *Counselor: A Life on the Edge of History*(Norwalk, CT: Easton Press, 2008)

전 세계의 지도자들, 고대

Donald Kagan, *Pericles of Athens and the Birth of Democracy*(New York: Free Press, 1991)

나는 펠로폰네소스 전쟁을 다룬 케이건의 한 권짜리 책을 읽은 뒤 이 책을 접했다. 페리클레스는 민주주의가 확대된 아테네의 황금기 중 30년을 이끈 리더였다. 이 시기 아테네는 경제력과 영향력이 더욱 커졌고, 예술이 번성했으며, 파르테논 신전을 건설했다.

Anthony Everitt, *Augustus: The Life of Rome's First Emperor*(New York: Random House, 2006) | 앤서니 에버렛 지음, 조윤정 옮김,《아우구스투스》, 다른세상, 2008

Harold Lamb, *Alexander of Macedon*(various editions; first published New York: Doubleday, 1946)

Harold Lamb, *Hannibal: One Man Against Rome*(various editions; first published

1958)

Richard Winston, *Charlemagne* (various editions; first published London: Eyre & Spottiswoode, 1956)

전 세계의 지도자들, 현대

Robert K. Massie, *Peter the Great: His Life and World* (New York: Alfred A. Knopf, 1980)

> 표트르 대제는 중세 수준에 머물던 러시아를 유럽을 주도하는 국가로 발전시켰다. 그는 해외로 나가 다른 유럽 국가들에 관해 공부하고 조선공으로 견습 생활을 하는 등 러시아에서 벗어나 배움의 여정을 시작했다. 상당한 반대를 무릅쓰고 러시아를 근대화시키고자 한 그의 결의는 매우 놀라웠다. 그는 러시아의 차르임에도 도움을 청하기를 서슴지 않았고 스스로를 낮추었다.

Mohandas K. Gandhi, *An Autobiography: The Story of My Experiments with Truth* (Boston: Beacon Press, 1993 [1957]) | 마하마트 간디 지음, 함석헌 옮김, 《간디 자서전》, 한길사, 2002

Roy Jenkins, *Churchill: A Biography* (New York: Macmillan, 2001)

Nelson Mandela, *Long Walk to Freedom: The Autobiography of Nelson Mandela* (New York: Little, Brown, 1994, 1995) | 넬슨 만델라 지음, 김대중 옮김, 《만델라 자서전》, 두레, 2006

Robert K. Massie, *Catherine the Great: Portrait of a Woman* (New York: Random House, 2011)

Andrew Roberts, *Napoleon: A Life* (New York: Penguin, 2014, 2015)

리더와 모험

Alfred Lansing, *Endurance: Shackleton's Incredible Voyage*(various editions; first published 1959) | 알프레드 랜싱 지음, 유혜경 옮김, 《섀클턴의 위대한 항해》, 뜨인돌, 2001

어니스트 섀클턴이 이끈 여정은 역사상 가장 위대한 리더십 모험일 것이다. 섀클턴과 선원들이 탄 배는 남극 빙산에 갇혀 돌이킬 수 없이 망가진다. 그는 선원들을 이끌고 구명보트를 탄 채 수천 킬로미터에 달하는 망망대해를 항해해 바다 두 곳을 건넌다. 이 험난한 여정에서 섀클턴은 리더십과 팀빌딩 능력을 발휘해 단 한 사람의 대원도 잃지 않고 구조될 수 있었다.

Daniel James Brown, *The Boys in the Boat: Nine Americans and Their Epic Quest for Gold at the 1936 Berlin Olympics*(New York: Penguin, 2014) | 대니얼 제임스 브라운 지음, 박중서 옮김, 《1936년 그들은 희망이 되었다》, 알에이치코리아, 2014

Maurice Herzog, *Annapurna: The First Conquest of an 8,000-Meter Peak*(New York: Lyons Press, 1997 [1952])

T. E. Lawrence, *Seven Pillars of Wisdom*(various editions; first published 1935)

Nathaniel Philbrick, *In the Heart of the Sea: The Tragedy of the Whaleship Essex*(New York: Viking Penguin, 2000) | 너새니얼 필브릭 지음, 한영탁 옮김, 《바다 한가운데서》, 다른, 2015

혁신가들, 르네상스 시대부터 18세기까지

Walter Isaacson, *Leonardo da Vinci*(New York: Simon & Schuster, 2017) | 월터 아이작슨 지음, 신봉아 옮김, 《레오나르도 다빈치》, 아르테, 2019

아이작슨은 "르네상스적 교양인"이라는 표현을 탄생시킨 레오나르도 다빈치에 관한 책을 썼다. 그는 이 책에서 맹렬한 호기심으로 활동했던 발명가, 예술가, 과학자로서 다빈치의 삶을 잘 보여 준다. 수많은 미완성 작품(다빈치의 습관과도 같았다)이 있음에도 다빈치는 이 세상에 지울 수 없는 흔적을 남겼다.

Ross King, *Brunelleschi's Dome: How a Renaissance Genius Reinvented Architecture*(New York: Bloomsbury, 2000) | 로스 킹 지음, 이희재 옮김, 《브루넬레스키의 돔》, 세미콜론, 2007

James Reston, *Jr., Galileo: A Life*(New York: HarperCollins, 1994)

Dava Sobel, *Longitude: The True Story of a Lone Genius Who Solved the Greatest Scientific Problem of His Time*(New York: Walker, 1995) | 데이바 소벨 지음, 김진준 옮김, 《경도 이야기》, 웅진지식하우스, 2012

혁신가들, 19세기

Janet Browne, *Charles Darwin: Voyaging*(Princeton, NJ: Princeton University Press, 1996) | 재닛 브라운 지음, 임종기 옮김, 《찰스 다윈 평전》, 김영사, 2010
다윈은 참으로 흥미로운 인물이다. 그는 과학 분야에서 자신의 소명을 찾기 힘들어 했다. 비글호를 타고 항해하는 내내 뱃멀미로 사경을 헤맸다. 그러나 그는 과학적 호기심, 섬세한 관찰과 기록으로 생명의 근본 원리 중 하나를 발견하고 기록할 수 있었다.

David McCullough, *The Great Bridge: The Epic Story of the Building of the Brooklyn Bridge*(New York: Simon & Schuster, 2012)

David McCullough, *The Path Between the Seas: The Creation of the Panama Canal, 1870 – 1914*(New York: Simon & Schuster, 1977)

Coda ──

Witold Rybczynski, *A Clearing in the Distance: Frederick Law Olmsted and America in the 19th Century*(New York: Touchstone, 2000)

Marc J. Seifer, *Wizard: The Life and Times of Nicola Tesla: Biography of a Genius*(New York: Citadel, 1998)

Randall Stross, *The Wizard of Menlo Park: How Thomas Alva Edison Invented the Modern World*(New York: Three Rivers Press, 2007)

혁신가들, 20세기

David McCullough, *The Wright Brothers*(New York: Simon & Schuster, 2015)
나는 혁신가와 혁신에 관해 쓴 매컬로프의 책들을 무척 좋아한다. 그중에서도 이 책은 보석과 같다. 라이트 형제에게는 열정, 호기심, 끈기와 비전이 있었다. 비행 메커니즘 이해와 조종 문제에 집중한 것이 라이트 형제를 성공으로 이끄는 데 중요한 역할을 했다.

Leslie Berlin, *Troublemakers: Silicon Valley's Coming of Age*(New York: Simon & Schuster, 2017)

Andrew Hodges, *Alan Turing: The Enigma of Intelligence*(New York: HarperCollins, 1985) | 앤드루 호지스 지음, 김희주·한지원 옮김, 《앨런 튜링의 이미테이션 게임》, 동아시아, 2015

Walter Isaacson, *The Innovators: How a Group of Hackers, Geniuses, and Geeks Created the Digital Revolution*(New York: Simon & Schuster, 2014) | 월터 아이작슨 지음, 정영목·신지영 옮김, 《앨런 튜링의 이미테이션 게임》, 오픈하우스, 2015

Walter Isaacson, *Steve Jobs*(New York: Simon & Schuster, 2011) | 월터 아이작슨 지

음, 안진환 옮김, 《스티브 잡스》, 민음사, 2015

Michael S. Malone, *Bill & Dave: How Hewlett and Packard Built the World's G reatest Company*(New York: Portfolio, 2007)

Michael S. Malone, *The Intel Trinity: How Robert Noyce, Gordon Moore, and Andy Grove Built the World's Most Important Company*(New York: HarperCollins, 2014) | 마이클 말론 지음, 김영일 옮김, 《인텔: 끝나지 않은 도전과 혁신》, 디아스포라, 2016

과학, 수학, 기술의 역사와 발전(사회과학 포함)

Siddhartha Mukherjee, *The Emperor of All Maladies: A Biography of Cancer*(New York: Scribner, 2010) | 싯다르타 무케지르 지음, 이한음 옮김, 《암, 만병의 황제의 역사》, 까치, 2011

암 치료 역사를 다룬 무케르지의 이야기는 눈을 뗄 수 없을 정도로 흥미롭고, 병의 근원과 의학 발전의 어려움에 대해 깊은 통찰을 제시한다.

Bill Bryson, *A Short History of Nearly Everything*(New York: Broadway, 2003) | 빌 브라이슨 지음, 이덕환 옮김, 《거의 모든 것의 역사》, 까치, 2003

Stephen Hawking, A Brief History of Time(New York: Bantam, 1988) | 스티븐 호킹 지음, 《시간의 역사》, 청림출판, 1995

Douglas Hofstadter, *Gödel, Escher, Bach: An Eternal Golden Braid*(New York: Vintage, 1979)

Daniel Kahneman, *Thinking, Fast and Slow*(New York: Farrar, Straus and Giroux, 2011) | 대니얼 카너먼 지음, 이창신 옮김, 《생각에 관한 생각》, 김영사, 2018

Manjit Kumar, *Quantum: Einstein, Bohr, and the Great Debate About the Nature of Reality*(New York: W.W. Norton, 2008) | 만지트 쿠마르 지음, 이덕환 옮김, 《양자 혁명》, 까치, 2014

Leonard Mlodinow, *Euclid's Window: The Story of Geometry from Parallel Lines to Hyperspace*(New York: Touchstone, 2001) | 레너드 믈로디노프 지음, 전대호 옮김, 《유리클리드의 창》, 까치, 2002

Siddhartha Mukherjee, *The Gene: An Intimate History*(New York: Scribner, 2016) | 싯다르타 무케르지 지음, 이한음 옮김, 《유전자의 내밀한 역사》, 까치, 2017

Robert Sapolsky, *Monkeyluv: And Other Lessons on Our Lives as Animals*(New York: Vintage, 2006)

Robert Sapolsky, *Why Zebras Don't Get Ulcers: A Guide to Stress, Stress-Related Diseases, and Coping*(various editions; first published New York: W.H. Freeman, 1994) | 로버트 새폴스키 지음, 이재담·이지윤 옮김, 《스트레스: 당신을 병들게 하는 스트레스의 모든 것》, 사이언스북스, 2008

Nate Silver, *The Signal and the Noise: Why So Many Predictions Fail—but Some Don't*(New York: Penguin, 2012, 2015) | 네이트 실버 지음, 이경식 옮김, 《신호와 소음》, 더퀘스트, 2014

Leonard Susskind, *The Black Hole War: My Battle with Stephen Hawking to Make the World Safe for Quantum Mechanics*(New York: Little, Brown, 2008) | 레너드 서스킨드 지음, 이종필 옮김, 《블랙홀 전쟁》, 사이언스북스, 2011

Lewis Thomas, *A Long Line of Cells: Collected Essays*(n.p.: Book of the Month Club, 1990)

Neil deGrasse Tyson, *Astrophysics for People in a Hurry*(New York: W.W. Norton, 2017) | 닐 디그래스 타이슨 지음, 홍승수 옮김, 《날마다 천체 물리》, 사이언스북스, 2018

가치 있는 삶(소설 목록 참조)

David Brooks, *The Road to Character*(New York: Random House, 2015) | 데이비드 브룩스 지음, 김희정 옮김, 《인간의 품격》, 부키, 2015
이 책도 고르기 힘들었다. '가치 있는 삶' 부문에는 아주 훌륭하고 감동적인 책들이 많다. 이 책을 선정한 이유는 프랜시스 퍼킨스부터 드와이트 아이젠하워, 도로시 데이까지 다양한 리더의 발전에 관한 이야기를 들려주기 때문이다. 브룩스가 뽑은 사람들의 삶에는 내가 중요하다고 믿는 많은 리더십의 양태가 깊이 배어 있다.

Saint Aurelius Augustinus, *Confessions of Saint Augustine*(various editions; see, for example, London; New York: Penguin, 1961)

Marcus Aurelius, *Meditations*(various editions; often based on George Long translation, first published London: Bell, 1962) | 마르쿠스 아우렐리우스 지음, 천병희 옮김, 《명상록》, 도서출판숲, 2005

Anthony Doerr, *Four Seasons in Rome: On Twins, Insomnia, and the Biggest Funeral in the History of the World*(New York: Scribner, 2007)

Anne Frank, *The Diary of a Young Girl*(various editions; first copyrighted 1952) | 안네 프랑크, 《안네 프랑크의 일기》

Atul Gawande, *Being Mortal: Medicine and What Matters in the End*(New York: Metropolitan, 2014) | 아툴 가완디 지음, 김희정 옮김, 《어떻게 죽을 것인가》, 부키, 2015

Paul Kalanithi, *When Breath Becomes Air*(New York: Random House, 2016) | 폴 칼라니티 지음, 이종인 옮김, 《숨결이 바람 될 때》, 흐름출판, 2016

Randy Pausch, with *Jeffrey Zaslow, The Last Lecture*(New York: Hyperion, 2008) | 랜디 포시, 제프리 재슬로 지음, 심은우 옮김, 《마지막 강의》, 살림, 2008

Abraham Verghese, *My Own Country: A Doctor's Story* (New York: Simon & Shuster, 1994)

Abraham Verghese, *The Tennis Partner* (New York: HarperCollins, 1998)

Elie Wiesel, *Night* (various editions; see, for example, New York: Hill and Wang, 1972, 1985, 2006) | 엘리 위젤 지음, 김하락 옮김, 《나이트》, 예담, 2007

세계사, 고대

John R. Hale, *Lords of the Sea: The Epic Story of the Athenian Navy and the Birth of Democracy* (New York: Viking, 2009) | 존 R. 헤일 지음, 이순호 옮김, 《완전한 승리, 바다의 지배자》, 다른세상, 2011

존 헤일은 훌륭한 작가이자 연설가다. 아테네 역사를 다룬 이 책은 내게 많은 것을 가르쳐 주었다. 아테네는 무역에 크게 의존한 최초의 위대한 문명(그다음은 로마)이지만 동시에 평범한 많은 시민이 갤리선에 올라 조국을 수호한 민주주의 국가이기도 했다.

Edward Gibbon, *The History of the Decline and Fall of the Roman Empire* (various editions; first published 1776–1789) | 에드워드 기번 지음, 데로 손더스 엮음, 황건 옮김, 《로마제국 쇠망사》, 까치, 2010

Herodotus, *The Persian Wars* (various editions)

Donald Kagan, *The Peloponnesian War* (New York: Viking, 2003) | 도널드 케이건 지음, 허승일·박재욱 옮김, 《펠로폰네소스 전쟁사》, 까치, 2006

Barbara Mertz, *Temples, Tombs & Hieroglyphs: A Popular History of Ancient Egypt* (New York: Dodd, Mead, 1964)

Ian Shaw (editor), *The Oxford History of Ancient Egypt* (Oxford, UK; New York:

Oxford University Press, 2000)

Thucydides, *The History of the Peloponnesian War*(various editions) | 투키디데스 지음, 박광순 옮김, 《펠로폰네소스 전쟁사》 상·하, 종합출판범우, 2011

세계사, 중세부터 근대까지

Barbara W. Tuchman, *A Distant Mirror: The Calamitous 14th Century*(New York: Ballantine, 1978)
터크먼이 바라본 14세기 역사. 비극적인 전쟁, 고통스러운 삶, 그리고 억압적인 봉건 사회를 묘사하면서 별 가치 없는 계급 의식인 기사도 정신이 얼마나 겉치레에 불과했는지 보여 준다.

Roger Crowley, *City of Fortune: How Venice Ruled the Seas*(New York: Random House, 2012) | 로저 크롤리 지음, 우태영 옮김, 《부의 도시, 베네치아》, 다른세상, 2012

Roger Crowley, *Empires of the Sea: The Siege of Malta, the Battle of Lepanto, and the Contest for the Center of the World*(New York: Random House, 2008) | 로저 크롤리 지음, 이순호 옮김, 《바다의 제국들》, 책과함께, 2009

Roger Crowley, *1453: The Holy War for Constantinople and the Clash of Islam and the West*(New York: Hyperion, 2006)

Dominic Greene, *Three Empires on the Nile: The Victorian Jihad, 1869 – 1899*(New York: Free Press, 2007)

Timothy E. Gregory, A History of Byzantium(Malden, MA: Blackwell, 2005)

세계사, 20세기

Margaret MacMillan, *Paris 1919: Six Months That Changed the World*(New York: Random House, 2002)

파리강화회의의 실체는 겸손이 아닌 탐욕이었다. 유럽 연합국의 복수심과 윌슨의 무능함이 더해져 감당 불가능할 정도로 막대한 배상금을 독일에 요구했고 이는 히틀러가 권력을 잡게 된 계기가 되었다. 1차 세계 대전의 기원을 밝힌 바버라 터크먼의 책과 더불어 이 책은 전쟁 발발과 불행한 결과를 낳은 문제점들을 잘 묘사한다.

Liaquat Ahamed, *Lords of Finance: The Bankers Who Broke the World*(New York: Penguin, 2009)

Robert K. Massie, *Nicholas and Alexandra: The Classic Account of the Fall of the Romanov Dynasty*(New York: Atheneum, 1967)

Barbara W. Tuchman, *The Guns of August*(New York: Macmillan, 1962)

문명의 역사와 발전, 고대와 현대

Jared Diamond, *Guns, Germs, and Steel: The Fates of Human Societies*(New York: W.W. Norton, 1999) | 제러드 다이아몬드 지음, 김진준 옮김, 《총 균 쇠》, 문학사상사, 2005

제러드 다이아몬드는 이 책에서 문화적 차이가 아닌 지리와 다른 자연적 요인이 여러 사회에 엄청나게 다른 결과를 초래한다는 흥미로운 가설을 제시한다. 그가 제시한 일부 사례는 매우 설득력 있지만 일부는 그렇지 못하다. 다른 흥미로운 비교 대상이 필요하다면 문명의 발전 그리고 문화와 법 제도가 만든 차이를 다룬 니얼 퍼거슨의 책을 읽어 보기 바란다. 두 가지 접근법 모두 다소 불완전하긴 하지만 꽤 좋은 화두를 던져 준다.

Karen Armstrong, *A History of God: The 4,000-Year Quest of Judaism, Christianity and Islam* (New York: Ballantine, 1993)

Niall Ferguson, *The Ascent of Money: A Financial History of the World* (New York: Penguin, 2008) | 니얼 퍼거슨 지음, 김선영 옮김, 《금융의 지배》, 민음사, 2010

Niall Ferguson, *The Civilization: The West and the Rest* (New York: Penguin, 2012) | 니얼 퍼거슨 지음, 구세희·김정희 옮김, 《니얼 퍼거슨의 시빌라이제이션》, 21세기북스, 2011

Thomas L. Friedman, *The World Is Flat: A Brief History of the Twenty-First Century* (New York: Farrar, Straus and Giroux, 2005, 2006) | 토머스 L. 프리드먼 지음, 이건식 옮김, 《세계는 평평하다》, 21세기북스, 2013

Hilda Hookham, *A Short History of China* (New York: New American Library, 1972)

Steven Pinker, *The Better Angels of Our Nature: Why Violence Has Declined* (New York: Viking, 2011) | 스티븐 핑커 지음, 김명남 옮김, 《우리 본성의 선한 천사》, 사이언스북스, 2014

Barbara W. Tuchman, *The March of Folly: From Troy to Vietnam* (New York: Alfred A. Knopf, 1984)

Fareed Zakaria, *The Post-American World* (New York: W.W. Norton, 2008) | 파리드 자카리아 지음, 윤종석 옮김, 《흔들리는 세계의 축》, 베가북스, 2008

기업, 정부, 학계의 리더십

John W. Gardner, *Living, Leading, and the American*(San Francico: Jossey-Bass, 2003)

> 존 가드너는 정부, 비영리 세계, 학계 리더의 자리에서 성공을 거뒀다. 나는 "우리 모두는 해결할 수 없는 문제처럼 잘 위장된 훌륭한 기회에 직면해 있다"라는 그의 말에서 언제나 큰 영감을 얻는다. 가드너는 미국교육보건부 장관이자 공화당원으로 린든 B. 존슨 대통령을 보좌하며 노인 의료 보험 제도인 메디케어Medicare를 탄생시키는 데 핵심 역할을 했다. 그는 베트남 전쟁을 지지하지 않는 자신의 원칙을 지키고자 각료직에서 사임했다. 이후 공직 윤리 감시 비영리 단체인 커먼 코즈Common Cause를 설립하고 공영 방송 공사CPB 탄생을 이끌었다. 나는 그가 세상을 떠나기 얼마 전 소규모 오찬 자리에서 잠깐 그를 만났던 일을 영원히 잊지 못할 것이다. 가드너는 다양한 경험에서 얻은 리더십에 관한 교훈을 책에 담았다.

Warren Bennis, *On Becoming a Leader*(Rev. ed., New York: Basic Books, 2003) | 워렌 베니스 지음, 류현 옮김, 《워렌 베니스의 리더》, 김영사, 2008

William G. Bowen, ed. Kevin M. Guthrie, *Ever the Leader: Selected Writings 1995-2016*(Princeton, NJ: Princeton University Press, 2018)

Kevin Cashman, *Leadership from the Inside Out: Becoming a Leader for Life*(3rd ed., Oakland: Berrett-Koehler, 2017) | 케빈 캐시먼 지음, 박우성 외 7인 옮김, 《내면으로부터 시작하는 리더십》, 시그마북스, 2014

Gerhard Casper, *The Winds of Freedom: Addressing Challenges to the University*(New Haven, CT: Yale University Press, 2014)

Stephen Covey, *The 7 Habits of Highly Effective People: Powerful Lessons in Personal Change*(New York: Simon & Schuster, 1989, 2004) | 스티븐 코비 지음,

김경섭 옮김, 《성공하는 사람들의 7가지 습관》, 김영사, 2017

Robert M. Gates, *A Passion for Leadership: Lessons on Change and Reform from Fifty Years of Public Service*(New York: Vintage, 2016)

Bill George and Peter Sims, *True North: Discover Your Authentic Leadership*(2nd ed., San Francisco: Jossey-Bass, 2015)

Robert K. Greenleaf, *Servant Leadership: A Journey into the Nature of Legitimate Power & Greatness*(New York: Paulist Press, 2002) | 로버트 K. 그린리프 지음, 강주헌 옮김, 《서번트 리더십 원전》, 참솔, 2006

Vartan Gregorian, *The Road to Home: My Life and Times*(New York: Simon & Schuster, 2003)

내게 가르침을 준 소설가들

단테 알리기에리, 《신곡》 중에서도 지옥편

아이작 아시모프, 《파운데이션》 시리즈와 《로봇》 시리즈

  먼 미래를 배경으로 인간으로 사는 것이 어떤 의미인지 알려 준다.

제인 오스틴, 《오만과 편견》《이성과 감성》《엠마》 등

  개성 넘치는 등장인물을 통해 인간 심리를 통찰력 있게 묘사한다. 특히 감정이 의사 결정에서 어떤 역할을 하는지 보여 준다.

샬럿 브론테 자매, 《제인 에어》《폭풍의 언덕》《월드펠 홀의 거주자The Tenant of Wildfell Hall》

윌라 캐더, 《나의 안토니아》《대주교에게 죽음이 오다》 등

  미국 서부 개척 시대를 잘 그려 낸 작품들이다.

윌리엄 윌키 콜린스, 《흰옷을 입은 여인》《월장석》《문스톤》 등

인간의 심리와 동기를 파고드는 훌륭한 미스터리 소설들이다.

A. J. 크로닌, 《천국의 열쇠》《성채》 등

  인간의 희생과 인내를 감동적으로 묘사해 낸다.

찰스 디킨스, 《두 도시 이야기》《올리버 트위스트》《위대한 유산》 등

  탁월한 문장력과 인물 묘사로 영국 사회의 악을 다룬다. 그중 《두 도시 이야기》
는 내가 시대를 불문하고 최고로 꼽는 작품이다. 정의, 사랑, 인내, 자기희생 문
제를 다루어 내는 디킨스의 솜씨는 세기를 초월한다. 이 소설 첫 문장은 모든 소
설을 통틀어 최고다.

시어도어 드라이저, 《시스터 캐리》《아메리카의 비극》 등

  개인적인 선택이 비극으로 이어지는 문제를 다룬다.

조지 엘리엇, 《플로스 강의 물방앗간》《아담 비드》《사일러스 마너》 등

  등장인물을 복합적이고 입체적으로 그릴 뿐 아니라 인간 심리를 섬세하게 묘사한다.

엘리자베스 개스켈, 《남과 북》《크랜포드》 등

  산업 혁명기 빈곤층의 끔찍한 삶과 사랑의 힘을 이야기한다.

토머스 하디, 《테스》《이름 없는 주드》 등

  선에서부터 악까지 인간 행위의 모든 영역을 다루면서 악을 이기는 선의 힘을
그려 낸다.

프랭크 허버트, 《듄》 시리즈

  과학 기술과 환상 세계, 선과 악의 싸움, 리더십과 희생 등을 독창적으로 묘사해
낸다.

호메로스, 《일리아드》《오디세이》 등

  모험과 윤리적 의사 결정을 잘 조화시킨 최고의 이야기다.

빅토르 위고, 《레 미제라블》《웃는 남자》 등

  악의 문제와 정의의 승리를 다룬 위대한 작품들이다.

헨리 제임스, 《여인의 초상》《나사의 회전》 등

　연애, 자존심, 인간 심리를 잘 묘사해 낸다.

에인 랜드, 《아틀라스》《파운틴 헤드》 등

　야망, 자유 기업 체제와 개인 이익의 가치와 중요성, 그리고 그것의 부정적인(내 견해로는) 결과를 묘사한다.

윌리엄 셰익스피어, 《햄릿》《베니스의 상인》《리처드 2세》 등

　비극, 희극, 역사를 넘나들며 삶의 희로애락을 묘파한다.

월리스 스테그너Wallace Stegner, 《크로싱 투 세이프티Crossing to Safety》《평온의 단면Angle of Repose》 등

　스탠퍼드 문예 창작 프로그램Stanford Creative Writing Program을 설립했으며 미국 서부 개척 시대를 다룬 걸작을 남겼다.

존 스타인벡, 《분노의 포도》《생쥐와 인간》《에덴의 동쪽》 등

　인간의 본성과 도전을 뛰어난 공감력과 유머 감각으로 그려 낸다.

존 로널드 로얼 톨킨, 《반지의 제왕》 시리즈

　창의적인 판타지와 선과 악에 관한 심오한 이야기를 삼부작에 담아낸다.

앤서니 트롤럽Anthony Trollope, 《바셋셔 연대기The Chronicles of Barsetshire》 등

　영국 빅토리아 시대의 사회상과 성 문제를 다룬다.

마크 트웨인, 《허클베리 핀의 모험》《톰 소여의 모험》《왕자와 거지》《아서 왕 궁전의 코네티컷 양키》 등

　유머와 풍자로 현대 사회의 부조리를 파헤친다. 단언컨대 미국 최고의 소설가다.

Acknowledgments

아내이자 파트너인 앤드리아는 50년 가까이 내 삶을 이끄는 리더가 되어 주었다. 그는 나에게 시각 예술을 가르쳐 주었고, 사람들의 도움을 인정하고 감사를 표하며 늘 겸손하라고 말해 주었다(헤아려 보자면 아내는 내가 식료품점 창고에서 일하던 소년일 때부터 나를 알았다).

나는 그동안 살면서 동료 대학원생들과 교수들을 시작으로 많은 훌륭한 사람과 함께 일하는 기회를 누렸다. 그들의 창의성과 탁월해지고자 매진하는 모습은 나를 더 나은 연구원이자 교수로 만들어 주었다. 나는 실리콘 그래픽스, 밉스, 아테로스Atheros에서 훌륭한 리더들과 함께 일하며 실리콘 밸리 스타트업 특성처럼 매우 빠른 속도로 교훈을 많이 얻었다. 또한 공학대학 학장이었던 짐 기번스, 부총장이었던 콘돌리자 라이스, 총장이었던 거하드 캐스퍼 등 학계의 많은 비범한 리더와도 함께했다. 시스코와 구글 이사회에서 여러 멋진 사람들과 봉사한 경험은 규모가 큰 조직에서 효과적으로 일하는 법을 이해하는 데 도움을 주었다.

나는 스탠퍼드대 총장으로서 우수한 학장들을 비롯해 많은 동료와 함께 일했다. 나의 파트너였던 존 에치멘디 부총장은 미국 고등 교육계에서 가장 뛰어난 부총장이라고 확신한다. 또한 총장으로 지낸 16년 동안 70명이 넘는 이사회 임원들과 함께 일했다. 헌신적이고 영감이 넘치는 4명의 이사회 의장 스티브 데닝, 레슬리 흄, 버트 맥머트리, 아이작 스타인 그리고 스탠퍼드에서 가장 오래 활동한 이사회 임원 피터 빙은 오랜 기간 귀중한 지혜의 원천이 되어 주었다.

실리콘밸리출판사의 팀원들인 조 다누치, 셰릴 듀메스닐, 아티야 드와이어, 마이크 멀론 등의 도움이 없었다면 이 책은 절대 빛을 보지 못했을 것이다. 레빈-그린버그-로스턴 에이전시의 짐 레빈과 그의 팀원들은 나와 이 책을 잘 대변해 주었다. 나는 스탠퍼드대학교출판부 팀원들과 함께 일하는 것 자체가 큰 기쁨이었다. 통찰력이 돋보이는 추천사를 써 준 월터 아이작슨에게 각별한 감사의 마음을 전한다. 또한 초고를 읽고 귀한 조언을 해 준 피터 빙, 스티브 데닝, 존 에치멘디, 앤드리아 헤네시, 버트 맥머트리, 찰스 프로버, 콘돌리자 라이스, 아이작 스타인, 필 토브먼에게도 도움을 많이 받았다. 부총장과 총장으로 활동할 때부터 함께해 지금은 나이트-헤네시 팀에 합류한 매우 유능하고 특별한 비서 제프 웨이텔 역시 귀중한 조언을 해 주었다. 지난 17년 동안 가장 힘든 순간들을 함께해 준 그에게 깊은 감사의 마음을 전한다.

Notes

Introduction

1. See Robert K. Greenleaf, *Servant Leadership: A Journey into the Nature of Legitimate Power & Greatness*, 25th anniv. ed. (New York: Paulist Press, 2002), Chapter 1, 28–60.
2. See John W. Gardner, Living, *Leading, and the American Dream* (San Francisco: Jossey-Bass, 2003), Part Two: "The Courage to Live and Learn," 41–112.

1 Humility

1. See Warren Bennis, *On Becoming a Leader, Rev. ed.* (New York: Basic Books, 2003), Chapter 3, 91–108.
2. See David Herbert Donald, *Lincoln, 1st ed.* (New York: Simon & Shuster, 1996), Chapters 9 and 19; Doris Kearns Goodwin, *Team of Rivals: The Political Genius of Abraham Lincoln* (New York: Simon & Schuster, 2006), Chapter 3.

2 Authenticity

1. See Bennis, On Becoming a Leader, *Chapter 2, 74–90;* Bill George and Peter Sims, *True North: Discover Your Authentic Leadership, 2nd ed.* (San Francisco: Jossey-Bass, 2015), Chapter 4, 91–114.
2. See Kevin Cashman, *Leadership from the Inside Out: Becoming a Leader for Life, 3rd ed., rev.* (Oakland: Berrett-Koehler, 2017), 193–194.
3. See Cashman, *Leadership from the Inside Out*, 41–45.
4. See Cashman, *Leadership from the Inside Out*, 51–53.
5. See William Lee Miller, *Lincoln's Virtues: An Ethical Biography* (New York:

Vintage, 2003), Chapters 8, 11, 14.

6. See Condoleeza Rice, *Extraordinary, Ordinary People: A Memoir of Family* (New York: Three Rivers Press, 2011), 14–15.

3 Service

1. See Greenleaf, *Servant Leadership*, Chapter 1, 29–61.

2. See Greenleaf, *Servant Leadership*, Chapters 2, 4, 5, 6.

4 Empathy

1. See Gardner, *Living, Leading, and the American Dream*, Chapter 16, 159–173.

2. See Sara Josephine Baker, Fighting for Life (New York: New York Review, 2013 [1939]), Chapter 1, 24.

5 Courage

1. See Gardner, *Living, Leading, and the American Dream*, Chapter 16, 159–173; George and Sim, *True North*, 122–130; Cashman, *Leadership from the Inside Out*, 103–117.

2. See Bennis, *On Becoming a Leader*, Chapters 5 and 9.

6 Collaboration

1. See Cashman, *Leadership from the Inside Out*, 23–25 (and elsewhere, scattered).

2. See Bennis, *On Becoming a Leader*, "Introduction to the Revised Edition," 2003.

3. See Greenleaf, *Servant Leadership*, Chapter 3, 81–115.

4. See Bennis, *On Becoming a Leader*, 130 – 135.

8 Curiosity

1. See Bennis, *On Becoming a Leader*, Chapter 4.
2. See David Hackett Fischer, *Washington's Crossing, reprint ed.* (New York: Oxford University Press, 2006), 7 – 50.

9 Storytelling

1. See Cashman, *Leadership from the Inside Out*, Chapter 2, 70 – 77.